A decisão monocrática e a numerosidade no Processo Civil brasileiro

Conselho Editorial
André Luís Callegari
Carlos Alberto Molinaro
Daniel Francisco Mitidiero
Darci Guimarães Ribeiro
Draiton Gonzaga de Souza
Elaine Harzheim Macedo
Eugênio Facchini Neto
Giovani Agostini Saavedra
Ingo Wolfgang Sarlet
Jose Luis Bolzan de Morais
José Maria Rosa Tesheiner
Leandro Paulsen
Lenio Luiz Streck
Paulo Antônio Caliendo Velloso da Silveira

M141d Macedo, Elaine Harzheim.
A decisão monocrática e a numerosidade no processo civil brasileiro / Elaine Harzheim Macedo, Daniele Viafore. – Porto Alegre: Livraria do Advogado Editora, 2015.
192 p.; 23 cm.
Inclui bibliografia.
ISBN 978-85-7348-934-7

1. Hermenêutica (Direito). 2. Processo civil - Brasil. 3. Decisão monocrática. I. Viafore, Daniele. I. Título.

CDU   340.132(81)
CDD   340.1

Índice para catálogo sistemático:
1. Hermenêutica (Direito): Brasil   340.132(81)

(Bibliotecária responsável: Sabrina Leal Araujo – CRB 10/1507)

Elaine Harzheim Macedo
Daniele Viafore

A decisão monocrática e a numerosidade no Processo Civil brasileiro

Porto Alegre, 2015

©
Elaine Harzheim Macedo
Daniele Viafore
2015

Edição finalizada em agosto/2014

Projeto gráfico e diagramação
Livraria do Advogado Editora

Revisão
Rosane Marques Borba

Direitos desta edição reservados por
Livraria do Advogado Editora Ltda.
Rua Riachuelo, 1300
90010-273 Porto Alegre RS
Fone/fax: 0800-51-7522
editora@livrariadoadvogado.com.br
www.doadvogado.com.br

Impresso no Brasil / Printed in Brazil

Prefácio

Para mim, é uma honra prefaciar a obra de duas grandes amigas. A professora Elaine Harzheim Macedo conheço desde a época em que iniciei na docência e é uma das poucas pessoas que tenho a oportunidade de compartilhar a visão de um processo civil crítico e não puramente dogmático, o que aprendemos com o nosso mestre Ovídio Araújo Baptista da Silva. Já a minha querida Daniele Viafore, ex-aluna que tive a oportunidade de orientar na especialização em Direito Processual Civil, é uma das grandes promessas do Direito Processual Civil.

A obra estuda "A decisão monocrática e a numerosidade no processo civil brasileiro". Trata-se de uma das principais temáticas no âmbito do Direito Processual Civil da atualidade, considerando a crise pela qual passa o Direito na chamada pós-modernidade.

É de conhecimento público e notório o crescimento alarmante do número de processos no âmbito do Judiciário brasileiro. Paralelamente a isso, na tradição a que estamos inseridos, a busca pela resposta correta é diariamente reiterada pelos operadores, através de um sistema recursal cada vez mais "congestionado" e que está a clamar por profundas modificações.

De modo a controlar a litigiosidade e, consequentemente, o número de processos, inúmeras técnicas processuais têm sido introduzidas no âmbito da legislação processual vigente. A título de exemplo, temos a improcedência liminar (art. 285-A), a repercussão geral nos recursos extraordinários (art. 543-A), o novo tratamento para os recursos especiais e extraordinários repetitivos (arts. 543-B e 543-A), a súmula impeditiva (art. 518) e o aumento de poderes dos relatores dos recursos (art. 557), dentre outros.

O objeto do livro são as decisões monocráticas dos relatores, como instrumento de controle desta litigiosidade, principalmente a de massa, a partir de uma perspectiva crítica. Nesta bela obra, as autoras recorrem a um duplo esforço na abordagem da temática: de um lado, a partir da moderna epistemologia construtivista, abordam o tema a partir da hermenêutica como processo de construção do direito (Capítulo I); e, de outro, fazem uma leitura atenta da questão no âmbito da legislação processual civil vigente (Capítulos II e III).

Do ponto de vista epistemológico, a questão é apresentada no primeiro capítulo intitulado "Decisão monocrática nos tribunais brasileiros: visão crítica". Neste capítulo, a partir de clássicos, como Heidegger, Gadamer, Warat, Streck, Baptista da Silva – dentre outros – as autoras colocam a preocupação de revisar a dogmática jurídica a partir da filosofia da consciência. A partir da matriz teórica hermenêutica, constroem a crítica ao poder dos relatores no âmbito dos recursos cíveis, tomando como ponto de partida o duplo grau de jurisdição, a origem e constitucionalidade do artigo 557 do Diploma Processual Pátrio, o juízo de admissibilidade e o juízo de mérito, a vinculação das decisões judiciais, o poder jurisdicional do órgão monocrático nos tribunais e a relativização do princípio da colegialidade.

O segundo capítulo, trata de questões processuais específicas a respeito do art. 557 do CPC. Dentre elas, as autoras abordaram as hipóteses de aplicação da decisão monocrática (inadmissibilidade, prejudicialidade, improcedência, contrariedade do recurso à orientação dominante dos tribunais, contrariedade da decisão recorrida à orientação dominante dos tribunais), assim como o recurso da decisão monocrática, a multa prevista para recurso manifestamente inadmissível ou infundado, dentre outras temáticas processuais.

No terceiro capítulo as autoras trataram a importância das decisões monocráticas no âmbito das ações repetitivas. Os aspectos qualitativos e quantitativos dos litígios, assim como a contenção da litigiosidade e os reflexos no Poder Judiciário são abordados, com análise específica da repercussão geral no STF, recursos repetitivos, improcedência liminar e as ações coletivas relativas a direitos individuais homogêneos.

Ao final, as autoras apontam os riscos de uma padronização decisória indevida, mencionando que "se é verdade que a ampliação dos poderes do relator imprime no processo civil a celeridade por todos desejada, não menos certo que, se não aplicada com necessário desvelo, redefinindo sempre os princípios maiores de nosso ordenamento, a pretexto de ser célere, poder-se-á, em muitos casos, proclamar-se a indesejável injustiça e deixar-se de homenagear a tão almejada efetividade do processo".

Evidentemente que toda a preocupação com a celeridade do processo é relevante no âmbito do processo civil contemporâneo. Todavia, não se pode esquecer que o Poder Judiciário tem o papel primordial de atuar na realização de direitos substanciais, consagrando a aplicação da Constituição Federal, como bem referem as autoras ao longo da obra. O procedimento deve estar adequado à realização de direitos e não ser um entrave à efetividade.

Em suma, a abordagem do art. 557 desenvolvida pelas autoras é inovadora e realizada a partir da moderna teoria crítica do direito, fundado em uma forte bagagem bibliográfica, nacional e estrangeira, o que se faz sentir durante toda a obra, atribuindo maior singularidade ao trabalho. Obra de valor acadêmico e também de inestimável serventia aqueles que operam o Direito.

Porto Alegre, outono de 2014.

Jaqueline Mielke Silva

Sumário

Introdução...11

1. Decisão monocrática nos tribunais brasileiros: visão crítica............15
   1.1. Hermenêutica como processo de construção do direito....................15
   1.2. Duplo grau de jurisdição: um olhar hermenêutico............................28
   1.3. Origem formal do artigo 557 do CPC: evolução histórica de sua redação........33
   1.4. Juízo de admissibilidade e juízo de mérito..41
   1.5. Vinculação das decisões judiciais..50
   1.6. Poder jurisdicional do órgão monocrático nos tribunais................56
   1.7. Constitucionalidade do art. 557 do CPC..60
   1.8. Relativização do princípio da colegialidade......................................63

2. Julgamento do recurso via decisões monocráticas...........................67
   2.1. Hipóteses de aplicação da decisão monocrática...............................68
        2.1.1. Inadmissibilidade...71
        2.1.2. Prejudicialidade..73
        2.1.3. Improcedência..75
        2.1.4. Contrariedade do recurso à orientação dominante dos tribunais............77
        2.1.5. Contrariedade da decisão recorrida à orientação dominante dos tribunais.................82
   2.2. O recurso da decisão monocrática..84
        2.2.1. Natureza jurídica...84
        2.2.2. Efeito suspensivo..88
        2.2.3. Juízo de retratação e procedimento...89
   2.3. Multa prevista para recurso manifestamente inadmissível ou infundado........95
   2.4. A decisão monocrática e o devido processo legal.............................97
   2.5. A decisão monocrática e o reexame necessário...............................102
   2.6. O poder monocrático do relator e o Projeto do novo CPC............105
   2.7. O agravo interno e o Projeto do novo CPC......................................113

3. Juízo monocrático e ações repetitivas no Direito brasileiro..........115
   3.1. Dos aspectos qualitativos e quantitativos dos litígios....................119

3.2. Notas sobre as reformas processuais, a contenção da litigiosidade e o reflexo na estrutura do Judiciário...126
3.3. Importância do juízo monocrático no tratamento das ações repetitivas..........138
3.4. Mecanismos tópicos vigentes para tratamento das ações repetitivas no Direito brasileiro...143
    3.4.1. Repercussão geral no STF...144
    3.4.2. Recursos repetitivos..151
    3.4.3. Julgamentos de improcedência sem citação do réu (art. 285-A) e outras providências voltadas à administração dos processos repetitivos junto ao primeiro grau...156
    3.4.4. Ações coletivas relativas a direitos individuais homogêneos...............163
3.5. Os riscos de uma padronização decisória indevida................................171

Considerações finais..177

Referências...183

Introdução

A hermenêutica, ou mais precisamente a hermenêutica jurídica, enquanto compreensão, interpretação e aplicação do texto a ser desvelado, compromete, com certeza, todos aqueles que pretendem, de uma forma ou de outra, engajarem-se como operadores ou pensadores do Direito, pois na verdade esse só pode ser compreendido, sob o viés hermenêutico. Como o compromisso que as autoras dispensam ao Direito enquanto pesquisa e reflexão já de há muito tempo foi firmado à luz da atividade profissional, ainda que em campos distintos, e o seu instrumento direto, o processo, não poderia ser diferente nesta hora que se pretende rever o papel do intérprete, cientes de que, como nas sábias palavras de Martin Heidegger, em sua obra *Ser e Tempo*: "O homem não é o senhor do ente. O homem é o pastor do ser". Isso é, as ideias que foram debatidas, contrapostas, alinhadas e, às vezes, reformuladas, até chegarem ao texto presente, mantinham um fito comum: trabalhar o processo, como espaço democrático ocupado pelo direito das partes e o conflito ao efeito de uma composição adequada e aderente aos valores de um Estado democrático e social de direito. O contrário seria negar suas origens, esquecer seu passado, abandonar sua tradição, o que se mostraria, no mínimo, contraditório e, por certo, pouco produtivo.

De sorte que, no intuito de aplicar ao trabalho também uma visão crítica da hermenêutica, optamos por fazer uma abordagem sobre um tema que ou não tem sido muito objeto de preocupação dos estudiosos, ou é enfrentado substancialmente sob seu aspecto formal, qual seja, o poder jurisdicional monocrático exercido por órgãos singulares dos tribunais, centrando mais especificamente a discussão no texto do art. 557 do CPC. Nossa pretensão foi ir além, discutindo não só a decisão monocrática com conteúdo de julgamento em reexame, mas sua adoção, especialmente no fenômeno das ações repetitivas, ao efeito de produzir um modelo jurisdicional nas instâncias recursais, no mais das vezes, configurando tão somente como uma outra decisão a sobrepor-se à decisão monocrática do juízo de primeiro grau, quando o objetivo maior da existência do segundo grau está exatamente na busca de uma melhor solução, numa solução que represente um reexame de aperfeiçoamento da construção do direito do caso concreto.

O trabalho assim gestado foi dimensionado para ser desenvolvido em três capítulos. No primeiro, talvez o mais relevante, pois determina – ou pelo menos procura determinar – a postura a ser adotada na abordagem, faz-se uma breve reconstituição histórica do desenvolvimento do pensamento, em especial após Schleiermacher e sua pretensão de uma hermenêutica universal, até se chegar a Martin Heidegger, ou, em outras palavras, até se chegar ao rompimento com a metafísica, ou ainda como o filósofo trata a questão da compreensão, ao definir que "filosofia é ontologia fenomenológica universal que parte da hermenêutica do *Dasein*, do ser-aí". Para este estudo, a obra de Gadamer, *Verdade e Método*, assumiu grande relevância, até porque a ele se deve a importante contribuição de fazer o elo entre a filosofia de Heidegger e a hermenêutica jurídica. É neste capítulo que se destaca o papel construtivo que o intérprete exerce na tarefa hermenêutica, presente a condição de ser no mundo. Os ensinamentos de tais mestres, que serviram em parte como doutrina de base, foram determinantes para se apreciar a questão posta sob a ótica do constitucionalismo brasileiro e a prática adotada nos tribunais pátrios, com a consequente relativização do princípio da colegialidade.

No capítulo segundo, o enfoque foi marcado pelo enfrentamento exegético da legislação vigente quanto aos juízos monocráticos nos tribunais, sem embargo da discussão sobre a constitucionalidade e a atenção à garantia do devido processo legal, compreendendo-se a Constituição como topos para o discurso jurídico, presente o ideal de um Estado democrático social de direito. Por certo que nesta parte o art. 557 do CPC ganhou o espaço merecido, considerando a proposta do trabalho, sempre presente que o seu campo de incidência vem sistematicamente crescendo, ganhando uma proporção não pensada quando da introdução dos juízos monocráticos na jurisdição dos tribunais, passando, muitas vezes, a ser utilizado como solução prática para resolver problemas que são muito mais estruturais da máquina judiciária do que propriamente processuais. Mas também as reformas com vistas à edição de um novo Código de Processo Civil não foram negligenciadas, merecendo estudo comparativo com a atual legislação, especialmente para destacar as novidades introduzidas, que, registre-se, não são produtoras de um novo modelo de julgamentos monocráticos nos tribunais, ampliando, em termos seu espectro e, por vezes, reduzindo sua incidência.

Por derradeiro, o texto se volta para o fenômeno das ações repetitivas no direito brasileiro e sua consequência sobre a realidade dos tribunais. Sem embargo da tarefa quase hercúlea dos magistrados e da própria legislação processual, cujas reformas se sucedem, e mais recentemente, a concentração dos esforços na proposição de um novo Código de Processo Civil, tudo parece passar pela figura bíblica do menino que tenta encher um buraco na praia com a água do mar. Quanto mais se inova, seja em práticas judiciais, seja em textos legislativos, mais parece o problema crescer. De qualquer sorte, não se pode negligenciar a importância que os juízos monocráticos nos tribunais assumem em tais ações, cujos aspectos quantitativos e qualitativos repercutem em tais práticas (legais) de prestação jurisdicional. Aproveita-se o espaço para, ainda que brevemente, referir outros institutos e disposições legais, como a súmula vinculante, a repercussão geral no recurso extraordinário, a autorização para a improcedência do pedido na hipótese do art. 285-A do CPC, e as ações coletivas no âmbito dos direitos individuais homogêneos, especialmente nos pontos em que cruzam com o tema central, isso é, o juízo monocrático nos tribunais.

O texto que se oferece ao público não tem o propósito de dar a pesquisa por concluída, mas objetiva disponibilizar aos operadores do direito e aos estudantes da graduação e da pós-graduação reflexões e conclusões capazes de contribuir para um amadurecimento no estudo das decisões monocráticas proferidas por julgadores, especialmente do segundo grau, desmistificando o seu uso como via meramente alternativa, mas como possibilidade, guardadas certas medidas, a somar ao já complexo sistema processual de condução e solução dos processos e dos conflitos de interesses. Entre o desuso e o abuso de decisões monocráticas, há de remanescer as que se sustentam como viáveis e recepcionadas pelo devido processo legal.

Mais se faz necessário tais incursões na legislação, doutrina e jurisprudência quando se está às vésperas de um novo Código de Processo Civil, no qual, sabidamente, as decisões monocráticas nos órgãos recursais tendem a se expandir, especialmente considerando o fenômeno da litigância repetitiva, que a pós-modernidade impôs ao Judiciário e ao processo, exigindo soluções compatíveis com as novas demandas.

1. Decisão monocrática nos tribunais brasileiros: visão crítica

1.1. Hermenêutica como processo de construção do direito

As relações entre o pensamento e a linguagem ocupam cada vez mais um espaço relevante naqueles que pretendem uma reflexão racional, na medida em que se pode afirmar, com Ernildo Stein, que a filosofia, em seu núcleo, trata de dois campos fundamentais, ou seja, "de um lado, ela analisa o problema da verdade dos enunciados, a verdade das proposições teóricas; de outro lado, a filosofia analisa o problema da fundamentação da ação humana a partir de certas normas morais".[1]

Também aqueles que pensam e operam o Direito desta constatação não podem fugir, uma vez que a atuação do Direito é essencialmente uma atividade hermenêutica, o que vale dizer que os enunciados são, em última análise, resultado ou extensão da própria linguagem, que não mais aparece como mera mediação entre o sujeito e o objeto, o que está a exigir uma profunda reflexão de como nos comportamos perante o discurso jurídico.

Cumpre aqui registrar, como preâmbulo da abordagem que se pretende imprimir, alguns conceitos mínimos a fim de se estabelecer um denominador comum que permita a manutenção do debate num mesmo diapasão, sem o desgaste que divergências de conceitos podem provocar. Assim, embora a expressão hermenêutica possa ter mais de um sentido, prefere-se defini-la como a arte de anunciar, traduzir, explicar e interpretar o sentido de alguma coisa, o que também implica obviamente compreender o que está subjacente em algo que não está claro ou unívoco, consoante Hans-Georg Gadamer ao enfrentar o tema da hermenêutica clássica e a hermenêutica filosófica.[2]

---

[1] STEIN, Ernildo. *Aproximações sobre hermenêutica*. Porto Alegre, EDIPUCRS, 1996, p. 9.

[2] GADAMER, Hans-Georg. *Verdad y Metodo*. V. II, Salamanca: Ediciones Sígueme, 1998, p. 95.

É ainda o mesmo autor que destaca que traduzir, transmitir, interpretar é tarefa que goza sempre de uma certa liberdade, porque significa também traduzir o sentido autêntico da mensagem. Consistindo a tarefa de traduzir em "cumprir" algo, o sentido da "hermenêutica" oscila entre a tradução e o mandato, entre a mera comunicação e a exortação à obediência. É forçoso lembrar, por exemplo, que para Platão a hermenêutica não compreendia qualquer manifestação de ideias, mas tão somente o conhecimento do rei, o que destaca o caráter de mandato. Por esta linha de raciocínio, a hermenêutica se aproxima da arte da adivinhação, vindo a inspirar e fazer-se refletir tanto na hermenêutica teológica como na hermenêutica jurídica, incluindo a competência normativa, ou seja, os intérpretes manifestam algo normativo, seja a lei divina, seja a lei humana.

Não foi diferente na Idade Média, sobretudo em Santo Agostinho, quando a hermenêutica teológica significava a arte da correta exposição das Sagradas Escrituras, resumindo-se a dogmática cristã a definir a tensão entre a história do povo judeu traduzida pelo Velho Testamento e a história da salvação e a pregação evangelista de Jesus no Novo Testamento, propondo Santo Agostinho a elevação do espírito, partindo do sentido liberal e moral para o sentido espiritual. Nesse sentido, o núcleo da hermenêutica antiga estava no problema da interpretação alegórica, acolhida por Santo Agostinho, mas repudiada pelos pensadores da Reforma, que admitiam as alegorias como exceção, em situações extremas. Mas de qualquer sorte, a nova consciência aspirava ser objetiva, vigorando, a partir da Idade Moderna, que se influenciou desses pensamentos, o tema central da hermenêutica como de natureza normativa, buscando-se nos textos, presente a ideia de que deviam ser recuperados, o sentido originário encoberto ou desfigurado. Seguiu o mesmo diapasão a releitura da Bíblia, cujos conteúdos estavam mascarados pela interpretação dada pela Igreja, os clássicos, distorcidos pelo latim bárbaro da escolástica, o direito romano, adulterado por uma jurisprudência regional.[3]

Num primeiro momento, o novo paradigma assentava-se na consciência metodológica, usando sobretudo a linguagem da matemática, passando, porém, a evoluir para a teoria geral da interpretação das linguagens simbólicas, mas ainda se tendo a hermenêutica como integrante da lógica, o que vigorou para o século XVIII, sequer enfrentando-se à época o problema da pré-compreensão, cujas implicações ontológicas só vieram a ser explicitadas a partir do século XX.

---

[3] GADAMER, op. cit., v. II, p. 96-97.

Entre os nomes importantes nessa evolução destaca-se Schleiermacher,[4] que, afastando-se de Spinoza e Cladenius, desligou a hermenêutica como teoria universal da compreensão e da interpretação de seus momentos dogmáticos e ocasionais, provocando um giro bíblico especial ao defender o caráter científico da teologia e questionando os métodos até então praticados, mediante a verificabilidade metodológica da compreensão das Sagradas Escrituras com os recursos da exegese textual, teologia histórica, filologia, etc., presente uma motivação filosófica, na esteira do romantismo predominante da época, sempre ciente da tarefa de superar a distância no tempo e defendendo que o verdadeiro ato de compreender reclama como pressuposto o que ele denomina de "equiparação com o leitor original", condição prévia para chegar-se à equiparação com o autor, aí sim pondo-se a descoberto o texto como manifestação genuína de seu produtor, deslocando o problema da obscuridade da história para a obscuridade do outro.

É ainda de Schleiermacher o ensinamento de que os textos normativos passam a um segundo plano, pois que compreender é uma repetição da produção mental originária em virtude da congenialidade dos espíritos. Aqui começa a ressaltar o papel da linguagem bem como se vislumbra a criação de um sistema científico orientado a partir de uma base hermenêutica, passando esta a ser fundamento de todas as ciências históricas, e não só da teologia. Nada mais nada menos que o reconhecimento da função da mediação na atividade hermenêutica, tanto do teólogo como do filólogo (e, porque não, do jurista!), abrindo-se a via para o historicismo.

Mas sem dúvida coube a Dilthey[5] estabelecer o postulado hermenêutico de que os detalhes de um texto somente podem entender-se desde o seu conjunto. Nesse sentido, a história universal não constitui um problema paralelo nem residual do conhecimento histórico, senão que seu próprio miolo, na medida em que a história individual se determina ou ganha sentido exatamente no conjunto que compõe a história universal.

Também para Ranke[6] o nexo histórico ou, em outras palavras, a constância do desenvolvimento da história universal, que carece da unidade de um sistema filosófico, lastreia-se na ideia da liberdade, liberdade, porém que se associa à força, sem a qual aquela não sobrevive, podendo-se assim afirmar que a necessidade procede também da liberdade e está determinada por sua vez à liberdade que conta com

---

[4] GADAMER, op. cit., v. I, p. 237 e segs.

[5] Idem, p. 253 e segs.

[6] Idem, p. 260 e segs.

ela. Ou seja, o que se passou se mantém como fundamento da nova atividade, formando um uníssono nexo, de modo a se afirmar que o que está a caminho de ser é desde logo livre, mas a liberdade para o que será encontra em cada caso sua restrição naquilo que já foi. A história, por esse prisma, nada mais é que um jogo de força que produz continuidade, afastada dessa sorte a proposição de que se possa construir aprioristicamente a história do mundo.

Já o trabalho de Droysen[7] está baseado na tentativa de extrair o conceito da compreensão da indeterminação em que se encontrava submerso, inclusive com Ranke, formulando para tanto pressupostos conceituais. O primeiro deles é exatamente o conceito da expressão "compreender", estabelecendo que compreender é empreender uma expressão e na expressão se dá algo interior, uma essência interna, que é a primeira e a mais autêntica realidade. Para ele, mostrando ainda uma vinculação com René Descarte, o eu individual é como um ponto solitário no mundo dos fenômenos, mas em suas exteriorizações, sobretudo na linguagem, ou em qualquer outra forma de expressão, deixa de ser um ponto solitário e passa a pertencer ao mundo do compreensível.

Assim, para Droysen, a compreensão histórica não é em princípio de natureza distinta da compreensão linguística. Como na linguagem, o mundo da história também não possui o caráter de um ser puramente espiritual, reconhecendo-lhe uma dupla natureza, espírito e corpo, tornando-a falível, no que se aproxima de Ranke, que também não lhe havia conferido a condição de espírito puro, daí por que enfatizara tanto a força. Droysen, porém, avança, na medida em que reconhece na relação da necessidade e da liberdade que domina a história, atribuindo à necessidade o dever incondicional e à liberdade o querer incondicional, uma forma pela qual uma e outra constituem exteriorizações da força moral, de modo a que cada uma delas forme parte da esfera moral, o que evidencia que para Droysen o conceito dos poderes morais ocupa uma posição central e de importância, tudo se resumindo numa constante superação do que é pela crítica de como deveria ser. Sob esse enfoque, o historiador ainda está separado de seu objeto pela mediação infinita da tradição, só se logrando alcançar o compreender através da incessante investigação da tradição, de modo que a compreensão vincula ao individual com as comunidades morais às quais pertence, pois a família, o povo, o estado, a religião, são compreensíveis porque são expressão, concluindo que "o individual se compreende no conjunto, e o conjunto se compreende desde o individual", a justificar

---

[7] GADAMER, op. cit., v. I, p. 270 e segs.

porque Droysen afirma que a historiografia é, também, reconstruir desde os fragmentos da tradição o grande texto da história, ponderando, a exemplo de Schleiermacher que a história entendida como ação de liberdade é tão profundamente compreensível e carregada de sentido como um texto.

É, porém, com Dilthey[8] que se passa a reconhecer efetivamente o problema epistemológico que implica a concepção histórica do mundo frente ao idealismo. Influenciado tanto por Schleiermacher como por Ranke e afastando-se da metafísica hegeliana, não deixou, porém, de perder de todo essa ambivalência entre o idealismo e o pensamento empírico, mas ainda assim, firmou orientação de que a velha teoria da verdade como cópia da realidade já não bastava para sua legitimação.

Nesse sentido, Dilthey se dá conta que as ciências históricas confeririam uma nova atualidade ao problema do conhecimento, desacreditado que estava o sistema hegeliano, com a quebra da correspondência natural e imediata do *logos* e do *ser*, passando Hegel a ser o último e mais universal representante da filosofia antiga do *logos*, convertendo-se o século XIX no século do pensamento. Para ele, a experiência é que é um processo vital e histórico, afirmando o filósofo que "a primeira condição de possibilidade da ciência da história consiste em que eu mesmo sou um ser histórico, e aquele que investiga a história é o mesmo que a faz", estabelecendo uma premissa da maior importância para o que mais tarde passou a ser tido com a viragem linguística, embora ainda insuficiente para solucionar o problema epistemológico específico da história, que permanecia oculto.

Embora ainda em sede de esboço, é a Dilthey que se deve a transformação do conceito do espírito objetivo, que coloca a consciência histórica no lugar da metafísica, lembrando que somente conhecemos historicamente porque somos históricos, o que, porém, não afasta inúmeras indagações, tal como se a consciência histórica não será em última instância um ideal utópico, a conter dentro de si mesma uma contradição. Nesse sentido, um dos pontos mais controvertidos da teoria de Dilthey diz exatamente com a possibilidade das ciências do espírito servirem-se de métodos comparativos, objetivando superar as barreiras contingentes que representam o círculo das próprias experiências e, assim, ascender a verdades mais gerais, mais universais. O fato é que Dilthey não foi ao ponto específico, limitando-se a enfrentar a questão indiretamente, de modo a fugir à concepção hegeliana do saber absoluto para a ela não retornar, afirmando que a consciência histórica é uma forma de autoconhecimento. Sob sua ótica, tudo parte da

---

[8] GADAMER, op. cit., v. I, p. 277 e segs.

vida, pois a vida mesmo está referida à reflexão, destacando que antes de toda objetivação científica o que se forma é uma concepção natural da vida sobre si mesmo, desprendendo-se o espiritual de seu criador. Em suma, presente o triunfo do método filológico, concebido o espírito passado como presente, o espírito estranho como familiar, nisso se assenta toda a dignidade das ciências do espírito.

Já Husserl,[9] através de sua obra, culmina com a pretensão de que a fenomenologia intencional elevou o espírito como espírito ao campo da experiência sistemática e da ciência, provocando um giro total na tarefa do conhecimento. Para ele, a própria natureza é construção do espírito, cuja universalidade é absoluta, compreendendo todo o ser em sua historicidade, também absoluta, o que não é casual. Tudo o mais é relativo, impondo-se o espírito como o único absoluto, de sorte que a consciência não é um "objeto", senão uma atribuição essencial, embora reconheça que a própria subjetividade humana também possui uma validez ôntica, devendo igualmente ser considerada como um fenômeno e tornando-se igualmente objeto de investigação em toda sua variedade nas formas em que é dada, de sorte que, investigando-se o "eu" como fenômeno não se está no plano nem de uma percepção interna nem como mera reprodução do "ser consciente". Isso porque toda vivência implica horizontes anteriores e posteriores, fundindo-se em última instância com a continuidade das vivências pressentes do antes e do depois, na unidade da corrente vivencial. Para ele, toda vivência intencional implica, em última análise, um horizonte, sem caráter rígido, pois tudo que está dado como ente, está dado como mundo, levando consigo o horizonte deste mundo.

Mas assim como Dilthey, também Husserl abordou insuficientemente o problema da intersubjetividade e da compreensão do estranho, o que veio, mais tarde, a ser enfrentado por York, quando entre o idealismo especulativo e o novo nível de experiência de seu século se estabelece uma ponte no sentido de que o conceito de vida se vê desenvolvido em ambas as direções de forma mais abrangente. Para York, vida é autoafirmação, é a base, cuja análise de vitalidade inclui também o pensamento natural-científico do século, em especial o conceito de vida de Charles Darwin. A estrutura da vitalidade consiste analisar, isto é, afirmar-se em si mesma como unidade de participação e articulação de si mesma. Espontaneidade e dependência são, para York, os caracteres básicos da consciência, ou seja, elementos constitutivos tanto da articulação somática como da psíquica, do mesmo modo que

---

[9] GADAMER, op. cit., v. I, p. 305 e segs.

sem objetividade não há que se falar no sentir corporal, nem tampouco imaginar, querer ou experimentar.

Para York,[10] os pensamentos se movem no terreno dos resultados da consciência, que também deve ser entidade como comportamento vital, daí por que a filosofia deve recuperar a divisão entre os resultados do pensamento propriamente dito e o comportamento, de forma a repetir a direção inversa da experiência da vida, objetivando reconhecer as relações que condicionam os resultados da vida. York alcançou delinear a ponte entre a fenomenologia do espírito de Hegel e a fenomenologia da subjetividade transcendental de Husserl, na medida em que nele a correspondência da vida e a autoconsciência ganham uma diretriz metódica, capaz de determinar a essência e a tarefa da filosofia, a partir da compreensão dos resultados da consciência desde sua origem e compreendê-los como resultados, isto é, como projeção da vitalidade originária e de seu analisar.

Outro contribuinte para essa nova visão foi R. Bultmann,[11] que, partindo do historicismo radical e estimulado pela teologia dialética, desembocou na desmitologização, fundamentando uma mediação entre exegese histórica e exegese dogmática, em busca de soluções positivas, ou seja, metodologicamente justificadas, sem renunciar aos lucros da teologia histórica.

Mas é com Heidegger[12] que se dá efetivamente um novo enfoque filosófico, a partir do conceito de "hermenêutica da faticidade", no enfrentamento da paradoxal tarefa de elucidar a dimensão da existência e também de interpretar a própria existência como "compreensão" e "interpretação", partindo da ideia de que "compreender" não significa só um comportamento do pensamento humano que se pode disciplinar metodologicamente e conformar em um método científico, senão que constitui um movimento básico da existência humana, daí por que desembocando Heidegger no conceito da interpretação, que Nietzsche havia desenvolvido em seu significado teórico. Nessa perspectiva, o processo de interpretação se converte em uma forma de vontade de poder e adquire um significado ontológico. Interpretar é criar.

Para esta nova orientação, a exigência de um critério para a verdade absoluta nada mais é que um ídolo metafísico abstrato, que perde todo significado metodológico, afirmativa que, transportada para a realidade do Direito, provoca inevitavelmente uma revolução no pensamento jurídico.

---

[10] GADAMER, op. cit., v. I, p. 314 e segs.
[11] Idem, v. II, p. 104.
[12] Idem, v. II, p. 105.

A dialética que Emílio Betti[13] tentou justificar através da hermenêutica romântica, a partir da relação sujeito-objeto sustentada pela metafísica clássica, mostra-se agora insuficiente perante o precedente ontológico do conceito de sujeito, passando a se indagar se se esgota o sentido de um texto pela *mens auctoris*, ou se a compreensão é uma mera reprodução do produto original, eis que não satisfazem a hermenêutica jurídica, onde nitidamente presente uma evidente função criadora.

O papel do intérprete, como sujeito que interage com o texto que está sendo analisado, se faz presente na interpretação dos fatos históricos, dos textos das Sagradas Escrituras, bem assim na literatura, mas por certo essa questão ganha nova vida quando se trata da valiosa tradição da hermenêutica jurídica. Não se pode negar, em qualquer caso, que a hermenêutica é uma disciplina normativa e exerce uma função dogmática de complementação jurídica, na medida em que desempenha o papel de ligação entre a generalidade da norma abstrata e a concretização do caso individual.

Para Heidegger,[14] a faticidade de estar aí significa que a existência, que não é suscetível de fundamentação nem de dedução, é o que deve erigir-se na base ontológica do estabelecimento fenomenológico, e não o puro "cogito" como constituição essencial de uma generalidade típica, configurando dessa forma uma ideia tão audaz como comprometida, embora não se possa dizer que seja uma proposta completamente nova, eis que nas críticas ao idealismo já havia aparecido nos neohegelianos. De qualquer sorte, Heidegger vai adiante de seus antecessores, não se satisfazendo apenas com os princípios e limites do historicismo, desmascarando a metafísica ao colocar à vista o desconforto ontológico que provoca o pensamento do problema sobre o nada, por ela não solucionado, provocando um verdadeiro giro radical.

Compreender, para Heidegger,[15] configura a forma originária de realização do estar aí, do ser-no-mundo, passando a compreensão a ser o modo de estar aí enquanto o poder ser é mera possibilidade. Compreender passa a constituir caráter ôntico original da própria vida humana, ganhando, na interpretação transcendental da compreensão, o problema da hermenêutica uma luz universal, isto é, uma dimensão toda nova. O pertencer do intérprete ao objeto, que não lograva uma legitimação correta na reflexão da escola histórica, obtém agora um sentido concreto e perceptível, passando a ser tarefa da hermenêutica

---

[13] GADAMER, op. cit., v. II, p. 106.

[14] Idem, v. I, p. 318 e segs.

[15] Idem, p. 331 e segs.

mostrar esse sentido. A estrutura geral da compreensão alcança sua concreção na compreensão histórica enquanto na compreensão mesma são operantes vinculações concretas de costume e tradição e suas correspondentes possibilidades do próprio futuro. É Heidegger que nos mostra o caminho dessa estrutura existencial, que se traduz no ser que é, inexistindo universais, mas tão somente particulares. O raciocínio em abstrato não existe, pois estamos todos jogados na liberdade de estar aí, que passa a ser a única verdade e que se constitui na própria condição de possibilidade.

Enquanto Heidegger enfrenta a problemática da hermenêutica e críticas históricas com o fim de desenvolver a partir delas a pré-estrutura da compreensão, Hans-Georg Gadamer passa a perseguir a questão de como a hermenêutica, liberada do conceito científico tradicional da verdade, pode fazer justiça à historicidade da compreensão. No ponto, importante se enfrentar o pensamento de Heidegger, que desenvolve a teoria da estrutura circular, a partir da temporariedade do "estar aí", estabelecendo novos padrões para a teoria da compreensão.

Aquele que quer compreender um texto realiza sempre um projetar, dando origem ao primeiro sentido que, por sua vez, se prestará como base para a projeção seguinte até a compreensão do todo, de forma que a compreensão do que se põe no texto consiste exatamente na elaboração desse projeto prévio e que tem que ser constantemente revisado na medida em que se avança na penetração do sentido, nada impedindo, assim, que diversos projetos de sentido se rivalizem entre si, até se estabelecer univocamente a unidade do sentido. Dessa sorte, o compreender ou interpretar é exatamente o resultado deste movimento circular, substituindo-se conceitos prévios por outros mais adequados, num permanente projetar, evitando-se tanto quanto possível as opiniões prévias arbitrárias, tais como renunciando, ao interpretarmos um texto antigo, os nossos próprios hábitos linguísticos.

Isso não significa que o intérprete renuncie a todas as suas opiniões prévias sobre o conteúdo, o que seria completamente impossível de se dar, mas sim que ele esteja aberto e predisposto à opinião do outro ou do próprio texto em exame, receptividade que não significa neutralidade frente às coisas nem tampouco uma autonegação, mas uma forma matizada de incorporar as próprias opiniões prévias e prejuízos, questões que na verdade estão intimamente ligadas com o próprio projeto ontológico que Heidegger pretendeu estabelecer. Assim, somente a aceitação desse caráter prejudicioso de toda a compreensão pode conferir ao problema hermenêutico toda a agudeza de sua dimensão.

A expressão "prejuízo" (ou "pre-juízo")[16] quer dizer, em sua essência, um juízo que se forma antes da convalidação definitiva de todos os momentos que são objetivamente determinantes. Traduzindo para o mundo jurídico, prejuízo é um julgamento prévio, antes da decisão final, o que representa uma redução de suas possibilidades, de onde se extraiu uma valoração negativa, como se "prejuízo" fosse um juízo falso, sem fundamentação, quando, na verdade, o que pode ser valorado positiva ou negativamente é o seu conteúdo.

Esse enfrentamento, como pode-se concluir, está diametralmente oposto ao pensamento iluminista, onde só a fundamentação – que significa sobrevalência do método ao acerto objetivo como tal – garante ao juízo emitido a sua dignidade, enquanto no prejuízo a fundamentação simplesmente não acontece.

A compreensão do tempo nessa nova concepção[17] é inevitavelmente fundamental, na medida em que já não se fazendo instaurar a pretendida relação sujeito-objeto, o que seria objeto histórico não é na verdade um objeto, mas sim uma simbiose entre o objeto e o outro, uma relação em que a realidade da história persiste da mesma forma que a realidade do compreender histórico, cujo conteúdo filosófico Heidegger chama de "história efetual", assentando-se exatamente na importância que os efeitos do fato ou texto produzem sobre o intérprete e vice-versa. Na verdade, o poder da história efetual, em seu conjunto, não depende de reconhecimento, mas sua consciência constitui um momento da compreensão, o que, em outras palavras, significa consciência da situação hermenêutica, cuja dificuldade é evidente, razão pela qual Hans-Georg Gadamer afirma que se cuida de tarefa que jamais se alcança por inteiro, pois ser histórico é não se esgotar no saber. Nesse sentido, interpretar é, na verdade, uma verdadeira fusão de horizontes. O horizonte do passado com o horizonte do presente. O horizonte do fato ou texto com o horizonte do intérprete. E à hermenêutica cabe não ocultar essa tensão, devendo antes desenvolvê-la conscientemente. É na realização da compreensão que tem lugar essa fusão de horizontes, onde o projeto do horizonte histórico logra superar-se, de forma controlada, o que Hans-Georg Gadamer chama de "tarefa da consciência histórico-efetual", concluindo que no problema da aplicação está contida toda a compreensão.

E aqui se faz presente uma afirmação da maior relevância para o operador do Direito. É que, segundo Hans-Georg Gadamer, principal responsável pelo elo entre a filosofia de Heidegger e a hermenêutica no

---

[16] GADAMER, op. cit., v. I, p. 344.
[17] Idem, p. 360.

Direito, cunhada de hermenêutica filosófica, o conceito de imparcialidade da ciência se contrapõe ao conhecimento histórico, não sendo diferente com a pretendida objetividade da ciência da arte e da literatura, cujo esforço científico acaba se sujeitando à experiência da arte e da poesia. Assim também uma hermenêutica filosófica chegará a um resultado de compreensão na medida em que o aporte produtivo do intérprete integre inexoravelmente o sentido da compreensão, afirmando que *"el intérprete y el texto tienen su proprio horizonte y la comprensión supone una fusión de estos horizontes"*, concluindo que desta forma a hermenêutica superou a base subjetiva-psicológica tanto na ciência neotestamentária como no criticismo literário e no desenvolvimento filosófico de enfoque heideggeriano, para buscar o sentido objetivo, mediado pela história efetual. E mais, acentua o filósofo alemão, discípulo de Heidegger, a realidade fundamental para salvar tais distâncias é a linguagem, que permite ao intérprete atualizar o compreendido. Contempla, outrossim, o regresso da linguagem da ciência à linguagem da vida cotidiana, das ciências empíricas à experiência do "mundo vital", que teve como consequência que a hermenêutica, em lugar de subordinar-se à lógica, se reorientou na forma da tradição anterior em aproximação à retórica, cuja importância para a formação do *senso comum* já havia sido destacada por G. B. Vico.[18]

Nesse contexto, destaca-se a linguagem, que não é apenas um meio ou instrumento, e sim guarda uma relação especial com a comunidade potencial da razão, pois é a razão que se atualiza comunicativamente com a linguagem, rejeitando-se a doutrina da significação de Santo Agostinho e de São Tomás de Aquino, norteadas no sentido de superar o significado dos signos pelo significado das coisas, ou seja, seu sentido literal, intrínseco, quando, na verdade, o sentido se encontra não apenas no texto ou nas coisas, mas em todas as criações humanas, o que significa dizer, em outras palavras, que se encontra também no ato de interpretar. Presentes essas premissas, não há como fugir da constatação que o conhecimento que o homem tem do mundo está mediado pela linguagem, o que se dá já pela primeira orientação no mundo que é a fala. Pela linguisticidade do ser no mundo é que acontece toda a experiência e, no que nos interessa de perto, a interpretação dos textos jurídicos.

Não se olvida que também o pensamento heideggeriano e, mais particularmente, o de Gadamer, foram merecedores de críticas e de contraposição de outros pensadores, podendo se citar a título de exemplo Jürgen Habermas, valendo, aqui, registrar a propósito do texto

---

[18] GADAMER, op. cit., v. II, p. 475 e segs.

Dialética e Hermenêutica, o pronunciamento de Ernildo Stein, que realiza um balanço do diálogo crítico mantido entre os dois filósofos e que comporta uma visão crítica da maior importância, lançado nos seguintes termos: "Uma vez chegados à era do fim da metafísica, que podemos chamar o tempo da crise do fundamento, surge a dificuldade de traduzir a nossa reflexão no campo da filosofia e das ciências humanas em termos de verdade e de racionalidade. Uma vez perdido o fundamento que vincula significante e significado de maneira ontológica, e postos num plano em que o espaço de fundação é inelutavelmente histórico, toda a tentativa de fundar a universalidade e necessidade do conhecimento se transforma num problema de semântica. A partir dela nossa atividade de povoar o mundo com objetos e proposições parece antes uma ocupação lúdica de construção aleatória de um mundo do que propriamente uma vontade de justificação racional da nossa relação com o mundo". E prossegue o filósofo gaúcho: "Uma vez postos na arena da história e a ela confinados, a questão da fundamentação da verdade parece ter-se convertido num confronto entre problemas de ideologia. Há, no entanto, como resultado da consciência de nossa condição histórica e do desafio da crítica das ideologias, uma aspiração e uma vontade do pensamento humano de salvar nelas a universalidade e a continuidade da reflexão através de duas posturas teóricas que se comensuram com as condições de contingência do pensamento histórico: é aí que podemos situar a questão da dialética como método e a questão da hermenêutica como tentativa de inventar a verdade mesmo para além do método. Dialética e hermenêutica representam os dois caminhos através dos quais o debate atual sobre a questão do método como instrumento de produção de racionalidade, através da convergência entre filosofia e ciências humanas, se desenvolve numa esfera que transcende a fragmentação dos procedimentos científicos em geral. É possível, portanto, desenvolver uma questão filosófica relevante, pela análise das relações, das diferenças e do universo comum do pensamento crítico-dialético e da hermenêutica filosófica".[19]

Trazendo essas profundas e revolucionárias reflexões para a hermenêutica jurídica e a tarefa dos operadores do Direito, forçoso concluir com Lenio Luiz Streck que efetivamente estamos vivendo uma profunda crise de paradigma, na medida em que o conjunto do conhecimento jurídico como um todo representa uma verdadeira "coisificação" do mundo, traduzindo-se no sentido comum teórico, expressão que importa de Warat, e que embasa todos os discursos jurídicos, adotados pelos parlamentos, tribunais, escolas de direito, associações de

---

[19] HABERMAS, Jürgen. *Dialética e hermenêutica*. Trad. Álvaro Valls. Porto Alegre: L&PM, 1987, p. 98-99.

profissionais do ramo e a própria administração pública, num verdadeiro descompasso com a realidade, passando todos a viver um verdadeiro mundo do "faz de conta", tudo direcionado a assegurar relações de poder e manter o *teto hermenêutico* prefixado, impedindo, assim, as possibilidades interpretativas ou, em outras palavras, criativas.[20]

O operador do Direito, nesse quadro, ocupa muito mais o lugar de teleguiado do que de verdadeiro produtor do direito, pois, segundo Warat, citado pelo autor gaúcho, "o sentido comum teórico é instrumentalizado por uma racionalidade positivista, que atua como fetiche de sua razão cotidiana, além de atuar como mediadora dos conflitos sociais", prosseguindo Lenio Luiz Streck, "exatamente por isso que os operadores do Direito trabalham em uma instância de julgamento e censura – que os impede de produzir decisões autônomas em relação a esse nível censor. Não conseguem se dar conta do *fumus* ideológico que, de forma inexorável, está por detrás de cada interpretação da lei, de cada sentença, enfim, de cada discurso acerca do Direito".[21]

O pensamento objetificante que a metafísica autoriza serve como uma luva para a sustentação deste *status quo*, na medida em que, enquanto o intérprete aprecia a relação jurídica em análise como se dela não participasse, como se seu pronunciamento não resultasse de uma interação inevitável, fica ele à deriva de qualquer responsabilidade pelo resultado alcançado, renunciando a qualquer papel de produção e/ou modificação do *status* jurídico e social. Pode-se afirmar, sem medo de errar, que a atividade jurídica que vem sendo produzida pelos tribunais e pela administração pública em geral tem se caracterizado por um permanente e constante "lavar as mãos", não sendo diferente a atuação dos demais segmentos de atividade jurídica. Exemplos típicos são os pronunciamentos que se fazem fundamentar com premissas como "na esteira de jurisprudência pacífica...", "consoante entendimento jurisprudencial...", "precedentes jurisprudenciais confirmam...".

No particular, Lenio Luiz Streck aponta que "com esse tipo de procedimento, são ignorados o contexto histórico e social no qual estão inseridos os atores jurídicos (acusado, vítima, juiz, promotor, advogado, etc.), bem como não se indaga (e tampouco se pesquisa) a circunstância da qual emergiu a ementa jurisprudencial utilizada. Afinal de contas, se *'a jurisprudência torrencialmente vem decidindo que...'*, ou *'a doutrina pacificamente entende que...'*, o que resta fazer?", concluindo que "Conseqüência disso é que o processo de interpretação da lei passa a

---

[20] STRECK, Lenio Luiz. *Hermenêutica jurídica e(m) crise: uma exploração hermenêutica da construção do Direito*. Porto Alegre: Livraria do Advogado, 1999, p. 51-53.

[21] Idem, p. 53.

ser um jogo de cartas (re)marcadas (Ferraz Jr., Bairros de Brum, J. E. Faria e Warat). Ainda se acredita na ficção da *vontade do legislador, do espírito do legislador, da vontade da norma (sic)"*, como se o legislador fosse uma entidade universal.[22]

Essa realidade pode explicar porque, após mais de vinte e cinco anos de vivência da nova Constituição, que, bem ou mal, estabeleceu uma nova ordem jurídica, exercendo o papel de *topos* normativo para qualquer sociedade que pretenda ter um mínimo de civilidade e de identificação com o Estado social democrático de Direito, ainda se mantém o seu texto como um grande incógnito, ausente de uma autêntica explicitação, sendo diuturnamente negado ou contrariado pelos pronunciamentos jurídicos. Os *experts* do ramo permanecem atrelados às conceituações do passado, resistindo à releitura dos velhos dogmas, escudados sempre pelo enfrentamento objetificante do fato jurídico, como quem olha o problema de fora, sem contaminá-lo ou deixando de ser por ele contaminado, como se isso na verdade fosse possível.

Por esse prisma poder-se-ia revisar toda a dogmática jurídica, profundamente afetada pela filosofia da consciência e predestinada, nos termos em que se põe a discussão, a manter o *establishment* que herdamos através dos séculos, sem qualquer preocupação em contrapô-lo com a nova ordem jurídica e social legitimamente instituída, o que, por certo, não é nem poderia ser o objeto desta monografia, cuja limitação de enfoque fala por si mesma. A proposta aqui deduzida, postos esses limites, atende tão somente uma visão que pretende ser crítica do poder monocrático nos tribunais, em especial como vem sendo previsto nos textos legislativos e sua extensão a uma problemática antes não contemplada na ordem jurídica, que diz com os recursos repetitivos oriundos das ações de massa (legítimas e também ilegítimas), avaliando-se-o a partir das premissas antes colocadas e, tanto quanto possível, despindo-se a interpretação dos chamados prejuízos ilegítimos.

1.2. Duplo grau de jurisdição: um olhar hermenêutico

Entre os diversos princípios que vigoram no processo civil moderno – consagrados ou não – pela dogmática jurídica, é provável que nenhum seja tão polêmico quanto o do duplo grau de jurisdição. E o que é relevante, a discussão precede o próprio modelo do processo moderno, recebendo críticas já em tempos remotos, conforme José Carlos Barbosa Moreira, ao citar, por referência, texto atribuído a Eneo Domitius

---

[22] STRECK, op. cit., p. 67.

Ulpianus, em que pesem dúvidas quanto a sua autenticidade, destacando que "para os adversários do princípio do duplo grau, ou os órgãos superiores são presumivelmente mais capazes de fazer boa justiça, e neste caso mais vale confiar-lhes diretamente a tarefa de julgar as causas, ou não gozam de tal presunção, e neste caso a devolução da matéria ao seu conhecimento é medida contraproducente, pelo risco que gera de substituir-se uma decisão certa por outra errônea",[23] crítica que se apresenta como réplica àqueles que, compondo a grande maioria, balizam a conveniência da submissão da decisão a exames sucessivos, por órgãos colegiados e cujos membros gozariam de maior experiência, na expectativa de uma melhor solução do conflito posto.

Se essas posições contrárias ao duplo grau de jurisdição subsistiram ao longo dos tempos, hoje, com a sempre presente crítica à morosidade da justiça, ganham, por certo, força e até novos adeptos, valendo citar, a propósito, Sérgio Gilberto Porto, que, ao comentar as reformas do CPC pátrio, realizadas ao longo da década de noventa, já criticava a omissão de seus autores em aprofundar o debate frente à crise aguda que o processo e o próprio exercício da jurisdição vem sofrendo, ficando as mesmas no plano tão somente de renovação de medidas procedimentais, lembrando que "neste passo, adequado destacar que o procedimento recursal com suas múltiplas formas, de, de um lado, garante o exercício constitucional da ampla defesa, de outro, em nada contribui para a célere e efetiva prestação jurisdicional, muito embora, é verdade, a revisão tenha atenuado este grave problema...".[24] Mesmo reconhecendo a questão temporal embutida no sistema recursal – que é inegável – o autor, juntamente com Daniel Ustárroz, vinculando os recursos enquanto atividade processual assegurada ao recorrente, o que atenta para o acesso à justiça e o contraditório, às demais garantias constitucionais, destacando, no que diz com a duração razoável do processo, o indispensável equilíbrio entre o reexame da decisão e o custo temporal, pois:

> O sistema recursal, enquanto fundamental para viabilizar o controle das decisões judiciais e aproximar o provimento dos fatos da causa e do direito, não pode eternizar controvérsias, sob pena de prejudicar a estabilidade das relações sociais e a própria fruição dos direitos.[25]

---

[23] BARBOSA MOREIRA, José Carlos. *Comentários ao Código de Processo Civil*. Rio de Janeiro: Forense, v. V, 1974, p. 195-196.

[24] PORTO, Sérgio Gilberto. Recursos: reforma e ideologia. In: *Inovações do Código de Processo Civil*, Porto Alegre: Livraria do Advogado, 1996, p. 107.

[25] PORTO, Sérgio Gilberto; USTÁRROZ, Daniel. *Manual dos recursos cíveis: atualizado com as reformas de 2006 e 2007*. 2. ed. rev. e ampl. Porto Alegre: Livraria do Advogado, 2008, p. 39.

Oreste Nestor de Souza Laspro, posicionando-se de forma crítica perante o tema, discorre, por primeiro, sobre as (aparentes) vantagens do duplo grau de jurisdição, de fácil contestabilidade, enumeradas pela tradicional doutrina tais como a maior experiência e preparo do juiz de segunda instância, a fragilidade do juiz de primeiro grau mais exposto ao erro e à prevaricação, o controle psicológico do julgador de primeira instância, consciente de que sua decisão não é a última, inconformismo natural do vencido e a necessidade de controle dos atos judiciais enquanto atividade estatal, destacando que essa última motivação é, na verdade, a única que não se baseia em critérios subjetivos, configurando-se de todas as vantagens a mais importante e com nítida natureza política, embora por si só não constitua função do duplo grau de jurisdição.[26] Prossegue o autor da monografia sua avaliação para concluir que, em tese, o controle interno da atividade jurisdicional materializado pelo sistema recursal – já que inocorrente no Brasil (a despeito das reformas constitucionais em andamento) a instituição do chamado controle externo, através de órgãos de composição mista, com magistrados e integrantes dos outros poderes, a quem competiria a fiscalização não das decisões em concreto, mas sim da atuação dos julgadores – mostra-se na prática insuficiente, até porque no presente a atuação dos julgadores de segunda instância não mais se resolve como uma forma de controle da atividade jurisdicional de primeiro grau, deixando o recurso, segundo citação de Giuseppe Chiovenda, "de ser um mecanismo de controle administrativo, uma reclamação contra o julgador, para se tornar um meio de obter um novo exame da questão já decidida", o que representa um desvio de sua função original.[27]

É ainda o mesmo autor que, num segundo momento, enfrenta as desvantagens do duplo grau de jurisdição, na medida em que reduz o acesso à justiça, por força inevitável da excessiva demora na duração dos processos; desprestigia a jurisdição de primeira instância, cujas decisões são sistematicamente enfraquecidas pela possibilidade de impugnação; fere a pretendida unidade do poder jurisdicional, na medida em que torna inútil o trabalho do primeiro grau na hipótese de confirmação da decisão, e produz divergências de entendimentos quando da reforma; diminui, para dizer o mínimo, a realização do princípio da verdade real, com o afastamento do segundo grau das provas produzidas, em especial as orais; e, por derradeiro, compreende negativa da oralidade procedimental. Base nessas premissas, conclui Oreste Nestor de Souza Laspro pela premente necessidade de se revisar o duplo grau

---

[26] LASPRO, Oreste Nestor de Souza. *Duplo grau de jurisdição no direito processual civil.* São Paulo: Revista dos Tribunais, 1995, p. 99-103.

[27] Idem, p. 111-114.

de jurisdição, tal como está ele contemplado em nosso ordenamento jurídico, mais privilegiando uma tradição jurídica do que comprometido com a efetiva eficiência da organização judiciária e da tão proclamada meta de aperfeiçoamento e aprimoramento da decisão judicial.[28]

De qualquer sorte, a doutrina clássica apoia o duplo grau de jurisdição, que é uma realidade nos ordenamentos jurídicos modernos e atende ele, consoante Nelson Nery Júnior, três ordens distintas que apontam na direção de sua adoção como *garantia fundamental de boa justiça*: a falibilidade do ser humano, que afeta por óbvio o juiz que, como homem que é, não está imune ao erro; a necessidade psicológica do vencido de obter um novo julgamento como forma de convicção subjetiva do resultado final; e o perigo do abuso de poder que poderia se propagar enquanto o julgador fosse a autoridade única sobre o litígio, o que já Montesquieu, referido pelo autor, advertia em sua obra clássica *L'Esprit des Lois*.[29]

No mesmo sentido, Rodolfo de Camargo Mancuso, que aponta como base do *animus* condutor da parte sucumbente, mas não resignada e que passa a integrar o recurso, os elementos examinados "sob três enfoques diversos, mas que na verdade se integram, formando um conjunto unitário" e que identifica como a pressão psicológica, que decorre do fato de o ser humano não querer e não gostar de perder; o anseio de preservação do "justo", que se pretende alcançar com as sucessivas revisões, e o temor da irreparabilidade do dano jurídico, traduzido pela necessidade do exercício de recorrer pela parte interessada objetivando afastar o dano que, ao contrário, sua inércia provocaria, com a preclusão consequente do trânsito em julgado.[30]

A doutrina brasileira segue, nesses passos, o modelo continental europeu, que sempre contemplou, com maior ou menor extensão, o duplo grau de jurisdição. É Giuseppe Chiovenda quem afirma: "o princípio, consagrado em nosso direito, do duplo grau de jurisdição consiste em que toda causa, com exceção dos casos enumerados na lei, deve *poder transitar* pela plena cognição de *dois* tribunais sucessivamente; e esse duplo grau, na intenção do legislador, representa uma garantia para os cidadãos, sob três aspectos: a) na medida em que um reiterado julgamento torna, já por si, possível a correção de erros; b) porque os dois julgamentos são confiados a juízes *diversos*; c) uma vez que o

---

[28] LASPRO, op. cit., p. 117.

[29] NERY JÚNIOR, Nelson. *Princípios fundamentais – Teoria geral dos recursos*. 5. ed. São Paulo: Revista dos Tribunais, 2000, p. 39.

[30] MANCUSO, Rodolfo de Camargo. *Recurso extraordinário e recurso especial*. 6. ed. São Paulo: Revista dos Tribunais, 1999, p. 18-29.

segundo juiz se apresenta como *mais autorizado* que o primeiro (o pretor relativamente ao conciliador, o tribunal com respeito ao pretor, a Corte de Apelação com referência ao tribunal)".[31]

Diferente não é o entendimento de Francesco Carnelutti, que ensina:

> La función de la apelación está en someter la litis o el negocio a un segundo examen que ofrezca mayores garantías que el primero, ya que se sirve de la experiencia de éste y lo realiza un oficio superior (...); pero este último no es un carácter esencial, ya que la apelación puede ser hechta también ante un juez de grado iguala aquel que pronunció la sentencia impugnada...; lo essencial es que se trata de un examen reiterado, esto es, de una revisión de todo cuanto se hizo la primera vez, y esa reiteración permite evitar los errores y suplir las lagunas en que eventualmente se incurrió en el examen anterior.[32]

Entretanto, ainda que a doutrina sucumba perante a indispensabilidade da adoção do segundo grau de jurisdição, há um forte consenso, como já destacado, de sua constante avaliação crítica frente ao perigo que o mesmo apresentou ao longo de sua utilização. Nesse diapasão, Nelson Nery Júnior, a par de sua posição, não olvida que ao longo da história o princípio do duplo grau de jurisdição encontrou adeptos e adversários, ganhando ou diminuindo o espectro de sua incidência, de acordo com a conveniência política do momento histórico, eis que está intimamente ligado ao exercício de poder, a exemplo do que ocorreu na Revolução Francesa, quando, num primeiro momento, preocupados os integrantes da nova ordem com a concentração de poder jurisdicional nas mãos dos membros dos tribunais, mais ligados, por sua origem, à monarquia que havia sucumbido, pretenderam restabelecer o poder jurisdicional dos juízes do primeiro grau e, via de consequência, diminuir o dos tribunais, chegando o ato constitucional de 24.06.1793 a dispor que as decisões da justiça civil eram definitivas, abortado qualquer tipo de recurso ou reclamação, admitida tão somente a cassação, instrumento pelo qual uma decisão poderia ser revogada, voltando o feito para ser novamente julgado pelo juízo de primeiro grau, situação, porém, que não perdurou muito tempo, já que a Constituição de 1795 restabeleceu o duplo grau de jurisdição.[33]

Fica, assim, o alerta de que através do sistema recursal se estabelece uma verdadeira forma de distribuição do poder, submetendo-se a mesma à orientação dos ares políticos predominantes, distribuição essa que pode ora privilegiar o poder centralizado dos tribunais, sempre

---

[31] CHIOVENDA, Giuseppe. *Instituições de Direito Processual Civil*. 3. ed. São Paulo: Saraiva, 1969, v. III, p. 246-247.

[32] CARNELUTTI, Francesco. *Instituciones del Proceso Civil*. Buenos Aires: Librería El Foro, 1997, v. II, p. 227.

[33] NERY JÚNIOR, op. cit., p. 37-38.

mais perto dos demais órgãos dos poderes institucionais, ora disseminá-lo entre as instâncias inferiores, pendendo os pratos da balança de acordo com a força do peso posto em uso que nem sempre será exatamente o peso da justiça.

E todos os operadores do Direito estão necessariamente comprometidos com esta avaliação do duplo grau de jurisdição, o que já se teve oportunidade de demonstrar ao enfrentar no primeiro capítulo deste trabalho o papel do intérprete. Não há como tornar-se inocente, neutro ou equidistante em relação ao problema. Ou fortalecemos o juízo de primeiro grau, ganhando não só em celeridade, mas também – o que nos parece mais relevante – em aproximação entre o julgador e o jurisdicionado, quiçá em favor de uma justiça material e não meramente formal, ou priorizamos a centralização do poder jurisdicional, com a amplitude e generalização não só do sistema recursal como também de mecanismos de uniformização de entendimentos e pronunciamentos, o que será objeto de enfoque *a posteriori*, mas fatalmente caracterizador do que se chama de justiça formal, pois quanto mais distante da riqueza e peculiaridade do caso concreto, mais começa a se viver o modelo formal, tão a gosto de inúmeras expressões, tais como "a verdade dos autos", "o universo de grampo a grampo", "a realidade de capa a capa".

1.3. Origem formal do artigo 557 do CPC: evolução histórica de sua redação

O enfrentamento do prévio e monocrático conhecimento dos recursos nas instâncias recursais não recebeu um tratamento uniforme nos estatutos processuais que cuidaram ou cuidam da questão.

No Código de Processo Civil de 1939, o art. 871 dispunha que "preparados os autos, ou verificada a dispensa de preparo, serão apresentados, na primeira sessão de julgamento, ao presidente do Tribunal a que couber conhecer do recurso, sorteado o relator na forma do artigo 872", estabelecendo o seu parágrafo único que "ao relator sorteado caberá julgar os incidentes que não dependam de acórdão e executar as diligências necessárias para o julgamento".

Portanto, não ocorria uma previsão procedimental mais detalhada, pelo menos para os recursos mais corriqueiros ou comuns, como a apelação e os agravos, no tocante ao juízo de admissibilidade, ficando sua apreciação mais por conta do próprio colegiado.

Pode-se, pelo menos em parte, atribuir essa preocupação crescente em aumentar o juízo monocrático de prévio conhecimento – e mais recentemente de mérito – ao significativo aumento do volume de recursos, com, primeiro, sua multiplicação numérica, e, segundo, sua banalização, ambas acontecendo na ordem inversa da redução de sua tipificação no ordenamento jurídico positivo, acentuada a partir do Código de 1973, sem prejuízo da manutenção da adoção do princípio da singularidade recursal, também denominado de princípio da unirrecorribilidade ou, ainda, da unicidade, que não é tido como novo no sistema pátrio, eis que contemplado já no Código de 1939, em seu artigo 809.[34]

Nesse sentido, os juristas responsáveis pela elaboração do anteprojeto do novo Código de Processo Civil, segundo José Carlos Barbosa Moreira, fizeram constar, relativamente ao artigo 557, criticado por ter sido inserido no capítulo que cuidava do processamento dos recursos perante as instâncias recursais quando regulamentava exclusivamente o agravo de instrumento, texto com alcance muito mais restrito, limitando-se "a prever a conversão do julgamento em diligência, *pelo tribunal*, quando o agravo não estivesse suficientemente instruído, para que se completasse a trasladação das peças".[35] O Congresso Nacional, entretanto, através de emenda, permitiu que a diligência fosse determinada pelo próprio relator, no que mereceu o parlamento elogios do processualista.

Também por emenda, de iniciativa do Senado Federal, agregou-se ao dispositivo o poder de indeferir ou, em outras palavras, negar seguimento, atribuído ao relator, inovando-se em relação ao código anterior, com inspiração em regra análoga do Regimento Interno do Supremo Tribunal Federal e os respectivos bons resultados apresentados, culminando com a redação final que vigorou até a entrada em vigência da Lei nº 9.139/95, em 30.01.96.

Nelson Zimmermann Pauli destaca que, no dia 13 de dezembro de 1963, sem sessão realizada pelo plenário do Supremo Tribunal Federal, foram aprovadas 370 súmulas, as quais passaram a vigorar a partir do início do ano de 1964. A Súmula 320 foi editada com a seguinte redação: "Não terá seguimento pedido ou recurso dirigido ao Supremo Tribunal

---

[34] O artigo 809 do Código de Processo Civil de 1938 previa: "Art. 809. A parte poderá variar de recurso dentro do prazo legal, não podendo, todavia, usar, ao mesmo tempo, de mais de um recurso".

[35] BARBOSA MOREIRA, op. cit., p. 494.

Federal, quando manifestamente cabível, ou apresentado fora do prazo, ou quando for evidente a incompetência do Tribunal".[36]

Mas se de um lado a atribuição de competência para determinar diligências, não prevista no anteprojeto, foi considerada salutar, o segundo avanço do parlamento não passou imune a críticas, não tanto por referendar o juízo monocrático do relator, mas sim por adotar restritivamente a orientação imprimida pelo Supremo, no processamento dos recursos de sua competência.

O Regimento Interno do Supremo Tribunal Federal, que entrou em vigor em 15 de outubro de 1970, previa em seu art. 22, § 1º, que o relator detinha competência para "arquivar ou negar seguimento a pedido ou recurso manifestamente intempestivo, incabível ou improcedente e, ainda, quando contrariar a jurisprudência predominante do Tribunal ou for evidente a sua incompetência", pois não era concebível que o relator pudesse indeferir de plano o agravo por manifestamente improcedente, o que implica juízo de mérito, não o podendo em casos de juízo de admissibilidade, mesmo que excluída a hipótese de intempestividade, dada a regra do art. 529 (redação da época) pela qual cabia ao tribunal a aplicação de pena ao agravo interposto intempestivamente.[37]

A Lei Orgânica da Magistratura Nacional (LOMAN – Lei Complementar nº 35, de 14 de março de 1979), previa no artigo 90, § 2º, a possibilidade de os relatores no âmbito do extinto Tribunal Federal de Recursos, julgarem monocraticamente os recursos nos casos de perda de objeto, devendo arquivar ou negar seguimento aos recursos intempestivos, incabíveis ou que, em matéria eminentemente de direito, contrariassem súmula do Tribunal ou do Supremo Tribunal Federal.[38]

Já, no ano de 1980, Nelson Zimmermann Pauli registra que entrou em vigor novo Regimento Interno do Supremo Tribunal Federal, que no artigo 21, § 1º, "novamente conferiu poderes decisórios ao relator, o qual manteve o conteúdo normativo idêntico ao da regra havida no art. 22, § 1º, do RISTF de 1970". O arquivamento significava julgamento negativo da pretensão exposta pelo recorrente e, por conseguinte, fazia-se a análise do mérito do recurso.[39]

---

[36] PAULI, Nelson Zimmermann. *Os poderes do relator nos recursos cíveis*. Dissertação (Mestrado em Processo Civil) – Faculdade de Direito. PUC-RS. Prof. José Maria da Rosa Tesheiner. Porto Alegre, 2008, p. 29.

[37] BARBOSA MOREIRA, op. cit., p. 494-495.

[38] PAULI, op. cit., p. 29-30.

[39] Idem, p. 30.

De qualquer sorte, o que se tinha à época da vigência do (então) novo Código era regra restritiva ao agravo de instrumento, não se estendendo, portanto, a outros recursos (v.g., apelação), atribuindo-se ao relator, como órgão monocrático, a decisão ou de baixar os autos em diligência para complementação do instrumento ou o seu indeferimento liminar, com nítido exame de seu mérito, já que o termo improcedente tem seu sentido adjudicado ao mérito do caso posto à apreciação judicial.

Sua fonte de inspiração mais próxima, outrossim, não foi nem o código revogado, nem a proposta da Comissão Revisora, que, na sua formatação original, contou com os eminentes processualistas Luiz Machado Guimarães, José Frederico Marques e Luiz Antônio de Andrade, mas sim, como dito antes, o art. 22 e seu § 1º do Regimento Interno da Corte Suprema, cujo texto, porém, foi sumariamente aproveitado.

Após, com a Lei nº 9.139/95, que se predispôs a reformar o recurso de agravo, seguindo o caminho das leis revisionistas que cuidaram de outros setores do estatuto processual, o art. 557 passou a ganhar duas importantes modificações.

A primeira, que deixou de regular tão somente o agravo, aplicando-se também, no mínimo, à apelação, já que outros recursos contam com regras próprias de juízo prévio de admissibilidade (os embargos infringentes, no art. 532; os embargos de declaração, vedado o juízo prévio de admissibilidade pelo relator pela obrigatoriedade de sua inclusão em mesa de julgamento, conforme art. 537, *in fine*; tudo sem prejuízo das disposições da Lei nº 8.950/90, que trata dos recursos perante as instâncias superiores).

A segunda novidade diz com a introdução do efeito vinculante da súmula do respectivo tribunal ou tribunal superior, conteúdo que receberá o devido desdobramento em capítulo à parte.

Por ora, importa tão somente apontar a fonte formal de inspiração dessa nova redação. A exemplo da formatação primeira, foi no tratamento dado aos recursos das instâncias superiores, em especial o extraordinário e o especial, que se buscou o modelo a ser imprimido aos recursos ordinários. Assim é que o art. 38 da Lei nº 8.038/90 está assim redigido:

> O Relator, no Supremo Tribunal Federal ou no Superior Tribunal de Justiça, decidirá o pedido ou recurso que haja perdido seu objeto, bem como negará seguimento a pedido ou recurso manifestamente intempestivo, incabível ou improcedente ou, ainda, que contrariar, nas questões predominantemente de direito, Súmula do respectivo Tribunal.

Já, em sequência, o art. 39 da Lei nº 8.038/90, prevê "da decisão do Presidente do Tribunal, de Seção, de Turma ou de Relator que causar gravame à parte, caberá agravo para o órgão especial, Seção ou Turma, conforme o caso, no prazo de 5 (cinco) dias".

Esse dispositivo legal, por sua vez, pouco inovou, na medida em que se limitou a consagrar orientação já contemplada no Regimento Interno do Supremo Tribunal Federal, cujo art. 21 e seus parágrafos está assim redigido:

> Art. 21. São atribuições do Relator:
>
> (...)
>
> § 1º Poderá o Relator arquivar ou negar seguimento a pedido ou recurso manifestamente intempestivo, incabível ou improcedente e, ainda, quando contrariar a jurisprudência predominante do Tribunal, ou for evidente sua incompetência.
>
> § 2º Poderá ainda o Relator, em caso de manifesta divergência com a Súmula, prover, desde logo, o recurso extraordinário. (Parágrafo esse acrescentado pela Emenda Regimental nº 2, de 04.12.85).

Na mesma linha, reza o Regimento Interno do Superior Tribunal de Justiça, de 22.06.89, cujo art. 34 assim dispõe:

> Art. 34. São atribuições do relator: (...)
>
> XVIII – negar seguimento a pedido ou recurso manifestamente intempestivo, incabível, improcedente, contrário a Súmula do Tribunal, ou quando for evidente a incompetência deste.

A introdução deste inciso se deu pela Emenda Regimental nº 1/91, que, ao mesmo tempo, revogou o parágrafo único do art. 34, cujo texto era o seguinte: "poderá o relator arquivar ou negar seguimento a pedido ou recurso manifestamente intempestivo ou incabível e, ainda, quando contrariar a súmula do Tribunal, ou for evidente a incompetência deste". Vale dizer, através da emenda regimental, logrou-se acrescentar aos poderes monocráticos do relator o indeferimento pela manifesta improcedência, situação não contemplada no parágrafo revogado, mantendo-se, no mais, as disposições anteriores.

De sorte que, trabalhando apenas com as hipóteses dos dispositivos-fontes em vigência e comparando-os entre si, conclui-se que a redação dada pela Lei nº 9.139/95 ao art. 557 do CPC abeberou-se diretamente do conteúdo do art. 38 da Lei nº 8.038/90, regulando, tal qual seu modelo, a hipótese da perda de objeto do recurso, na medida em que prevê a negativa de seguimento por prejudicado o recurso, de sua inadmissibilidade em sede de conhecimento, abarcando as hipóteses da intempestividade (que agora podia ser contemplada, a uma porque o artigo passou a se referir não somente ao agravo, mas aos recursos de forma genérica, a duas porque a antiga redação do art. 529 não mais se encontrava em vigor, face à nova formatação do agravo, cuja interposição passou a ser diretamente perante o tribunal, revogada que foi aquela disposição expressa e tópica de penalização do abuso de defesa em sede recursal, com interposição manifestamente intempestiva do agravo) e do seu não cabimento por outras causas, a improcedência manifesta e a contrariedade à súmula do respectivo tribunal ou de tribunal superior.

Já no tocante às disposições dos regimentos internos dos tribunais superiores, algumas particularidades exigem maior atenção, nesse enfoque comparativo.

Embora também esses estatutos prevejam o julgamento monocrático frente à manifesta intempestividade, descabimento, improcedência e contrariedade à jurisprudência predominante, segundo o RISTF, e à Súmula do respectivo tribunal, no caso do RISTJ, ambos contemplam como motivação de negativa de seguimento a incompetência do respectivo tribunal, disposição que não se fez constar nem na Lei nº 8.038/90, nem na Lei nº 9.139/95 (situação, aliás, inalterada pela Lei nº 9.756/98).

Em outras palavras, em sede de recursos de competência dos tribunais estaduais ou regionais, não há que se falar em negativa de seguimento do recurso base na incompetência do tribunal, submetendo-se a ausência do pressuposto processual à correção mediante a remessa dos autos ao tribunal competente, presente o princípio da instrumentalidade do processo e a não tão incomum confusão que eventualmente ocorre relativamente a questões de competência, em especial envolvendo os tribunais regionais da Justiça Federal e os tribunais estaduais da Justiça Comum.

Mais do que isso, naquele momento histórico, a hipótese de provimento monocrático do recurso, prevista expressamente pelo § 2º do art. 21 do RISTF, não havia sido transplantada para a legislação processual vigente, permanecendo, apenas, como disposição regimental interna do Supremo, já que também ignorada pelo regimento do STJ.

Percorrida a linha formal desses dispositivos no tempo, chega-se, finalmente, à atual disposição do art. 557 do CPC, dada pela Lei 9.756/98, que traz em seu bojo não apenas as variantes das diversas fontes (formais) antes apontadas, como ainda dá às disposições extensão maior.

Situação que ainda perdura até o presente, o artigo 557 do Código de Processo Civil encontra-se, por força das alterações produzidas pela nº 9.756/98, de 17.12.98, publicada no DOU em 18.12.98, que dispôs sobre o processamento de recursos no âmbito dos tribunais, assim redigido:

Art. 557. O relator negará seguimento a recurso manifestamente inadmissível, improcedente, prejudicado ou em confronto com Súmula ou com jurisprudência dominante do respectivo tribunal, do Supremo Tribunal Federal, ou de Tribunal Superior.

§ 1ºA. Se a decisão recorrida estiver em manifesto confronto com Súmula ou com jurisprudência dominante do Supremo Tribunal Federal, ou de Tribunal Superior, o relator poderá dar provimento ao recurso.

§ 1º Da decisão caberá agravo, no prazo de cinco dias, ao órgão competente para o julgamento do recurso, e, se não houver retratação, o relator apresentará o processo em mesa, proferindo voto; provido o agravo, o recurso terá seguimento.

§ 2º Quando manifestamente inadmissível ou infundado o agravo, o tribunal condenará o agravante a pagar ao agravado multa entre um e dez por cento do valor corrigido da causa, ficando a interposição de qualquer outro recurso condicionada ao depósito do respectivo valor.

Retroagindo no tempo, o referido artigo, quando da publicação do Código de Processo Civil de 1973, contava com a seguinte redação:

Art. 557. Se o agravo for manifestamente improcedente, o relator poderá indeferi-lo por despacho. Também por despacho poderá convertê-lo em diligência se estiver insuficientemente instruído.

Parágrafo único. Do despacho de indeferimento caberá recurso para o órgão a que competirá julgar o agravo.

Essa disposição, no bojo das reformas que ao longo das duas décadas pretéritas foram levadas a efeito, sofreu sua primeira modificação com a Lei nº 9.139, de 30.11.95, editada com a finalidade de reformar o agravo de instrumento e cujo início de vigência foi expressamente previsto para 60 (sessenta) dias após sua publicação, que se deu em 01.12.95, ficando assim redigido:

Art. 557. O relator negará seguimento a recurso manifestamente inadmissível, improcedente, prejudicado ou contrário à Súmula do respectivo tribunal ou tribunal superior.

Parágrafo único. Da decisão denegatória caberá agravo, no prazo de 5 (cinco) dias, ao órgão competente para o julgamento do recurso. Interposto o agravo a que se refere este parágrafo, o relator pedirá dia.

Não bastasse a dupla alteração, ocorrida num prazo de três anos, ensejando inclusive equívocos na enumeração dos parágrafos, já que a Lei nº 9.756/98, além de alterar a redação do *caput* acabou por introduzir dois novos parágrafos e renumerando o parágrafo único até então existente, nada justificando, pois, a identificação dos dois primeiros como parágrafos "1ºA" e "1º" e, em sequência, o terceiro como "2º" parágrafo, a simples leitura dos textos anteriores e do texto atual mostra que profundas modificações foram, na verdade, produzidas.

Apenas a título de preâmbulo, sem excluir questões outras, chama a atenção que o texto original do artigo em fomento, integrante do capítulo "Da Ordem dos Processos no Tribunal", cuidava exclusivamente do agravo de instrumento, passando, a partir da Lei nº 9.139/95, genericamente a referir-se a outros recursos, podendo, em especial, ser aplicado à apelação, já que, bem ou mal, os embargos infringentes e os embargos de declaração, por exemplo, contam com regras próprias de juízo de admissibilidade.

Este primeiro passo na reformulação do dispositivo estava em consonância com o bloco de reformas que foram sendo aplicadas ao longo da década de noventa, em especial com a Lei nº 8.950, de 13.13.94, que produziu modificações na apelação, já acusando a tendência, de um lado, em aumentar o poder jurisdicional do órgão monocrático nas instâncias recursais, e, de outro, fortalecer a uniformização do entendimento jurisprudencial, vinculando as decisões inferiores aos pronunciamentos sumulares.

Ainda, ganhando inclusive foro de importância, o texto reformado prevê o efeito vinculante das disposições sumuladas e da jurisprudência dominante, eventualmente contrariadas pela pretensão recorrente ou pelo próprio órgão recorrido, permitindo o julgamento, pelo relator, inclusive, de procedência do recurso nessa última hipótese.

Em outras palavras, com o estatuto de 1998, ainda em vigor, extravasando o tratamento da negativa de seguimento do recurso avançou não só para incluir como fundamentação da negativa de processamento ou do próprio julgamento de mérito do recurso a jurisprudência dominante do respectivo tribunal, do Supremo Tribunal Federal, ou de Tribunal Superior, como ainda para autorizar o julgamento de provimento do recurso, pelo órgão monocrático, se a decisão recorrida estiver em manifesto confronto com súmula ou jurisprudência dominante. Vê-se, pois, que as modificações não foram de pequena grandeza, merecendo atenção do intérprete e do operador do direito.

Senão vejamos. No *caput* não só se mantêm as hipóteses de negativa de seguimento, presente a manifesta inadmissibilidade, improcedência ou porque prejudicado o recurso, bem como porque a pretensão recorrente se encontra em contrário aos enunciados dos tribunais – local e superiores – mas também inclui o confronto com a jurisprudência dominante do respectivo tribunal como causa de abortamento preliminar do recurso, hipótese antes reservada tão somente à previsão do RISTF. Não bastasse isso, em seu § 1º-A, contempla a possibilidade de o relator dar provimento ao recurso porque a decisão hostilizada se apresenta em divergência frente à súmula ou jurisprudência dominante do Supremo Tribunal Federal ou do Superior Tribunal de Justiça, disposição que encontra parâmetro tão somente no § 2º do art. 21 do RISTF.

Apenas para não deixar *in albis*, a atual redação do art. 557 do CPC, em seus §§ 1º e 2º, prevê o cabimento do agravo (por alguns identificado como "agravo interno", embora em resoluções mais recentes o CNJ, padronizando a identificação das demandas e dos recursos, tenha se limitado a identificar o recurso tão somente por seu termo *agravo*) para a decisão do relator, se não houver retratação, que poderá ser colocado em mesa de julgamento sem qualquer prévia editalização, eis que dispensado o pedido de dia, e bem assim regula a penalização específica para a hipótese de ser considerado esse segundo recurso manifestamente inadmissível ou infundado, tema a ser melhor enfrentado em capítulo posterior.

Pelo histórico apresentado, pode-se, então, visualizar com facilidade que o artigo 557 do Código de Processo Civil teve clara inspiração nas normas do Regimento Interno do Supremo Tribunal Federal. Mas nem por isso a sua redação restou imune a críticas.[40] De qualquer forma, como bem destaca Wanessa de Cássia Françolin,[41] independentemente dos questionamentos que a ampliação dos poderes do relator possa causar no âmbito doutrinário, não se pode olvidar que se trata de "poder jurisdicional que lhe foi outorgado por lei",[42] o que, em princípio afasta as possibilidades de não se conferir legitimidade a tais imposições, como poderia acontecer se tais imposições estivessem previstas apenas em regimento interno de tribunal.

Importa, ainda, dizer que se essa solução legislativa – ampliar os poderes do relator no julgamento dos recursos – se fez importante no final da década de noventa, no decorrer do primeiro decêndio do século XXI e na atualidade, quando as ações de massa e os recursos repetitivos ganham proporções de crescimento geométrico, por certo que sua relevância encontra-se agudizada, mas nem por isso à deriva do debate teórico, que sempre visa a dar maior legitimidade às práticas e técnicas processuais.

1.4. Juízo de admissibilidade e juízo de mérito

O processo subordina-se a requisitos e condições indispensáveis à sua própria existência e eficácia. Não se pode alcançar a tutela

---

[40] PAULI, Nelson Zimmermann, idem, p. 31.

[41] FRANÇOLIN, Wanessa de Cássia. *A ampliação dos poderes do relator nos recursos cíveis*. Rio de Janeiro: Forense, 2006, p. 35.

[42] CARNEIRO, Athos Gusmão. Poderes do relator e agravo interno, arts. 557, 544 e 545. *Revista de Processo*. São Paulo: Revista dos Tribunais, vol. 100, out/dez, 2000, p. 14.

jurisdicional a partir de qualquer manifestação de vontade perante o órgão judicial.

Ao ser proposta a ação, instaura-se a relação processual que terá o seu desenvolvimento perante o órgão judicial provocado e que deverá ser enfrentada pela autoridade judicial, nos seus momentos próprios, sob três planos diferentes: o plano de sua existência jurídica e validade, que se confunde com os pressupostos processuais, o plano da legitimidade, que se traduz pelas condições da ação, e, por fim, o plano do mérito, este último para julgar procedente ou improcedente o pleito deduzido pelo autor, realizando por excelência, mas não por exclusividade, a função jurisdicional, já que os planos anteriores também importam atividade típica do exercício jurisdicional.

Como regra geral – e como tal admite exceções –, descumpridos os requisitos impostos em razão dos pressupostos processuais, destinados a dar consistência jurídica à relação instaurada, mais precisamente quando esses são da incumbência do autor, extingue-se o processo, tendo-se a relação por inválida (podendo, inclusive, ser decretada sua inexistência jurídica, se a exigência dos pressupostos são daqueles que dizem com a própria existência da relação processual), sem adentrar no exame de fundo (art. 267, IV, V, CPC). Essa mesma sanção processual é inevitavelmente aplicada na hipótese de ausência das condições da ação, tida a relação processual por ilegítima (art. 267, VI, do CPC).

Desta sorte, o exame de mérito, acolhendo ou rejeitando a pretensão deduzida pelo autor, só será enfrentado depois de superadas as questões preliminares de existência, validade e legitimidade da relação instaurada. Portanto, incumbe ao juiz, antes de adentrar no exame de mérito, verificar primeiramente se estão presentes os pressupostos processuais e as condições da ação. Há uma ordem lógica de enfrentamento dessas questões, que não pode ser negligenciada pena de se ferir o devido processo legal.

Não é diferente com o recurso interposto. Assim como a postulação vestibular, a irresignação da parte também se sujeita a dois planos distintos de avaliação – o plano da admissibilidade e o plano do mérito.

O juízo ou plano de admissibilidade é reconhecido na dogmática jurídica como juízo de conhecimento ou não conhecimento do recurso interposto, isso se e quando examinado pelo órgão julgador *ad quem*. Já o juízo de mérito, é reconhecido como o plano que dá ou nega provimento à irresignação interposta e que só será enfrentado se afastada(s) a(s) preliminar(es) que diz(em) com a interposição do recurso.

Segundo Alfredo Buzaid, admissibilidade e procedência do recurso são dois conceitos que a análise distingue. O juízo de admissibilidade é puramente formal, examinando-se nele se houve ou não o concurso dos requisitos necessários à interposição do recurso. A verificação da procedência, ao contrário, é um juízo substancial, porque por ele se visa a atacar a injustiça, ou ilegalidade da sentença.[43]

Importa, porém, registrar que assim como o mérito do recurso não se confunde com o mérito da causa, também as preliminares do recurso não coincidem com aquelas impostas à relação processual, ainda que guardem uma correspondência lógica.

O juízo de admissibilidade pode ser positivo ou negativo e é essencialmente declaratório. Será positivo, se concorrerem todos os pressupostos exigíveis para a emissão do novo pronunciamento requerido, ou imposto pela lei; será negativo na hipótese de faltar um (ou mais de um) desses pressupostos. No primeiro caso, está em princípio aberta a via para o juízo de mérito; no segundo, fica ela preclusa.

A admissibilidade – ou o conhecimento – de determinado recurso está submetido ao preenchimento de determinados requisitos. Há diversas classificações doutrinárias quanto às condições de admissibilidade recursal.

No que tange aos requisitos de admissibilidade dos recursos, também identificados como pressupostos processuais dos recursos, podem eles se classificar em objetivos ou subjetivos,[44] ou ainda em intrínsecos e extrínsecos,[45] consoante o enfoque dado.

A classificação dos requisitos de admissibilidade em objetivos ou subjetivos tem por fim distinguir os requisitos relativos à pessoa do recorrente e aqueles específicos do recurso interposto. Enquadram-se como pressupostos objetivos os que dizem com a recorribilidade do ato judicial, adequação do recurso interposto, singularidade, tempestividade e preparo.

Passa-se a abordar, de forma breve como os limites do presente trabalho impõem, o significado de cada um desses pressupostos.

O recurso pressupõe a ocorrência de um ato judicial suscetível a recurso. No modelo brasileiro, os atos do juiz consistem em sentenças, decisões interlocutórias e despachos de mero expediente, confor-

---

[43] BUZAID, Alfredo. *Do agravo de petição no sistema do código de processo civil*. 2. ed. São Paulo: Saraiva, 1956, p. 153.
[44] ROENICK, Hermann Homem de Carvalho. *Recursos no Código de Processo Civil*. Rio de Janeiro: Aide, 1997, p. 21-22.
[45] BARBOSA MOREIRA, op. cit., p. 209.

me classificação do estatuto processual e com vistas, principalmente, aos atos judiciais praticados pelo juízo de primeiro grau. Os despachos de mero expediente são infensos a recursos, eis que não ostentam conteúdo decisório, conforme previsão dos artigos 162, § 3º, e artigo 504, ambos do Código de Processo Civil.[46] Irrelevante, para tanto, se admissível, quando incabível o recurso, a correição parcial ou mesmo o mandado de segurança, porque se cuida de instrumentos processuais distintos.

A adequação decorre da interposição do recurso tipificado na legislação processual. Em outras palavras, para cada (tipo de) ato judicial, a lei prevê um recurso em espécie, cabendo ao recorrente a obediência a essa previsão. Segundo José Carlos Barbosa Moreira, para ensejar o juízo de admissibilidade positivo, além de ser obviamente necessário que a decisão comporte algum recurso, cumpre que o recurso interposto coincida com aquele que a lei aponta como adequado ao caso.[47]

Contra o rigorismo da regra da adequação, prevalecia o princípio da fungibilidade, autorizando o recebimento do recurso interposto de forma equivocada, desde que o fosse dentro do prazo previsto em lei e ausente má-fé ou erro grosseiro. À época do Código de 1939, a imposição decorria de exigência legislativa, na medida em que contemplada a regra em seu art. 810.[48] Já o Código de 1973 não mais conta com disposição análoga, de modo a prevalecer a regra da infungibilidade. Contudo, fato é que a orientação imprimida pelas recentes reformas dele mais se afastou, na medida em que hoje a apelação continua sendo interposta perante o juízo *a quo*, não sendo esse o caso do agravo. Por certo que a eventual fungibilidade não se resume a esses dois recursos, podendo, eventualmente, ainda ser acolhida em casos outros, mais especificamente em hipóteses de recursos contra atos judiciais monocráticos do segundo grau. Mas ainda assim, a fungibilidade só poderia ser acolhida em sede restrita e de exceção, o que lhe retira a eficácia de princípio.

A singularidade recursal estabelece vedação de interposição de mais de um recurso contra a mesma decisão. Decorre da própria ade-

---

[46] O artigo 162 do Código de Processo Civil dispõe: "Os atos do juiz consistirão em sentenças, decisões interlocutórias e despachos. (...) § 3º São despachos todos os demais atos do juiz praticados no processo, de ofício ou a requerimento da parte, a cujo respeito a lei não estabelece outra forma". Já o artigo 504 dispõe: "Dos despachos não cabe recurso".

[47] BARBOSA MOREIRA, José Carlos. *O juízo de admissibilidade no sistema dos recursos cíveis*. Rio de Janeiro: Borsoi, 1968, p. 47.

[48] O artigo 810 do Código de Processo Civil de 1939 previa: "Salvo a hipótese de má-fé ou erro grosseiro, a parte não será prejudicada pela interposição de um recurso por outro, devendo os autos ser enviados à Câmara, ou turma, a que competir o julgamento".

quação. Se o recurso há de ser o adequado, há também de ser único. Não fere, outrossim, esse requisito a interposição de duplo ou mesmo triplo recurso, na hipótese prevista pelo art. 498 do CPC, ao contrário do defendido por algumas posições doutrinárias. Ainda aqui objeto das irresignações, pelas respectivas vias adequadas, diz com enfrentamentos e, portanto, decisões de questões distintas, ganhando, cada uma delas solução que, causando prejuízo à parte, a legitimará a recorrer de todas. E recorrer, como já foi dito, pelas vias adequadas. Decisão não uniforme que modifique sentença de mérito ensejará embargos infringentes. Decisão unânime que contrarie a Constituição, recurso extraordinário e decisão, também unânime, que confronte com a interpretação da lei federal, recurso especial. A (correta) previsão legal decorre da constatação que os processos se apresentam de forma complexa, merecendo defesas de ordem processual e de mérito, sem prejuízo de múltiplas pretensões. As regras recursais, como instrumentais que são, devem amoldar-se a essas exigências.

Outro requisito objetivo é a tempestividade. Os atos processuais, em especial os das partes e intervenientes, estão necessariamente atrelados a prazos, o que decorre da própria definição do processo, como um movimento direcionado a um fim específico, qual seja, a prestação jurisdicional.

O processo anda para frente, e a forma mais precisa de estabelecer esse desenvolvimento é a fixação de prazos para a prática dos atos processuais, ordenadamente previstos, pena de preclusão. Isso vale, sobremaneira, para as irresignações contra as decisões tomadas, pena de incidência dos artigos 467 e 473 do CPC, conforme o caso. Os prazos sujeitam-se, como é de estilo, a uma regulamentação tanto quanto possível rígida. Assim é que se simplificaram os prazos recursais, especialmente em relação ao Código de 1939 e em reformas posteriores à edição do Código de 1973,[49] para cinco dias (arts. 532, 536, 545 e 557, parágrafo único), na hipótese de embargos de declaração e de agravos em sede de decisões de segundo grau; dez dias (arts. 522, 539, parágrafo único, e 544), quando se tratar de agravo de instrumento ou retido e do que se interpõe contra a decisão que inadmitiu recurso ordinário, extraordinário ou especial; quinze dias (arts. 508 e 500, I), nos casos de apelação, embargos infringentes, recurso ordinário, especial, extraordinário, embargos de divergência e recurso adesivo.[50]

---

[49] Aliás, a preocupação de unificação de prazos recursais continua sendo um tema atual, porque nas propostas legislativas de um novo Código de Processo Civil, em tramitação no Congresso Nacional, fala-se em apenas dois prazos, cinco e quinze dias, abortando-se o prazo decendial no âmbito dos recursos.

[50] ROENICK, op. cit., p. 27.

Por fim, ainda como pressuposto objetivo, exige-se o preparo, que ganhou nova formatação no art. 511 do CPC, pena de deserção do recurso, eis que vigora, no ordenamento pátrio, o princípio de que os atos processuais das partes são por ela custeados. Há, entretanto, exceções previstas pelo próprio ordenamento jurídico, tais como o benefício da gratuidade, concedido em razão da condição da parte, a liberação de pagamento prévio motivada pela qualidade da parte, como ocorre com a Fazenda Pública, ficando os encargos das custas processuais para o final, se vencida for, ou ainda a expressa disposição de isenção de custas, a exemplo do *habeas corpus* e do *habeas data* (art. 5º, LXXVII, da CF).

O preparo deve ser comprovado no ato da interposição do recurso, inclusive, se for o caso, comprovando igualmente o pagamento do porte de retorno dos autos. A deserção só será decretada, no caso de insuficiência do valor do preparo, se o recorrente, intimado, não o completar no prazo de cinco dias, consoante previsão do artigo 511, § 2º, CPC.[51] Contudo, atualmente, de modo a flexibilizar a aplicação da deserção e assegurar o direito de recorrer, tendo em vista a não coincidência do horário do encerramento do expediente forense com o horário de expediente do estabelecimento bancário, o Superior Tribunal de Justiça tem permitido a comprovação do preparo no primeiro dia útil subsequente ao ato de interposição do recurso. Ou seja, interposto o recurso após o término do expediente bancário, o prazo para a juntada do comprovante de recolhimento do preparo fica prorrogado para o primeiro dia útil subsequente. Nesse sentido:

> EMBARGOS DE DECLARAÇÃO RECEBIDOS COMO AGRAVO REGIMENTAL. PROCESSO CIVIL. ENCERRAMENTO DO EXPEDIENTE BANCÁRIO ANTES DO FORENSE.PRORROGAÇÃO DO PRAZO DE COMPROVAÇÃO DO PREPARO. PENA DE DESERÇÃO AFASTADA. 1. A orientação jurisprudencial desta Corte é de que interposto o recurso após o término do expediente bancário, o prazo para a juntada do comprovante de recolhimento do preparo fica prorrogado para o primeiro dia útil subsequente. 2. Hipótese em que apenas uma das guias foi paga a destempo. 3. Embargos de declaração recebidos como agravo regimental a que se nega provimento. (EDcl no Ag 1295729/AM, Rel. Ministro VASCO DELLA GIUSTINA (Desembargador convocado do TJ/RS), Terceira Turma, julgado em 17/02/2011, DJe 23/02/2011)[52]

Já a segunda classificação antes mencionada, pressupostos de admissibilidade intrínsecos e extrínsecos, implica tão somente uma abordagem por outro ângulo, redundando, no final das contas, em conclusões análogas, com pequenas nuanças. Assim é que José Carlos Bar-

---

[51] SILVA, Ovídio Araújo Baptista da. *Curso de processo civil*. 6. ed. v. I. São Paulo: Revista dos Tribunais, 2002, p. 418.

[52] No mesmo sentido, Superior Tribunal de Justiça. Terceira Turma. Recurso especial1.029.156-RS. Relator: Ministro Sidnei Beneti. Julgado em: 01-04-2008 e Superior Tribunal de Justiça. Segunda Turma. *Recurso especial 469.736–RS*. Relator: Ministro João Otávio de Noronha. Julgado em: 18-05-2006.

bosa Moreira, ao tratar do tema, entende que são requisitos intrínsecos da admissibilidade do recurso o seu cabimento, a legitimação para recorrer, o interesse em recorrer e a inexistência de fato impeditivo ou extintivo do poder de recorrer, enquanto que os extrínsecos compreendem a tempestividade, a regularidade formal e o preparo, sempre que a lei o exigir.[53]

Tal se afirma porque, por exemplo, o cabimento do recurso confunde-se com a recorribilidade do ato judicial atacado, e a legitimação de recorrer se traduz pelos pressupostos subjetivos do recurso, deles também não se afastando o interesse de recorrer, que José Carlos Barbosa Moreira identifica pela utilidade e necessidade do recurso, já que atende a expectativa, por parte do recorrente, de obter situação mais vantajosa.[54] Inova, contudo, essa classificação trazendo como juízo de admissibilidade a inexistência de fato impeditivo ou extintivo do poder de recorrer, que compreende, a saber, a hipótese de renúncia ao direito de recorrer e a aceitação da decisão, podendo essa ser expressa ou tácita.

Por fim, pelo juízo de mérito, que só será enfrentado se superado o juízo de admissibilidade, dá-se a apreciação do próprio conteúdo da irresignação.

Tradicionalmente, a doutrina clássica sempre distinguiu o objeto de inconformidade segundo a natureza do vício – vícios de atividade e vícios de juízo.

Em outras palavras, aproveitando-se a lição de Giuseppe Chiovenda,[55] objetiva o recorrente o exame do *error in procedendo*, quando a pretensão se dirige exatamente contra o ato decisório em si, cuja prática provocou gravame à parte. Aqui o vício fere o procedimento, no seu sentido mais amplo. Assim, por exemplo, se a decisão restringiu a ampla defesa, cerceando o litigante de produzir provas. Ou ainda a decisão que enfrentou questões pertinentes aos pressupostos processuais e às condições da ação, regras de natureza processual segundo a própria visão do código, na medida em que regulam a validade e a legitimidade da relação processual instaurada. Dizendo de outra forma, ou o vício do processo, a invalidá-lo ou a ilegitimá-lo está no curso do processo, contaminando a sentença, ou o vício está na própria sentença, *v.g*, sentença sem fundamentação ou *extra petita*.

---

[53] BARBOSA MOREIRA, José Carlos. *Comentários ao Código de Processo Civil*, op. cit., p. 209.
[54] BARBOSA MOREIRA, José Carlos. *O novo processo civil brasileiro*. 11. ed. Rio de Janeiro: Forense, 1991, p. 142.
[55] CHIOVENDA, op. cit., p. 300-301.

De regra, o provimento deste recurso leva, porque reconhecida a invalidade do ato judicial, a sua cassação ou desconstituição, ou, ainda, se a posição adotada pelo segundo grau for no sentido, por exemplo, de extinguir o processo, porque o vício não detectado pelo juízo de primeiro grau, mas reconhecido em sede de reexame, é de tal sorte que não há como se manter o processo em curso, o julgamento de extinção afetará também a sentença (extinto o processo, nem a sentença persistirá), o que não representa reforma *stricto sensu*.

Pelo enfrentamento do *error in iudicando*, o recorrente pretende corrigir vício de natureza substancial, que atinge a pretensão de direito material deduzida em juízo, cuidando-se, portanto, de questão de fundo, ou, dizendo de outra forma, mérito do recurso que se confunde, no todo ou em parte, com o mérito da causa.

Destarte, eventualmente, a decisão da Câmara ou Grupo pode enquadrar o indeferimento como se de mérito do recurso tratasse, quando, na verdade, o julgamento foi de admissibilidade. É o que acontece na hipótese de se manter a decisão monocrática porque o recurso de agravo de instrumento não estava devidamente instruído, com documentos indispensáveis ao conhecimento da matéria devolvida. Cuida-se não de improcedência, mas sim de juízo de admissibilidade, pois é ônus do agravante não só atender a instrumentalização das peças necessárias (art. 525, I, do CPC), mas também aquelas que se tornam indispensáveis para o conhecimento da matéria devolvida. A ausência de instrumentalização satisfatória, no caso específico do agravo de instrumento, passa a ser um requisito lógico de procedibilidade do recurso, cuja decisão de negativa de seguimento deixa de adentrar no mérito da pretensão recursal, limitando-se a dizer que tal se mostrou inviabilizado pela incúria do próprio recorrente. Não há que se confundir essa situação com as decisões de mérito da lide posta, base no artigo 333, I e II, do estatuto processual, cuja fragilidade de prova leva ao julgamento de rejeição das defesas deduzidas.[56]

---

[56] O Superior Tribunal de Justiça, no julgamento do recurso especial repetitivo nº 1.102.467/RJ, firmou entendimento de que é possível a complementação de peças necessárias à compreensão da controvérsia em sede de agravo de instrumento, previsto no artigo 522 do Código de Processo Civil. RECURSO ESPECIAL – OFENSA AO ART. 535 DO CPC – INEXISTÊNCIA – MULTA APLICADA EM SEDE DE EMBARGOS DE DECLARAÇÃO – AFASTAMENTO – NECESSIDADE – ENUNCIADO 98 DA SÚMULA/ STJ – MATÉRIA AFETADA COMO REPRESENTATIVA DA CONTROVÉRSIA – AGRAVO DE INSTRUMENTO DO ARTIGO 522 DO CPC – PEÇAS NECESSÁRIAS PARA COMPREENSÃO DA CONTROVÉRSIA – OPORTUNIDADE PARA REGULARIZAÇÃO DO INSTRUMENTO – NECESSIDADE – RECURSO PROVIDO. 1. Os embargos de declaração consubstanciam-se no instrumento processual destinado à eliminação, do julgado embargado, de contradição, obscuridade ou omissão sobre tema cujo pronunciamento se impunha pelo Tribunal, não verificados, *in casu*. 2. Embargos de declaração manifestados com notório propósito de prequestionamento não tem caráter protelatório. 3. Para fins do artigo 543-C do CPC, consolida-se a tese de que: no agravo do artigo 522 do CPC, entendendo o Julgador ausente peças necessárias

Nesse ponto, passa a se fazer presente, de regra, uma identidade entre o mérito da causa e o mérito do recurso, embora José Carlos Barbosa Moreira admita a hipótese de matéria estranha ao mérito da causa sendo objeto de revisão do *error in iudicando*, justificando com o conhecimento de agravo que verse sobre questão processual.[57] O tema, reconhece-se, é polêmico, mas mantém uma certa harmonia no tratamento dos recursos. Exemplo que se pode trazer à baila é o caso de apelação interposta contra sentença que desacolheu embargos à execução, mantendo-se como hígido o título executivo. Em sede recursal, o embargante-executado obtém êxito no seu apelo, porque o colegiado passa a reconhecer que o título estaria desprovido da certeza, na medida em que se encontra prescrito. O julgamento do recurso, nesse caso, seria de provimento do apelo, mas o conteúdo da decisão não diz com o mérito da relação creditícia, apenas afirma que o exequente não é portador de título executivo à luz do art. 586 do CPC, extinguindo – sem exame de mérito – o processo de execução, como consequência do provimento do apelo.

De qualquer sorte, o que importa ressaltar é a distribuição que se tem reconhecido na competência do exame dos juízos de admissibilidade e de mérito. No que diz com o juízo de admissibilidade, por tradição, tem-se atribuído o exame prévio ao próprio órgão perante o qual o recurso é interposto, sem prejuízo, por óbvio, do reexame pelo órgão *ad quem* e, mais modernamente, ao próprio órgão monocrático no tribunal que assumirá o papel de relator do recurso. Essa previsão, como bem aponta José Carlos Barbosa Moreira,[58] pode levar a que, exercido o juízo de admissibilidade pelo julgador *a quo* com sua negação, outro recurso seja interposto, para que, em sua sede, decida-se no órgão *ad quem* sobre a pertinência da interposição do recurso original, vindo, finalmente, este a ser apreciado.

A atribuição preliminar do juízo de admissibilidade ao julgador *a quo* responde a uma tentativa – na mais das vezes frustradas – de impedir que o grau de jurisdição superior seja provocado – com todo o custo aí inerente – por pedidos inúteis, já que o recurso estaria fadado a não ser enfrentado em seu mérito, por ausência de um ou mais de seus requisitos indispensáveis. Como, porém, a decisão definitiva da irresignação é da instância recursal, mesmo que admitido o recurso pelo julgador de instância inferior, não se pode subtrair do órgão competente

---

para a compreensão da controvérsia, deverá ser indicado quais são elas, para que o recorrente complemente o instrumento. 4. Recurso provido. (REsp 1102467/RJ, Rel. Ministro MASSAMI UYEDA, CORTE ESPECIAL, julgado em 02/05/2012, DJe 29/08/2012)

[57] BARBOSA MOREIRA, José Carlos. *O novo processo civil brasileiro*, idem, p. 147-148.

[58] Idem, p. 146.

para o julgamento do recurso o reexame do juízo de admissibilidade. Nesse iter, o juízo de admissibilidade negativo, exercido no grau recursal, sempre será expresso, na medida em que impede o julgamento do mérito. Poderá, porém, ser implícito na hipótese de juízo positivo, liberando, desde logo, o órgão julgador para o enfrentamento do mérito.

E mais, a evolução do exame do juízo de admissibilidade, na jurisdição recursal colegiada tem se acentuado na orientação do exercício do juízo monocrático, de modo a também por essa fase procedimental evitar a complexa instalação do juízo colegiado, presente o indiscutível e penoso aumento do volume de trabalho, conhecido e reconhecido em todas as instâncias judiciais, fato histórico responsável senão exclusiva pelo menos principalmente pela grande insatisfação que a sociedade alimenta em relação à (in)tempestividade da atividade jurisdicional. De todas as críticas imputadas ao Poder Judiciário, por certo a morosidade é a mais flamante ou pelo menos a mais consagrada mostrando-se tema recorrente, inclusive no âmbito interno dos próprios tribunais.

1.5. Vinculação das decisões judiciais

O efeito vinculante das decisões judiciais não é, ao contrário do que possa parecer, uma novidade na dogmática jurídica pátria. Sem retroagir demais no tempo, já à época dos trabalhos preparativos à Constituição de 1946, conforme leciona Lenio Luiz Streck,[59] foi apresentado pelo Instituto dos Advogados Brasileiros um projeto cujo texto referente ao recurso extraordinário, de autoria do jurista Haroldo Valadão, previa que, uma vez fixada a interpretação da lei no julgamento do recurso, seria tomado assento, de cunho obrigatório para os tribunais e juízes.

A ideia, porém, não vingou entre os constituintes. Não desistindo de seu propósito, Haroldo Valadão, ao elaborar o anteprojeto da Lei Geral de Aplicação das Normas Jurídicas, nos idos de 1963/64, incluiu dispositivo semelhante ao do projeto de texto constitucional, atribuindo ao STF o poder de fixar interpretação de lei com efeito vinculante, denominando-a de resolução, na medida em que se tornava obrigatória aos tribunais e juízes. Mais uma vez frustradas as tentativas, porque o que restou, desde a aprovação pelo Pretório Excelso de seu regimento, em 1963, foi a adoção de edição de súmulas, correspondentes à jurisprudência assentada pelo Tribunal, cujos enunciados e respectivas

---

[59] STRECK, Lenio Luiz. *Súmulas no Direito brasileiro: eficácia, poder e função: a ilegitimidade constitucional do efeito vinculante*. 2. ed. Porto Alegre: Livraria do Advogado, 1998, p. 110.

alterações ou cancelamento seriam deliberados em plenário, que passavam a ser tão somente mera indicação ou orientação de decisão, mas sem qualquer poder vinculante aos demais órgãos jurisdicionais, vinculando, é óbvio, apenas o tribunal que a editasse, no caso, o próprio Supremo Tribunal Federal, não tanto por força do dispositivo regimental, mais por força da própria logicidade do sistema.

A experiência levada a efeito pelo Supremo Tribunal Federal, base seus regimentos internos, foi assimilada pelo então Tribunal Federal de Recursos, a partir da Lei nº 5.010, de 30.05.66, e, posteriormente, pelo Tribunal Superior do Trabalho, através de expressa previsão em seu regimento interno, embora já vigente, naquele momento, o novo código processual.

A exemplo do que aconteceu com os trabalhos preparativos da Constituição de 1946, na elaboração do novo código voltaram alguns juristas à carga, pretendendo dar às súmulas o efeito vinculante, de maneira a torná-las obrigatórias a todas as instâncias judiciais. Assim é que no anteprojeto do código fora adotado o sistema dos assentos com "força de lei", por iniciativa de Alfredo Buzaid, adepto confesso do sistema, ficando restabelecido no texto final (pelo menos sob a ótica formal) que as súmulas resultantes do procedimento dos artigos 476/479 constituiriam "precedentes na uniformização da jurisprudência", porque "maior alcance não é possível reconhecer à cláusula final do art. 479, *caput*", no dizer de José Carlos Barbosa Moreira, repudiando o argumento de que nenhum efeito peculiar surtiria do julgamento levado a efeito pelo tribunal.[60]

De qualquer sorte foi exatamente com a edição do Código de Processo Civil de 1973 que se consagraram as súmulas, liberando-se o poder de editá-las a todos os tribunais, através do procedimento de uniformização de jurisprudência, regulado pelos já citados artigos 476 a 479. Seguindo o caminho até então percorrido pelos tribunais superiores, a nova legislação processual contemplou a uniformização de jurisprudência, através de incidente no curso de um processo, a ser provocado pelo próprio juiz integrante da turma, câmara ou grupo, independentemente de pedido da parte, que o poderá, porém, deduzir por ocasião das razões ou ainda em petição avulsa, sem prejuízo de eventual provocação por parte do Ministério Público.

Uma vez instaurado o incidente, porque reconhecida a divergência, caberá ao tribunal, ouvido o *custos legis*, dar a interpretação a ser observada, a partir do voto fundamentado de cada um de seus membros, dispondo o art. 479 do estatuto vigente que "o julgamento, tomado

---

[60] BARBOSA MOREIRA, José Carlos. *Comentários ao Código de Processo Civil*, op. cit., p. 34-35.

pelo voto da maioria absoluta dos membros que integram o tribunal, será objeto de súmula e constituirá precedente na uniformização da jurisprudência".

O advento da Constituição da República de 1988 não produziu qualquer modificação nessa cultura sumular, mas com a Emenda Constitucional nº 45/2004, foi introduzida, no texto constitucional, a súmula vinculante, servindo como filtro com o objetivo de diminuir a sobrecarga do Supremo Tribunal Federal. Conforme redação do artigo 103-A, § 1º, da Constituição Federal, a função da súmula é a interpretação e eficácia de normas cuja controvérsia atual acarrete insegurança jurídica e proliferação de processos idênticos.[61]

Paulo Roberto Soares Mendonça refere que a atribuição de efeito vinculante a certas decisões oriundas do Supremo Tribunal Federal é algo que já se verifica há algum tempo no direito pátrio. Segundo o mencionado autor:

> Com o incremento dos mecanismos de controle concentrado de constitucionalidade a partir da Constituição Federal de 1988, foram consagrados os efeitos gerais e vinculantes das decisões do Supremo que declaram a constitucionalidade ou inconstitucionalidade de uma lei. É inclusive compreensível que assim o seja, uma vez que a Carta da República instituiu uma ação própria, cujo objeto é tão somente a aferição pela Corte Constitucional da compatibilidade de um texto legal com a Constituição e não faria o menor sentido que os demais órgãos jurisdicionais e administrativos pudessem simplesmente agir em dissonância com o entendimento firmado pelo órgão constitucionalmente responsável pela interpretação da Lei Maior.[62]

Na lição de Rodolfo de Camargo Mancuso, "a ideia-força da súmula vinculante trifurca-se nos objetivos de (a) conferir previsibilidade às decisões, (b) assegurar tratamento isonômico aos jurisdicionados e administrados e (c) operar como filtro ou elemento de contenção de ações e recursos, abreviando, outrossim, o rito daquelas e destes já em curso".[63]

A inspiração de tais modelos encontra sua fonte maior no dogma da estabilidade do direito, como instrumento da segurança jurídica, garantindo sua aplicação de forma unívoca, divorciados, na mais das vezes, da equivocidade das situações fáticas a serem compostas.

---

[61] O artigo 103-A, § 1º assim dispõe: "(...) § 1º A súmula terá por objetivo a validade, a interpretação e a eficácia de normas determinadas, acerca das quais haja controvérsia atual entre órgãos judiciários ou entre esses e a administração pública que acarrete grave insegurança jurídica e relevante multiplicação de processos sobre questão idêntica".

[62] MENDONÇA, Paulo Roberto Soares. A súmula vinculante como fonte hermenêutica de direito. *Interesse Público – IP*. Belo Horizonte, ano 13, n. 67, p. 172-173, maio/jun. 2011.

[63] MANCUSO, Rodolfo de Camargo. *Divergência jurisprudencial e súmula vinculante*. 4. ed. São Paulo: Revista dos Tribunais, 2010, p. 425.

Na raiz de tudo, permanece vigente a abstração da plenitude do ordenamento jurídico ligada à certeza jurídica da manutenção do *status quo* vigente, o que encontra profunda contradição com o sistema de distribuição de poderes instituído histórica e constitucionalmente e que se estabelece, garantindo – ou pelo menos tentando garantir – o real Estado Democrático de Direito, através de um complexo sistema de freios e contrapesos, entre os quais ganha excelência exatamente os relativos à atividade jurisdicional.

Isso porque, se de um lado a função legislativa institui a garantia mínima de uma determinada ordem jurídica e política, visando exatamente a sua estabilidade, acolhida como ideal num determinado momento histórico, a jurisdição, através das múltiplas decisões nos casos concretos, não só garante sua aplicação como – e mais ainda – dá o contorno exato dessa ordem, viabilizando a minimização, a sensibilização, a adequação, do modelo rígido e fixo da letra do texto ao caso concreto, que é vívido, palpitante, colorido, exercendo desse modo a função de freio e contrapeso ao ditado abstrato da lei.

Importante lembrar o ensinamento de Lenio Luiz Streck,[64] que, ao enfrentar a pretendida coesão ideológica do sistema, arrola sete propósitos encontrados no sistema sumular:

> (...) assegurar a obediência aos fins e metas do sistema jurídico vigente; estabelecer o "pacífico entendimento jurisprudencial", orientando os personagens da cena judicial; orientar os juízes e tribunais na aplicação do direito; evitar interpretações *contra legem*, obediente ao princípio de que a lei é o que o Judiciário diz que ela é; estabelecer um discurso monocêntrico (e, portanto, controlador); limitar a atuação interpretativa, dando-lhe os limites; estabilizar as expectativas das próprias partes, antecipando o futuro de eventuais postulações.

O que importa, por ora, registrar, é que a súmula configura instrumento jurídico que, se de um lado apresenta qualidades inafastáveis, tais como oferecer uma certa garantia quanto às controvérsias interpretativas do ordenamento jurídico, apontando por um caminho tido num determinado momento histórico como o mais adequado, por outro, exige um constante policiamento do operador do Direito para não cair num estado de mesmice, repetitivo, não criador (e, portanto, negando a função jurisdicional que é criadora por excelência), e subserviente aos órgãos jurisdicionais superiores, o que implicaria grave prejuízo à atividade jurisdicional, com uma inversão do sistema, na medida em que cabe ao julgador de primeiro grau a tarefa mais relevante e importante na decisão dos litígios.

---

[64] STRECK, op. cit., p. 248-249.

Os tribunais atuam – ou devem atuar –, na verdade, como um mal necessário, não sendo salutar ao sistema como um todo e, em especial, à realização das metas e objetivos do Estado social democrático de Direito o enfraquecimento e a mediocrização do poder jurisdicional dos juízes de primeiro grau.[65]

De fato, a vinculação das decisões jurisdicionais sofre severas críticas no direito pátrio. Trata-se de tema passional entre os juristas brasileiros. A grande maioria dos autores se posiciona categoricamente contra ou a favor da adoção do sistema.[66]

A adoção de decisões vinculantes no ordenamento jurídico pátrio suscita controvérsias principalmente, mas não só, no que tange ao princípio do livre convencimento motivado. O princípio do livre convencimento consagra a liberdade judicial. Significa que o juiz avaliará a prova dos fatos e formará a sua convicção livremente quanto à verdade deles.

Segundo posição do filósofo de direito, Chaïm Perelman, citada por Toshio Mukai, a autonomia decisória do magistrado é importante, do contrário, a justiça poderia ser substituída por máquinas:

> (...) Se a justiça pudesse dispensar o julgamento, se pudesse mecanizá-la, as máquinas poderiam dizer o direito de uma forma muito mais rápida e menos onerosa do que o homem. Mas as máquinas não têm discernimento, sendo por isso que, em todas as situações delicadas, o recurso ao juiz é indispensável.[67]

Prosseguindo, o filósofo também adverte que duas decisões diferentes, sobre o mesmo objeto, podem ser ambas razoáveis, enquanto expressão de um ponto de vista coerente e fundamentado. Por razões práticas, é indispensável uma linha de conduta uniforme. É necessário dirimir o conflito entre dois posicionamentos igualmente razoáveis levando em conta que a solução encontrada deverá atentar às consequências de que resultam a sua aplicação. Cumpre que a solução encontrada seja equitativa, conforme ao interesse geral, razoável, numa palavra, aceitável.

---

[65] No curso do mês de fevereiro do corrente ano (2014), o CNJ realizou audiência pública tendo por foco a valorização e a eficiência do 1º grau de jurisdição e o aperfeiçoamento legislativo voltado ao Poder Judiciário, rendendo-se à inevitável conclusão fática de que a grande maioria dos processos concentra-se no primeiro grau, nem sempre a instância melhor atendida pela estrutura funcional, sem a qual presumíveis resultados nefastos.

[66] SOUZA, Valmecir José de. A súmula vinculante diante do princípio do livre convencimento motivado do juiz. *Jurisprudência Catarinense*, Florianópolis, v. 35, n. 117, p. 230, jul./set. 2008.

[67] MUKAI, Toshio. Ética e direito em Chaïm Perelman. *Revista da Ordem dos Advogados do Brasil*. Brasília, Conselho Federal da OAB, 1998. v. 69, p. 94, *apud* PERELMAN, Chaïm. *Ética e direito*. Trad. Maria Ermantina Galvão G. Pereira. São Paulo: Martins Fontes, 1996.

Já José Joaquim Calmon de Passos sustentava que a força vinculante das decisões não ofende o princípio do livre convencimento motivado, pois se trata de uma necessidade do sistema em prol do valor segurança. O jurista relata que, ao falar para juízes federais sobre a irrecusabilidade da força vinculante de algumas decisões de tribunais superiores, foi assim interpelado:

> Professor Calmon, e onde fica a minha liberdade de consciência e o meu sentido de justiça? Respondi-lhe, na oportunidade, o que aqui consigno. (...) Por que os juízes poderiam nos torturar e estariam livres de ser torturados por um sistema jurídico capaz de oferecer alguma segurança aos jurisdicionados?[68]

Na atualidade, conforme destaca José Maria Tesheiner, o Poder Judiciário exerce, além da função tradicional de aplicar o direito ao caso concreto, a de "editar normas gerais e abstratas". "Trata-se de uma consequência e de uma exigência da moderna sociedade de massas".[69]

Registre-se que a independência decisória dos juízes, enquanto princípio de Estado de Direito, encontra limites, significando, nas palavras de Castanheira Neves, independência vinculada à exclusiva dependência da lei, pois só esta, a lei enquanto norma geral e abstrata, pode dirigir a decisão judicial no caso concreto, ficando o juiz adstrito exclusivamente ao ordenamento jurídico vigente, com exclusão de qualquer outra interferência no seu agir jurisdicional, seja de ordem interna ou externa ao Poder Judiciário, em absoluta harmonia com o sistema de distinção de poderes adotado pela Constituição, na hipótese do sistema pátrio.[70] Não se está aqui, em absoluto, negando vigência ao que já se afirmou quanto ao processo hermenêutico – e, portanto, construtivo – na prolação da sentença, pois aplicar a lei não é ato de mero silogismo, mas sim profunda atividade valorativa, que tanto encontra nos fatos como na lei e demais fontes do direito os elementos necessários para a solução do conflito, até porque a lei não é unívoca, como de resto não o é qualquer enunciado jurídico.

A vinculação das decisões jurisdicionais faz com que o entendimento trazido pelo direito sumulado seja determinante, descabendo decisões discrepantes ou medidas afrontosas à súmula. Caberá ao magistrado, ao analisar o caso concreto, aplicar ou não determinado entendimento se diferir daquela situação que a inspirou. O fio condutor é e continuará sendo as nuanças do fato e suas contingências, conviven-

---

[68] CALMON DE PASSOS, José Joaquim. Súmula Vinculante. *Revista do Tribunal Federal da 1ª Região*. Brasília, v. 9, n. 1, p. 176, jan./mar. 1997.

[69] TESHEINER, José Maria Rosa. O Poder Judiciário como legislador. *Revista Brasileira de Direito Processual*. Belo Horizonte, v. 19, n. 74, p. 16, abr./jun. 2011.

[70] CASTANHEIRA NEVES, Antonio. *O instituto dos "assentos" e a função jurídica dos Supremos Tribunais*. Coimbra: Coimbra Editora, 1983, p. 95 e segs.

do com enunciados jurídicos genéricos e com maior ou menor grau de abstração, ou seja, enunciados oriundos do direito positivado ou enunciados oriundos de precedentes jurisprudenciais.

No Estado social democrático de Direito, a adoção de decisões vinculantes, além de obedecer à normatização que se encontra prevista e acobertada na Lei Maior, desempenha relevante papel na preservação e garantia de valores muito prezados no direito pátrio: a segurança e a previsibilidade. Não são, em si, um mal, mas também devem ser compreendidas nos limites de sua incidência. O tema, por sua complexidade, receberá mais adiante o devido aprofundamento.

1.6. Poder jurisdicional do órgão monocrático nos tribunais

Nas últimas décadas, a economia de escala, a evolução social e os avanços tecnológicos produziram no Judiciário número elevado de lides individuais idênticas ou análogas.

A partir da Constituição Federal de 1988, com a ampliação do acesso à justiça, desenhou-se uma tendência geral de cada vez mais se usar as vias processuais para a solução dos litígios, notando-se uma disposição de amplas camadas da população a não mais se resignar diante da injustiça que entendem ter sofrido e a exigir sempre a proteção do Judiciário. O volume dos processos, em todos os segmentos da jurisdição, tornou-se explosivo. Seu crescimento é incessante.

Vários são os fatores que proporcionam a massificação de litígios e a consequente morosidade na condução dos processos: a privatização dos serviços públicos, o aumento descontrolado do número de faculdades de direito provocando a saturação do mercado da advocacia, o deferimento irrestrito de assistência judiciária gratuita, a grande divergência nos julgamentos proferidos entre os órgãos judiciais de primeiro grau, o formalismo excessivo,[71] podendo, ainda, agregar-se a ausência de cultura de composição extrajudicial do conflito

Neste sentido, Wanessa de Cássia Françolin aponta que:

> (...) a delonga do processo nos tribunais fez com que se buscassem meios mais céleres para a solução dos conflitos e que, ao mesmo tempo, pudessem contribuir para descongestionar os tribunais. Assim ocorreu com a adoção dos Juizados Especiais e com a regulamentação de meios alternativos à jurisdição, como a arbitragem.[72]

---

[71] VIAFORE, Daniele. *As ações repetitivas no direito brasileiro e a proposta de um "incidente de resolução de demandas repetitivas" no projeto de Lei nº 8.046/2010*. Dissertação (Mestrado em Processo Civil) – Faculdade de Direito da PUC-RS. Orientação: Professor José Maria Tesheiner. Porto Alegre, 2012, p. 159.

[72] FRANÇOLIN, Wanessa de Cássia, idem, p. 2.

A competência decisória ao juízo monocrático, em grau recursal, tem sido apregoada como uma modificação na estrutura dos tribunais.[73] Como visto alhures, no corpo deste trabalho, a Lei 9.756, publicada em 17 de dezembro de 1998, introduziu profundas modificações em nosso sistema recursal cível, especificamente o fortalecimento dos poderes do relator no julgamento dos recursos.[74]

Com a redação do art. 557 do CPC, não se pode negar que passou a integrar o processo norma legal que dispõe sobre o poder jurisdicional monocrático de órgão dos tribunais para o fim de julgar não apenas sobre o juízo de admissibilidade, mas também sobre o mérito do recurso interposto.

A regra atende, tanto quanto possível, uma necessidade de economia e celeridade processual.

Com a ampliação dos poderes do relator, evita-se a instalação do juízo colegiado, sempre complexa, morosa e onerosa, cujo custo recai sobre a administração da justiça como um todo, a ser suportada pelos jurisdicionados. Assim, ao constatar vício de natureza processual que impede o exame de mérito pelo colegiado, não detectado ou não reconhecido pelo juízo recorrido, o relator, como órgão monocrático e detentor de parcela do poder jurisdicional da instância recursal, negará seguimento ao recurso manifestamente inadmissível, decisão que se exaure no juízo de admissibilidade e que traduz o não conhecimento do recurso.

Luiz Guilherme Marinoni e Daniel Mitidiero sustentam que se trata de expediente que visa a compatibilizar as decisões judiciais e racionalizar a atividade judiciária, reconhecendo a opção legislativa como positiva.[75]

Acerca da disciplina das decisões monocráticas, destaca-se precedente do Superior Tribunal de Justiça, a afirmar que a sistemática pretende desafogar as pautas dos tribunais, ao objetivo que só sejam encaminhados à sessão de julgamento os recursos que realmente necessitem de julgamento colegiado. Os demais – a grande maioria dos processos nos tribunais – devem ser apreciados o mais rápido possível, em homenagem aos tão perseguidos princípios da economia e celeridade processual.[76]

---

[73] PAULI, op. cit., p. 8.

[74] TRINDADE, Caio de Azevedo. Contra decisão monocrática do ministro relator: Agravo interno ou embargos de divergência? *Revista Jurídica Consulex*. Brasília, n. 37, 2002, p. 48.

[75] MARINONI, Luiz Guilherme; MITIDIERO, Daniel. *Código de Processo Civil comentado artigo por artigo*. 2. ed. São Paulo: Revista dos Tribunais, 2010, p. 603.

[76] BRASIL. Superior Tribunal de Justiça. Primeira Turma. *Agravo Regimental no Agravo 391.529*. Relator Ministro José Delgado. Julgado em: 18-9-2001.

Segundo Nelson Nery Júnior,[77] isso é possível porque o juízo de admissibilidade não preclui na medida em que abrange matéria de ordem pública, autorizando que tanto o órgão *a quo* como o órgão *ad quem* – e mais precisamente o relator jurisdicionando monocraticamente – a examine, inclusive de ofício.

O controle deste agir do relator, ao empregar o julgamento monocrático, deve ser efetuado a partir da fundamentação do juiz.

Michele Taruffo sustenta que deve ser detalhado o caminho que o juiz levou para adotar tal decisão a fim de permitir ao intérprete condenar o uso equivocado da liberdade judicial.[78] O julgador deverá fazer constar um tópico relativo às razões pelas quais a matéria objeto do recurso restou considerada manifestamente improcedente ou contrária à súmula ou jurisprudência realmente dominante ficando suficientemente demonstrado que a situação comporta julgamento monocrático.[79]

Por outro lado, verifica-se que se a decisão do juízo recorrido sobre os pressupostos do recurso é provisória, pois se submete necessariamente à reapreciação pelo tribunal, a decisão do relator, enquanto órgão monocrático, tem caráter definitivo, não se prestando a transmudar essa natureza o recurso, denominado simplesmente de agravo, previsto pelo § 1º do artigo 557 do estatuto processual, assim como a previsão da apelação não tem o condão de tornar provisória sentença proferida pelo juiz de primeiro grau. Também não autoriza pensamento contrário a possibilidade de retratação pelo relator, desde logo esposada ou quando levado o recurso (do § 1º) à mesa de julgamento.

A definitividade de uma decisão não está atrelada a sua imodificabilidade (prevista, conforme o caso, em maior ou menor extensão pelo ordenamento jurídico em quase todas as decisões judiciais), mas sim a que tenha se esgotado o iter procedimental previsto até o momento de sua emissão, o que por certo ocorre na hipótese contemplada pelo *caput* do art. 557, quando o relator emite a sua convicção, negando seguimento ao recurso por tê-lo como inadmissível. Qualquer outra decisão, do próprio relator em juízo de retratação singular, ou do órgão colegiado, por maioria ou unanimidade em razão de retratação posterior do relator, quiçá convencido pelas razões de seus pares, é outra decisão, que substitui a primeira, não se qualificando, portanto, aquela decisão pelo adjetivo da provisoriedade. De certa forma, aplicável, por analogia, aqui também, o disposto no art. 512 do CPC, isto é, a decisão posterior se sobrepõe à primeira, tomando o seu lugar.

---

[77] NERY JÚNIOR, op. cit., p. 233.
[78] TARUFFO, Michele. *La prova dei fatti giuridici: nozioni generali*. Milano: A. Giuffrè, 1992, p. 411.
[79] PAULI, op. cit., p. 60-61.

Consagra esse entendimento a circunstância de que, para sua revisão, reclama-se atividade da parte, contemplada no Código de Processo Civil pelo procedimento do § 1º, antes citado. Isto é, novo recurso, sujeitando-se também esse, por sua vez, a determinados requisitos procedimentais, tais como o prazo de 5 (cinco) dias, expressamente previsto no referido dispositivo, e julgamento pelo colegiado, o que leva a concluir, assegurando-se a manutenção lógica do procedimento, que esse agravo inominado, pelo menos, não se submete ao juízo monocrático que o *caput* do artigo prevê para todos os demais recursos. Interposto o recurso, a atuação do relator limita-se a encaminhar o feito à sessão de julgamento, porque provocado o colegiado.

Aliás, o contrário seria provocar ou uma aporia no plano recursal, porque o relator não convencido a retratar-se negaria sucessivamente seguimento aos novos recursos interpostos pelo vencido, ou, para dela escapar, obrigaria a parte à proposição de mandado de segurança, o que por certo peca pela inconveniência e inconsistência do sistema.

Luiz Guilherme Marinoni destaca que o artigo 557 do Código de Processo Civil, ao possibilitar que o relator negue seguimento a recurso manifestamente inadmissível, improcedente, prejudicado ou em confronto com súmula ou jurisprudência dominante, pode desestimular a interposição de recursos abusivos. A aplicação dessa norma tem efeito pedagógico importante, uma vez que contribui para que haja menos recursos protelatórios, os quais não são apenas muito frequentes, como também muito custosos para a administração da justiça.[80]

Relevante destacar a tendência de aumento na quantidade de decisões monocráticas no Judiciário brasileiro. O número de decisões monocráticas está sofrendo um surpreendente crescimento em detrimento das decisões colegiadas.

Para ilustrar a situação, a tabela abaixo, obtida através de pesquisa realizada por Léslie Sherida Ferraz, elaborada a partir de dados extraídos do Tribunal de Justiça do Rio Grande do Sul, no período de 2003 até 2010, nos julgamentos de agravos de instrumento, verifica-se que as decisões monocráticas superam, em todo o período pesquisado, as decisões colegiadas – sempre apresentando uma tendência de crescimento.[81]

---

[80] MARINONI, Luiz Guilherme. *Antecipação de tutela*. 12. ed. São Paulo: Revista dos Tribunais, 2011, p. 297-298.

[81] FERRAZ, Leslie Shérida. *Efetividade das reformas processuais: decisão monocrática e agravo interno no Tribunal de Justiça do Rio Grande do Sul : uma análise empírica*. Porto Alegre: Tribunal de Justiça do Estado do Rio Grande do Sul, 2012, p. 33-36.

Figura 1: Tabela de decisões e acórdãos – agravo de instrumento – TJRS

Ano	Agravo de Instrumento			
	Decisões	%	Acórdãos	%
2003	20.500	52,9	18.239	47,1
2004	33.576	65,2	17.954	34,8
2005	41.339	71,0	16.864	29,0
2006	41.227	74,5	14.114	25,5
2007	54.549	77,3	16.018	22,7
2008	83.639	69,7	36.379	30,3
2009	91.513	66,0	47.168	34,0
2010	47.010	79,1	12.451	20,9

Fonte: Léslie Ferraz (2010), a partir de dados fornecidos pelo TJRS.

O recrudescimento do poder jurisdicional do órgão monocrático nos tribunais veio como grande aliado na busca de decisões mais céleres frente ao sempre crescente volume de processos em trâmite no Judiciário brasileiro, o que é inegável. Porém, ainda que não se possa garantir que o julgamento monocrático tenha plenamente alcançado o desiderato mais próximo, qual seja, o enxugamento do processo e a celeridade da prestação jurisdicional, não há como negar, sem medo de errar, que o efeito vinculante que este sistema invariavelmente produz vem se solidificando e tem sido cada vez mais consagrado no Direito brasileiro, configurando uma das importantes soluções para a realidade processual em sede recursal, cujos números – frequentemente noticiados em relatórios oficiais e pela mídia – mais do que assustam, causam perplexidade.

1.7. Constitucionalidade do art. 557 do CPC

Desde a edição do atual Código de Processo Civil, que resultou da Lei 5.869, de 11 de janeiro de 1973, o poder jurisdicional do órgão monocrático nos tribunais foi notavelmente ampliado[82] e provocou várias teses contrárias ao texto legal, sendo que as mais radicais patrocinavam a ideia de sua inconstitucionalidade.[83]

Por essa corrente, a inconstitucionalidade da regra do artigo 557 do Código de Processo Civil, se fazia presente por atentar contra o art. 93, IX, da Carta Magna, que "determina que os julgamentos dos órgãos

---
[82] Conforme item 1.3 do presente livro.
[83] PAULI, op. cit., p. 29

do Poder Judiciário sejam públicos, o que não sucede quando um recurso é julgado em seu mérito pelo despacho de um só juiz".[84]

Por outro lado, Teresa Arruda Alvim Wambier, defendendo posição em sentido contrário, afirmou que: "consideramos desarrazoadas as críticas que se têm feito quanto à constitucionalidade de se atribuírem tantos poderes ao relator, já que se trata de decisão passível de ser impugnada pelo recurso de agravo (art. 557, § 1º, art. 554, § 1º, e art. 545)".[85]

O fato é que o Supremo Tribunal Federal reiteradamente tem se manifestado pela constitucionalidade do artigo 557 todas as vezes que instado a proferir decisão sobre a matéria. Aliás, a Corte Suprema não só foi a origem, através de seu Regimento Interno, dessa providência como tem se valido do artigo 557 para tomar decisões monocráticas nos limites alçados pela norma.[86] Por votação unânime, por meio do Pleno, assim consolidou o entendimento o Supremo Tribunal Federal: "Tem legitimidade constitucional disposição regimental que confere ao relator competência para arquivar ou negar seguimento a pedido ou recurso, desde que as decisões possam ser submetidas ao controle colegiado.[87] É o que acontece com a decisão em exame, já que há expresso recurso previsto que encaminha a questão para o colegiado.

Segundo Nelson Zimmerman Pauli, existe um histórico de reconhecimento da constitucionalidade das leis que atribuem competências mais extensas aos relatores, bem como, aos presidentes dos tribunais, uma vez que regras desta natureza permeiam o sistema há décadas. Ademais, não existe qualquer norma que imponha condição ao duplo grau de jurisdição, ainda mais a exigir a manifestação pelo colegiado.[88]

No contexto de constitucionalidade do art. 557 do CPC, muito se questiona se a decisão monocrática violaria o princípio ao duplo grau de jurisdição, previsto implicitamente na Constituição Federal. Entretanto, como se analisará neste trabalho, não há qualquer norma que assegure que a revisão da decisão combatida seja realizada por um órgão colegiado. O duplo grau de jurisdição está vinculado ao direito da parte recorrer dos provimentos judiciais.

---

[84] MALTA, Christóvão Piragibe Tostes. *Prática do processo trabalhista*. 31. ed. São Paulo: LTr, 2002, p. 558.

[85] WAMBIER, Teresa Arruda Alvim. *Os agravos no CPC brasileiro*. 4. ed. São Paulo: Revista do Tribunais, 2006, p. 434.

[86] BRASIL. Supremo Tribunal Federal. AI-AgR 659463/BA. Relatora Ministra Carmen Lúcia, Primeira Turma, DJ 07.11.2008.

[87] BRASIL. Supremo Tribunal Federal. Pleno. Ag. 151.354-3-MG – Ag. Ed. – Ed. – Ag., Relator Ministro Néri da Silveira, DJ 16.4.99.

[88] PAULI, op. cit., p. 36.

Vale frisar que caso a parte não se conforme com a decisão monocrática proferida pelo relator no julgamento do recurso interposto, caberá a interposição de agravo interno para o órgão colegiado, no prazo de 5 (cinco) dias, conforme previsão do artigo 557, § 1º, do CPC.

A possibilidade de interposição de recurso da decisão monocrática proferida dirigida ao órgão colegiado, conforme Eduardo Talamini, "é a forma de verificar que se o relator correspondeu, na prática do ato que lhe foi delegado, ao pretendido pelo órgão colegiado".[89]

Para Maria Berenice Dias, uma vez facultado o julgamento monocrático, quando a decisão recorrida se afasta do pensamento uniforme da corte julgadora, não há como reputar infringido o direito da parte.[90] A crescente opção pelo julgamento singular, ampliando os poderes do relator, representa "uma legítima tentativa de inovar sistematicamente na luta contra a lentidão do julgamento nos tribunais"[91] e "sequer permite que se questione a constitucionalidade de tais permissivos".[92]

Não se pode olvidar, como contraponto, que, se o vencido por qualquer razão não se utilizar do recurso previsto no § 1º, ou perder o prazo de sua interposição, a decisão do relator não se submete nem a recurso especial nem a recurso extraordinário. Descabe o primeiro, porque não se pode confundir órgão monocrático com tribunal, nem se trata de decisão em única ou última instância, requisitos indispensáveis para seu cabimento, consoante art. 105, III, da CF; afastado o segundo, pela falta desse último requisito, conforme art. 102, III, da Carta Magna, por não ser última instância. Ou seja, não foram esgotadas as vias recursais na instância julgadora, pressuposto recursal dos recursos das cortes superiores. Nesse passo, o art. 557 acaba por regular decisão que, teoricamente e por sua origem, detém menos força que aquela proferida pela Câmara, Turma ou Grupo, por emanar de juízo monocrático, mas mais poderosa quanto a seus efeitos, cerceando à parte as vias dos recursos constitucionais. Contradição intrínseca da ordem jurídica a esbarrar no sistema que a própria Constituição estabelece, traduzindo-se a aparente vantagem em desvantagem sob a ótica do recorrente.

---

[89] TALAMINI, Eduardo. Decisões individuais: legitimidade e controle (agravo interno). In: NERY JÚNIOR, Nelson; ALVIM, Teresa Celina Arruda (Coord.). *Aspectos polêmicos e atuais dos recursos cíveis e de outros meios de impugnação às decisões judiciais*. São Paulo: Revista dos Tribunais, 2005. v. 5, p. 181.

[90] DIAS, Maria Berenice. As decisões monocráticas do art. 557 do código de processo civil. *Revista da Ajuris: Associação dos Juízes do Rio Grande do Sul*. Porto Alegre, 2001. v. 83, t. 1, p. 281.

[91] TUCCI, Rogério Lauria; CRUZ E TUCCI, José Rogério. *Constituição de 1988 e Processo*. São Paulo: Saraiva, 1989, p. 17.

[92] DIAS, op. cit., p. 281.

Mas também é verdade que o fato de haver recursos previstos para as instâncias superiores não autoriza a concluir que, automaticamente, todos os processos devem ser por elas reexaminados. Até porque, as hipóteses de cabimento dos recursos constitucionalmente previstos possuem requisitos bastante rígidos para a sua interposição, além de existirem previsões expressas de irrecorribilidade na Constituição Federal. Os recursos especiais e extraordinários são dois bons exemplos de meios de impugnação com diversos requisitos para que possam ser apreciados. E mesmo estes dois meios de ataque às decisões judiciais, que são constitucionalmente previstos, carecem de qualquer menção expressa de vinculação a tal ou qual órgão dentro do STF ou do STJ. Em não havendo este condicionamento, parece legítimo que a lei ordinária estabeleça esta regulação, podendo, inclusive, alterá-la.

Por estas razões, parece sem sentido alegar que o julgamento pelo relator é inconstitucional e fere o princípio do duplo grau de jurisdição. Não se deve descurar que o art. 557, contempla o reexame da matéria por um juízo legalmente competente, como também prevê a hipótese do recurso contra essa decisão monocrática. Recurso ao qual é vedada qualquer possibilidade de negativa de seguimento. Isso importará na conclusão, facilmente verificável, de que a via do colegiado continua existindo, ainda que se tenha que galgar mais um degrau na esfera julgadora,[93] se assim o entender aquele que sofrer o decaimento na decisão monocrática.

1.8. Relativização do princípio da colegialidade

Segundo o princípio da colegialidade, a competência atribuída a órgão colegiado não pode ser exercida individualmente pelos seus membros (*ut singuli*).

No atual ordenamento jurídico, a parte, ao litigar em juízo, está ciente que existe a possibilidade de existir a decisão unipessoal do relator sem a necessidade da apreciação pelo órgão colegiado quando a matéria discutida se enquadrar nas hipóteses do art. 557 do Código de Processo Civil, pois esta regra já existe antes da propositura da ação. Logo, eventual decisão monocrática não causa surpresa às partes, eis que corrobora o ideal do juiz natural onde deve ter conhecimento de qual órgão irá julgar sem comprometer a imparcialidade.[94]

---

[93] PAULI, op. cit., p. 40-41.

[94] SALMEIRÃO, Cristiano. Os poderes do relator – Art. 557 do CPC: aspectos gerais e sua aplicabilidade no âmbito do Direito Processual Penal. *Revista Âmbito Jurídico*. Constitucional. Dis-

A decisão unipessoal do relator é imprescindível para que o Estado preste uma tutela jurisdicional adequada e tempestiva, pois será através da sua atuação que inúmeros recursos infundados, protelatórios e situações que estejam previstas nas hipóteses do rol elencado pelo predito dispositivo, serão julgados no primeiro contato do relator com os recursos e serão apreciados, desafogando o colegiado que poderá agilizar e qualificar os julgamentos.[95] Não se pode olvidar que se de um lado há um recorrente, de outro há um recorrido que aguarda, em tese legitimamente, a preclusão da decisão atacada por recurso, também em tese, tido como viciado. Assim como o processo não pode ser visto exclusivamente sob a ótica do autor, ou do réu, também não pode o recurso ser visto exclusivamente sob a ótica do recorrente, assegurando-se ao recorrido a submissão a recurso válida e legitimamente interposto.

Neste contexto, é mister destacar que o princípio constitucional da ampla defesa assegura o reexame de causas julgadas na instância inferior, e não a colegialidade da reapreciação. Assim, para Bruno Felipe da Silva Martin de Arribas, não há qualquer vulneração à amplitude de defesa e legalidade do processo resguardadas no art. 5º, LIV e LV, da CF/88.[96]

Em verdade, como bem aponta Maria Berenice Dias, há um grande fetichismo quanto ao julgamento colegiado. Na visão da autora,

> o sistema recursal brasileiro sempre foi fiel ao critério do julgamento colegiado, verdadeiro fetichismo, que não permitia sequer se atentasse em que o art. 557 do CPC, desde sua redação originária, já outorgava ao relator a possibilidade de indeferir o recurso de agravo por despacho quando manifesta a improcedência.[97]

A diretriz política de adotar o sistema colegiado de julgar, quando a lei impõe o singular, não cria exceção ao princípio, dando origem a uma interpretação restritiva de tal faculdade. Ao contrário. Nessa hipótese, o julgamento coletivo não é simples abrir mão de uma faculdade legal, mas, sim, o descumprimento de um dever decorrente de lei.[98]

Para Athos Gusmão Carneiro, a resistência em relação ao julgamento monocrático não se sustenta, pois o relator, nos casos previstos

---

ponível em: <http://www.ambito.juridico.com.br/site/?n_link=revista_artigos_leitura&artigo_id=10693&revista_caderno=9>. Acesso em 30.04.2013.

[95] Ibidem.

[96] ARRIBAS, Bruno Felipe da Silva Martin de. Decisão monocrática relatorial: Análise do art. 557 do código de processo civil. *Revista da Esmape: Escola Superior da Magistratura do Estado de Pernambuco*, Recife, v. 9, n. 20, t.1, p. 121, jul/dez, 2004, edição especial.

[97] DIAS, Maria Berenice, idem, p. 279.

[98] Idem, p. 281

em lei, não estará decidindo por "delegação do colegiado a que pertence, mas sim exerce poder jurisdicional que lhe foi outorgado por lei".[99]

Sem dúvidas, como destaca Adroaldo Furtado Fabrício, "a evolução recente da legislação processual civil brasileira caminha decididamente para uma progressiva relativização do princípio da colegialidade no julgamento dos recursos".[100] O importante é que se compreenda essa regra como de exceção, limitando-se sua incidência às hipóteses previstas em lei, mantendo-se como juízo natural do reexame o órgão colegiado, que ainda permanece sendo ínsito ao sistema recursal e aos julgamentos de segundo grau de conhecimento. O contrário, banalizar a previsão legal dos juízos monocráticos, poderia levar a uma atrofia do sistema recursal, e, aí sim, arrostar o devido processo legal.

---

[99] CARNEIRO, Athos Gusmão, idem, p. 24.

[100] FABRÍCIO, Adroaldo Furtado. Tutela antecipada: denegação no 1º grau e concessão pelo relator do agravo. In: FABRÍCIO, Adroaldo Furtado. *Ensaios de Direito Processual*, Rio de Janeiro: Forense, 2003, p. 201-216.

2. Julgamento do recurso via decisões monocráticas

A composição de conflitos é experiência humana que vem sendo praticada desde os primórdios da civilização. Na medida em que o homem evoluiu para viver em um agrupamento organizado, o Direito passou a ocupar o espaço de uma ordem na sociedade, o que não significa dizer que o Direito seja a ordem, porque o Direito convive com outras ordens, como a moral, a religião. Mas o Direito isoladamente, enquanto ordem na sociedade, não atende a todas as necessidades de uma sociedade, devendo ser compreendido também como prudência, revelando-se "como a arte ou virtude de chegar à solução justa no caso concreto".[101]

Com a modernidade, o Direito passou a ser função do Estado e, no plano da composição judicial dos conflitos, coube ao Judiciário o exercício desta função. Talvez, de todas as funções do Estado, a mais árdua e difícil de ser exercitada, porque inevitavelmente decidir significa dar o bem da vida perquirido a um dos litigantes e negá-lo ao outro. Decisão é, sob esse ângulo, um violar-se, um partir-se entre os interesses postos em conflito e seus possíveis titulares. Provoca um vencedor, mas também provoca um vencido.

O sistema processual, voltado à composição judicial dos conflitos, incorpora outro subsistema, que é o sistema recursal, que, em apertada síntese, visa ao reexame das decisões, seja ao efeito do aperfeiçoamento da decisão, seja ao controle dos órgãos judiciais, seja para estancar o sentimento de injustiça que o vencido carrega, seja para realimentar o próprio sistema jurídico, que responde pelo Direito como uma ordem na sociedade. E o reexame de decisões proferidas, no mais das vezes, por juízes singulares, passou a ser marcado pela colegialidade, como paradigma de decisão pelos tribunais recursais.

---

[101] ASCENSÃO, José de Oliveira. *O Direito Introdução e Teoria Geral:* uma perspectiva luso-brasileira. 9. ed. revista, Coimbra: Livraria Almedina, 1995, p. 4.

Se, em estreitas linhas, assim se desenvolveu o sistema recursal, o processo deste terceiro milênio ganhou sofisticação e desdobramentos antes inimagináveis, sobrepondo-se hodiernamente, senão qualitativamente, pelo menos quantitativamente, as decisões monocráticas proferidas por órgãos dos tribunais, prestando-se, par a par, a julgar os recursos interpostos contra decisões dos juízes de primeiro grau e, também contra decisões proferidas pelos próprios tribunais, a justificar o enfrentamento teórico e exegético de tais hipóteses, tomando-se, como ponto de partida, o texto normativo matriz que cuidou de prever o julgamento monocrático nos tribunais.

2.1. Hipóteses de aplicação da decisão monocrática

Nos termos da atual redação do artigo 557 do Código de Processo Civil, o relator poderá negar seguimento a recurso manifestamente inadmissível, improcedente, prejudicado ou em confronto com súmula ou com jurisprudência dominante do respectivo tribunal, do Supremo Tribunal Federal ou de Tribunal Superior. A regra vem embutida em seu *caput*. Já no § 1º-A do art. 557, a previsão é de acolhimento do recurso, na mesma forma singular prevista no *caput*.

As hipóteses em que cabe ao relator negar seguimento ao recurso dizem respeito tanto a situações de admissibilidade do recurso, quando de negativa de provimento, com enfrento do mérito recursal, às quais se agrega a hipótese de provimento liminar. Tais situações não são simétricas, o que faz com que tenham que ser analisadas separadamente. Adianta-se, porém, existe um elemento comum às previsões do *caput* e do § 1º-A, que é o uso do termo "manifesto".[102]

Segundo Bruno Felipe da Silva Martins Arribas, "manifesto" é adjetivo que significa cristalino, evidente, claro, de percepção pública.[103] Já Fabiano Carvalho, em referência aos termos "manifesto" e "manifestamente", diz que: "essas palavras encerram verdadeiros critérios objetivos e implicam em uma restrição para o relator julgar individualmente o recurso: ou a situação dá lugar à aplicabilidade do art. 557 ou não".[104]

---

[102] PAULI, Nelson Zimmermann. Os poderes do relator nos recursos cíveis. Dissertação (Mestrado em Processo Civil) – Faculdade de Direito. PUC-RS. Prof. José Maria da Rosa Tesheiner. Porto Alegre, 2008, p. 57.

[103] ARRIBAS, op. cit., p. 103.

[104] CARVALHO, Fabiano. *Os poderes do relator nos recursos*. São Paulo: Saraiva, 2008, p. 84.

Para José Carlos Barbosa Moreira, o "manifestamente" pretende assumir aqui – à semelhança do que se dá em outros textos – sentido restritivo, que, todavia, pode acabar por não ter grande alcance prático. Se ao relator pareceu enquadrar-se o recurso numa dessas classes arroladas, é claro que, para ele, se fez "manifesta" a inadmissibilidade, ou a improcedência, e assim por diante.[105] Trata-se, tal enquadramento, de atividade hermenêutica, onde impossível afastar-se do processo criativo o seu criador e a criação, tudo integrando um único universo inseparável.

Resta evidente que o artigo impõe um dever sob subjetividade. Cândido Dinamarco conclui que "o legislador quis deixar ao prudente arbítrio do próprio relator a opção entre julgar por si próprio, monocraticamente, ou encaminhar o caso ao colegiado".[106]

Se a justificativa para a ampliação dos poderes do relator é conferir ao processo mecanismos que possibilitem um aumento no número de julgamentos no âmbito dos tribunais, nada mais razoável que o relator, como porta-voz do colegiado,[107] não coloque um processo em pauta para que a câmara decida sobre a intempestividade de um recurso, passível de ser extraída dos autos por uma operação meramente de definição de atos de ciência e contagem de dias.

Para Rosa Maria e Nelson Nery Júnior, trata-se de faculdade conferida ao relator indeferir recurso que foi interposto contrariando súmula do próprio tribunal ou de tribunal superior.[108] Posição interessante, que desobriga o relator o seu manejo. De qualquer sorte, também nesse aspecto – decidir se enfrentará ou não o recurso monocraticamente – há uma pesada ordem de decisão discricionária, igualmente alimentadora das decisões judiciais, na medida em que agir hermeneuticamente significa "tomar partido" em favor de uma ou outra solução.

Já Luiz Guilherme Marinoni e Daniel Mitidiero afirmam que "o relator tem o dever de julgar o recurso monocraticamente, preenchidos os requisitos inerentes à espécie, porque aí estará a prestigiar a autoridade do precedente e patrocinar sensível economia processual".[109]

---

[105] BARBOSA MOREIRA, José Carlos. *Comentários ao Código de Processo Civil*, Lei nº 5.869, de 11 de janeiro de 1973, v. V: arts. 476 a 565. Rio de Janeiro: Forense, 2005, p. 665.

[106] DINAMARCO, Cândido. O relator, a jurisprudência e os recursos. In: NERY JÚNIOR, Nelson; WAMBIER, Teresa Arruda Alvim (coord.). *Aspectos polêmicos e atuais dos recursos e de outros meios de impugnação às decisões judiciais*. São Paulo: Revista dos Tribunais, v. 6, 2002, p. 99-110.

[107] A expressão "porta-voz do colegiado" é empregada por: BARBOSA MOREIRA. *Comentários ao Código de* Processo Civil, op. cit., p. 665.

[108] NERY JUNIOR, Nelson; NERY, Rosa Maria de Andrade. *Código de Processo Civil comentado e legislação extravagante*. 10. ed. São Paulo: Revista dos Tribunais, 2007, p. 961.

[109] MARINONI; MITIDIERO, op. cit., p. 603.

A posição, embora respeitável, é de difícil senão impossível aplicação, porque não há nem pode haver coação ao juiz no ponto fundamental de expedir seu juízo de valor: ser ou não absolutamente improcedente, ser ou não inadmissível, estar ou não em harmonia ou confronto com orientação jurisprudencial, só para citar algumas das hipóteses de incidência do art. 557 e de seu § 1ª-A, é emissão de juízo de valor. Se mais não fosse, a prudência de optar entre um ou outro caminho (julgar monocraticamente ou levar ao colegiado) também é inerente à atividade jurisdicional, não se tornando o julgador refém de um determinado procedimento.

Ainda quanto à faculdade ou obrigatoriedade da aplicação do artigo 557 pelo relator, Sebastião José Lessa, sensível às peculiaridades do ato de decidir, afirma que "determinadas questões e sobretudo relacionadas ao próprio mérito da lide, bem como as colocações duvidosas, para maior segurança jurídica, devem ser dilucidadas por órgão colegiado".[110]

Visualizando o que é manifesto em pura conformidade com a lei ou em sentido esposado pela câmara ou turma, ou ainda com enunciado sumular ou jurisprudência dominante nas Cortes de Justiça, o relator estabelecerá ora um juízo de admissibilidade (quando manifesta a inadmissibilidade ou prejudicialidade do recurso) ou um juízo de mérito (quando manifesta a improcedência do recurso ou a contrariedade da decisão atacada com jurisprudência dominante ou sumulada, e ainda quando do confronto do recurso com jurisprudência dominante ou sumulada).[111]

Por outro lado, registra-se que o artigo 557 diz respeito apenas a recursos, na acepção técnica da palavra. Desta forma, do elenco dos recursos em que incide a norma fica intuitivamente excluído o agravo de que cuida o § 1º, pois não se concebe que o relator possa trancar ao inconformado com sua decisão a via de acesso ao colegiado *ad quem*.[112] A hipótese levaria a um impasse processual, estabelecendo a ilogicidade, quando o processo é fundamentalmente lógico, impedindo o acesso da parte ao colegiado.

Passa-se, assim, à análise das quatro classes de recursos que alude o *caput* do artigo 557: inadmissíveis, improcedentes, prejudicados e contrários à súmula ou à jurisprudência dominante do tribunal compe-

---

[110] LESSA, Sebastião José. *O princípio da colegialidade e a decisão monocrática na dinâmica do procedimento disciplinar*. Fórum Administrativo: Direito Público. Belo Horizonte, v. 9, n. 96, p. 33, fev. 2009.

[111] ARRIBAS, op. cit., p. 104.

[112] BARBOSA MOREIRA. *Comentários ao Código de Processo Civil*, op. cit., p. 665.

tente para o julgamento, do Supremo Tribunal Federal ou de Tribunal superior, seguindo-se, à parte, a quinta hipótese, que diz com o provimento liminar do recurso interposto.

2.1.1. Inadmissibilidade

O recurso, como postulação em continuação à provocação e oposição inerentes à relação processual instaurada, submete-se a determinados pressupostos – de natureza objetiva e subjetiva – pena de não ser conhecido. É nesse plano que são examinados, por exemplo, a recorribilidade do ato impugnado, a tempestividade da irresignação, a adequação do recurso interposto, sua singularidade, o preparo, quando exigível, a legitimidade e o interesse de agir do recorrente.

Tais pressupostos recursais são de ordem pública, podendo ser inclusive reconhecidos de ofício pelo juiz, antes de adentrar no mérito do recurso. Tal se justifica porque o recurso como ato da parte, resguarda-se de forma solene, conforme art. 184 do CPC,[113] havendo na lei processual previsão expressa para cada recurso e quais os requisitos a serem preenchidos, tanto quanto à forma como ao tempo de sua interposição. Não se pode olvidar que o recurso combate ato decisório do juízo, que, por sua vez, deve ser fundamentado, nos termos do art. 93, IX, da Constituição da República. Voltar-se contra as decisões é ato, também, de responsabilidade, sob pena de configurar litigância de má--fé, na forma do art. 17, VII, do CPC (Reputa-se litigante de má-fé aquele que: interpuser recurso com intuito manifestamente protelatório).

Por tradição, o juízo de admissibilidade sempre se cometeu ao órgão *a quo*, quando perante ele é interposto o recurso. Por razões óbvias, até porque quem pode o mais pode o menos, se o juízo recorrido pode decidir da admissibilidade do recurso, também o pode o juízo de segundo grau (se levada a questão ao colegiado, a câmara, turma ou grupo), cuja jurisdição, de instância recursal, detém o poder de reformar, no todo ou em parte, a decisão impugnada. A decisão colegiada, unânime ou por maioria, que reconhece a ausência de pressuposto recursal, opera-se no plano do não conhecimento do recurso,[114] que traz como consequência a manutenção da decisão recorrida.

O legislador pátrio, através do art. 557 do CPC, depositou, concorrentemente, nas mãos do relator do recurso o poder que o colegiado

---

[113] Art. 184, CPC: Os atos e termos processuais não dependem de forma determinada, *senão quando a lei expressamente a exigir*, reputando-se válidos os que, realizados de outro modo lhe preencham a finalidade essencial (grifamos).

[114] Remete-se o leitor para o item 1.4 do primeiro capítulo deste livro.

detém, para, liminarmente, decidir sobre a (in)admissibilidade do recurso interposto. Tal regra vale para qualquer recurso, apelação ou agravo de instrumento, ganhando igual tratamento o recurso de embargos infringentes, conforme art. 531 do CPC.[115] Trata-se de regra que estimula a gestão do processo de forma a evitar que recursos sem consistência jurídica tenham prosseguimento, ocupando as pautas de julgamento em detrimento da boa administração da justiça. De regra, a inadmissibilidade do recurso é plausível de ser desde logo detectada, não oferecendo maiores dificuldades para sua apreciação, sempre remanescendo, como já defendido anteriormente, que em situação duvidosa seja a matéria remetida ao colegiado, superando o relator a fase do julgamento monocrático.

São, pois, casos de inadmissibilidade a intempestividade, a irrecorribilidade do ato judicial, a inadequação do recurso interposto, a ofensa à singularidade recursal, a ausência de preparo ou deserção, quando exigível o respectivo pagamento, a falta de legitimidade ou do interesse em recorrer. Também a forma procedimental adotada pelo recorrente, quanto à fundamentação recursal inepta, por falta de profligação, pode levar ao juízo de negativa de seguimento pelo relator.[116] Como já dito, o juízo de valor recai sobre os pressupostos recursais intrínsecos e extrínsecos aos recursos, não se confundindo com a improcedência do pleito, que será examinada em tópico futuro.[117]

Assim, uma vez não preenchidos os requisitos intrínsecos ou extrínsecos do exercício do ônus recursal (ou, noutra perspectiva, os pressupostos recursais gerais e específicos), não há sentido de ordem lógica ou jurídica que se permita o seguimento do recurso interposto, conquanto evidente seu insucesso na ordem formal,[118] detendo o relator o poder de estancá-lo liminarmente.

O termo legal para tal pronunciamento judicial é *negar seguimento*, ficando para o juízo colegiado a expressão *não conhecer*.

Ainda que em certos momentos a negativa de seguimento e o não conhecimento possam se equiparar – a exemplo do juízo de inadmissi-

---

[115] Art. 531, CPC: Interpostos os embargos, abrir-se-á vista ao recorrido para contrarrazões; após, o relator do acórdão embargado apreciará a admissibilidade do recurso.

[116] MARINONI, Luiz Guilherme; MITIDIERO, Daniel. *Código de Processo Civil – Comentado artigo por artigo*. 3ª ed, ver., at. e ampl. São Paulo: Revista dos Tribunais, 2011, p. 544: "O art. 514, II, CPC, impõe ao recorrente o ônus de contrastar efetivamente a sentença nas suas razões recursais. Já se decidiu que 'ao interpor o recurso de apelação, deve o recorrente impugnar especificamente os fundamentos da sentença, não sendo suficiente a mera remissão aos termos da petição inicial e a outros documentos constantes dos autos" (STJ, 5ª Turma, REsp.722.008/RJ, DJ 11.06.2007).

[117] BARBOSA MOREIRA, op. cit., 2005, p. 666.

[118] ARRIBAS, op. cit., p. 121.

bilidade –, em outros, não, passando tais expressões a representar conteúdos jurídicos diferentes. Assim, quando o relator nega seguimento porque o recurso é manifestamente improcedente, o enunciado decisório ganha corpo de improcedência do recurso, equiparando-se ao juízo colegiado de enfrentamento de seu mérito, da questão posta no recurso, ao efeito de negar provimento à irresignação.

2.1.2. Prejudicialidade

Prejudiciais são os fatos que se superpõem, em matéria recursal, à interposição do ato recursivo, obstaculizando-lhe a regular tramitação, seja por perda do objeto, seja pela ocorrência de fato superveniente (artigo 462 do CPC[119]),[120] merecendo registro dizer que ao relator negar seguimento ao recurso, por entender que este se encontra prejudicado, ainda se está em sede de exame de juízo de admissibilidade.

O sentido da expressão prejudicado está intimamente ligado ao interesse de recorrer. Desaparecendo esse, o recurso não mais se sustenta juridicamente. Muitas podem ser as causas que levem ao reconhecimento de prejuízo do recurso. A reforma da decisão atacada pelo juízo *a quo*, quando exercido pelo primeiro grau o juízo de retratação, em sendo esse viável frente à lei processual (*v.g.*, decisões interlocutórias),[121] o acordo firmado pelos litigantes sobre o objeto do recurso, a desistência expressa ou tácita da ação ou sua extinção por causa superveniente, são as hipóteses mais comuns para se ter o recurso como prejudicado.

Nenhum prejuízo acarreta às partes nem à consistência da decisão monocrática do relator, nesses casos, afeto às garantias do processo, atendendo a norma procedimental a exigência de um processo efetivo

---

[119] O artigo 462 do CPC dispõe: "Se, depois da propositura da ação, algum fato constitutivo, modificativo ou extintivo do direito influir no julgamento da lide, caberá ao juiz tomá-lo em consideração, de ofício ou a requerimento da parte, no momento de proferir a sentença". ARRIBAS, Bruno Felipe da Silva Martin de. Decisão monocrática relatorial: Análise do art. 557 do Código de Processo Civil. *Revista da Esmape*: Escola Superior da Magistratura do Estado de Pernambuco, Recife, v. 9, n. 20, t.1, p. 105, jul/dez, 2004, edição especial.

[120] ARRIBAS, op. cit., p. 105.

[121] Causa específica de irresignação prejudicada, embora superveniente à distribuição do recurso no segundo grau, é na hipótese de agravo de instrumento, quando, mesmo recebido e processado o recurso, sobrevém comunicação do juízo *a quo* noticiando que houve o juízo de retratação. Embora, nesses casos, por já estar tramitando o recurso, possa ser o mesmo incluído em pauta e submetido ao colegiado, mas ao efeito de ser, por tira de julgamento, julgado prejudicado, já que obstaculizada o exame do mérito do recurso. Tanto quanto possível, recomenda a prática processual e a celeridade do processo que monocraticamente o relator se faça valer do disposto no *caput* do art. 557, julgando prejudicado o agravo de instrumento, com as consequências processuais que de tal decisão decorrem, independentemente de seu estágio procedimental.

e célere. Se a razão que sustenta a irresignação desaparece, não há porque prosseguir com o *iter* recursal.

A perda de objeto ocorrente no curso de ação já intentada sempre foi bastante tormentosa na doutrina e na jurisprudência, ao efeito de seu devido enquadramento na lei processual. Uma vez provocada a jurisdição com o ajuizamento da ação, superada a fase inicial de juízo prévio sobre a validade do processo intentado e sobre a presença, em tese, das condições da ação, libera-se a ordem de citação do réu. Contudo, podem sobrevir fatos supervenientes que modifiquem aquele estado inicial de regularidade, especialmente no que diz com a legitimidade de partes e o interesse de agir. Correções e adequações do polo ativo ou passivo por fato superveniente que altere a legitimidade de partes são recepcionadas com a sucessão ou substituição de partes, o mesmo não acontecendo com o interesse de agir.

O interesse de agir se submete ao crivo judicial já na propositura da ação, sem embargo de vir tal insuficiência reconhecida em sentença final, até porque as hipóteses mencionadas são de ordem pública, submetendo-se à regra do art. 267, IV, do CPC.[122]

Mas quando no curso do processo se dá fato superveniente que esgota, por si só, o enfrentamento de mérito do conflito, resultando na figura identificada como perda de objeto, orienta-se a melhor doutrina pela extinção do processo com fundamento no art. 267, VI, do CPC. Alguns exemplos são esclarecedores: demanda que visa à busca e apreensão de bem móvel que sofre perda ou deterioração material integral; mandado de segurança que discute a legalidade de edital de licitação quando o próprio processo que autoriza a licitação dos serviços é tornado sem efeito; ação condenatória que visa à satisfação de um crédito oriundo de um contrato, quando este contrato é anulado em ação distinta, por invalidade na sua constituição, etc.

Se a perda de objeto é da própria ação intentada, desaparece o interesse de prosseguir com o feito até decisão final de mérito, sob pena de ofensa ao princípio da utilidade do processo. A manifestação judicial ao efeito de composição do conflito não mais se faz necessária, o que se resolve no âmbito das condições da ação.

Mas se a perda de objeto diz com o recurso, a solução prevista na lei é o exame de sua inadmissibilidade, que pode, a exemplo das demais causas apontadas, ser enfrentada, pela simplificação do procedi-

---

[122] Art. 267, inc. VI, CPC: Extingue-se o processo, sem resolução de mérito: (...) quando não concorrer qualquer das condições da ação, como a possibilidade jurídica, a legitimidade das partes e o interesse processual.

mento e celeridade processual, singularmente pelo relator do recurso, nos termos que o art. 557 do CPC, em comento, dispõe.

Esse exame de admissibilidade pode tanto se dar liminarmente, ao receber o recurso no segundo grau, como posteriormente, no curso do recurso, mas sempre antes de enfrentar o mérito recursal, isso é, antes de seu julgamento, seja esse monocrático ou colegiado. Trata-se de pronunciamento judicial que põe fim ao recurso, ainda que não adentre nas razões e nas postulações deduzidas pelo recorrente, que ficam prejudicadas face à nova situação, fática ou jurídica, que se impõe à pretensão recursal.

Uma vez decidido o recurso, seja pelo seu provimento, provimento parcial, ou desprovimento, não há mais que falar em perda de objeto e consequente inadmissibilidade recursal, porque essa só tem sentido exatamente se for enfrentada e decidida antes do enfrentamento da questão posta ao reexame.

A regra estimula não só a solução do recurso pendente, de forma célere e simples (decisão que dispensa maiores perquirições e fundamentos) como a própria administração do volume total de processos que são submetidos à apreciação judicial dentro de uma determinada unidade jurisdicional (câmara, turma ou grupo).

2.1.3. Improcedência

O Direito, como ciência, se vale da taxonomia, isso é, do conhecimento ou técnica que engloba identificação, descrição, nomenclatura e classificação do objeto estudado. Nesse sentido, os termos utilizados no Direito, ainda que careçam de um sentido unívoco, devem ser manejados com a maior precisão possível, a partir de uma identificação, descrição e classificação imprimidas ao objeto identificado por aquela nomenclatura.

O sentido da palavra *procedência* e *improcedência* está fundamentalmente comprometido com o julgamento do mérito das ações submetidas ao Judiciário. Procedente é o pedido do autor, quando acolhido na sentença; improcedente é o pedido do autor, quando sua tese de defesa é desacolhida pelo julgador.

No âmbito recursal, o exame de mérito da irresignação (que não se confunde com o mérito da ação, como já se viu em capítulo anterior) se resolve pelo provimento ou desprovimento do recurso. Exatamente porque nem sempre o mérito do recurso se confunde com o mérito da ação proposta, justifica-se que a terminologia utilizada se valha de expressões distintas, como prover ou não prover o recurso.

O art. 557 do CPC, porém, prevê a hipótese de *manifestamente improcedente* ao efeito de o recurso interposto ter negado o seu seguimento. Aqui, a palavra *improcedente* deve ser compreendida como *desprovimento*, isso é, quando o recorrente carecer de razão no mérito recursal, porque infundados os motivos pelos quais impugna a decisão recorrida.[123]

A rigor, a hipótese de desprovimento – a que se contrapõe a de provimento – do recurso pressupõe o trâmite completo de seu *iter*, apresentadas as razões do recorrente e as razões do recorrido. Aplicando-se a regra do art. 557, ora mencionado, às apelações, esse contraditório já estaria superado, porque se cuida de procedimento que tem seu curso no primeiro grau, subindo os autos à instância recursal para o reexame com o recurso integralmente preparado e arrazoado. E, se reconhecida a manifesta improcedência, estaria o relator autorizado a desde logo a decidir o recurso, adentrando em seu mérito, independentemente da participação plena do colegiado. Mas, aplicada tal regra aos agravos de instrumento, o julgamento de manifesta improcedência dar-se-á sem o contraditório, porque o recurso ainda não fora submetido à apresentação de contrarrazões ou, se for o caso, à própria intervenção do Ministério Público. Contudo, o que sustenta, nesse caso, a regra é a circunstância de não haver prejuízo para o recorrido, uma vez que a solução imprimida é pela recusa da irresignação.

Segundo Bruno Felipe da Silva Martin de Arribas, o relator, ao receber por distribuição o feito e deparando-se com lide reiteradamente decidida pelo órgão colegiado em tal ou qual sentido, será induvidosamente proveitosa para ambas as partes a pronúncia liminar no recurso, dando-lhe o merecimento *ab origine* visível, reconhecendo-lhe a improcedência ou mesmo a procedência se a contrariedade for da decisão.[124] Rui Fernando Hübner, destacando que é curioso o silêncio da doutrina em relação ao exame de hipótese de recurso manifestamente improcedente, também se orienta para concluir que o recurso é manifestamente improcedente quando a pretensão recursal nele deduzida já se encontra superada, sobretudo nos tribunais superiores ou no Supremo Tribunal Federal.[125]

---

[123] BARBOSA MOREIRA, op. cit., p. 666.

[124] ARRIBAS, op. cit., p. 108.

[125] HÜBNER, Rui Fernando. Julgamento de recurso por decisão monocrática: Tendência no direito processual civil brasileiro e recorribilidade das decisões. *Revista Processo e Constituição*. Porto Alegre, UFRGS. Faculdade de Direito, n. 2, p. 272, maio, 2005.

Contudo, sem embargo de concordarmos com a utilidade de tal providência, entendemos que a manifesta improcedência não está comprometida necessariamente com o fato de aquele órgão fracionário já ter enfrentado anteriormente a mesma matéria posta no recurso de forma reiterada. Na verdade se detectam no mínimo duas situações distintas, a autorizar o julgamento pela improcedência liminar: a) reiteração de julgados que não tenham, ainda, sido objeto de apreciação pelas instâncias superiores ou reprodutoras de decisões já sumuladas ou configuradoras de jurisprudência dominante do próprio tribunal local, mas que já demonstram, por si mesmas, orientação firmada pelo órgão fracionário a quem coube o julgamento do recurso; b) casos levados a reexame que se mostram desgarrados por si próprios do direito alegado ainda que não representem controvérsias reiteradas. Dizendo de outra forma, o tema *sub judice* pode até ser incomum, singular enquanto dado quantitativo, bastando que a pretensão deduzida seja divorciada, a olhos vistos, do que se tem por direito concebido. Ter-se como improcedente uma pretensão não significa que já se enfrentou a matéria anteriormente. É um juízo de valor emitido sobre a problemática levantada e tanto pode se dar em juízos de reexame de decisões interlocutórias, objeto de agravo de instrumento, como de sentenças extintivas ou de mérito, objeto de apelações.[126] Em ambas as hipóteses, o relator está autorizado a negar seguimento ao recurso com fundamento na manifesta improcedência.

Tratando-se, porém, de matéria que se encerra em jurisprudência dominante ou súmula dos tribunais superiores ou dos tribunais locais, a negativa monocrática de seguimento não se enquadra na manifesta improcedência, mas na ofensa a precedente, tema que será objeto de análise no próximo item.

2.1.4. Contrariedade do recurso à orientação dominante dos tribunais

A fundamentação do decidir com base em súmula ou jurisprudência dominante tanto pode ocorrer em sede de juízo de admissibilidade (*v.g.*, cabimento de recurso, Súmula 118, do STJ: o agravo de

---

[126] Inúmeros exemplos podem ser citados: recurso contra decisão que indefere prova pericial em ação cuja controvérsia é exclusivamente matéria de direito; extinção de processo porque reconhecida a ausência de condição ou condições da ação e o recurso se volta a repetir o que já foi exposto na decisão recorrida à exaustão em perfeito enquadramento; sentença de mérito proferida com base em fatos confessados e a irresignação se volta exclusivamente contra a verdade dos fatos. Cediço que há recursos que gritam pela litigância de má-fé, ensejando inclusive a aplicação das sanções pertinentes, comparecendo exclusivamente com o objetivo de procrastinar o processo. Tais hipóteses se enquadram na manifesta improcedência.

instrumento é o recurso cabível da decisão que homologa a atualização do cálculo da liquidação), como em sede de mérito, ao efeito de negar seguimento ao recurso interposto (onde efetivamente se concentra a força desse dispositivo). Talvez seja, de todas as hipóteses previstas no *caput* do art. 557, ora em comento, a mais importante, capaz, de por si só, estabelecer um novo paradigma recursal.

Nunca, em tempos mais ou menos remotos, tanto se investiu na obediência verticular entre as decisões de primeiro grau, as decisões dos tribunais locais e as decisões dos tribunais superiores, numa massificação de enunciados jurídicos que culminam por ser mais vinculantes que o próprio texto legislativo. O assunto ganhou foro constitucional com o instituto da repercussão geral e da súmula vinculante, estendendo-se ao Superior Tribunal de Justiça, que passou a se fazer valer de súmulas e precedentes vinculantes conforme art. 543-C do CPC, tudo no mesmo alinhamento: os juízes locais devem submeter-se às orientações firmadas pelos tribunais superiores nas matérias que lhe são afetas.

Se a regra, por si só, não é desmerecedora de valor (em tendo as últimas instâncias já decidido o conflito num determinado sentido, nada recomenda que nas instâncias locais prossiga-se decidindo de forma contrária), por outro é assustadora a centralização de poder, até porque qualquer demanda, em tese, pode levantar uma questão constitucional ou uma questão federal, desafiando a jurisdição de tais tribunais. Mas a reflexão que se impõe é se essa bandeira é absoluta, ilimitada ou deve sofrer uma redução em seu módulo, de forma a preservar o que é mais caro na organização de um Estado federalista, democrático e naturalmente pluralista: as instâncias locais, onde de fato tudo acontece: as relações jurídicas, as situações jurídicas, os conflitos, a construção de uma solução próxima às partes e às peculiaridades que o caso concreto possa ostentar. Esse equilíbrio, nada fácil de ser alcançado, deve ser o norte a conduzir o processo hermenêutico que o Direito sustenta.

Postas essas premissas, a leitura do artigo sugere um tratamento similar entre as hipóteses de súmula e jurisprudência dominante, ou seja, em ambos os casos o relator está habilitado a julgar monocraticamente, negando seguimento ao recurso.

Contudo, nesse contexto, Wanessa de Cássia Françolin bem destaca que súmula e jurisprudência dominante possuem conceitos distintos. A súmula consiste em um "critério objetivo de análise, que tem requisitos para sua edição e é facilmente identificada, ao passo que a jurisprudência é circunstancial, e a aferição da jurisprudência dominante exige um trabalho de pesquisa nos repertórios de jurisprudência dos tribunais".[127] Aliás, é também nesse sentido a lição de Luiz Guilherme Marinoni e Daniel Mitidiero:

> Jurisprudência pacífica é aquela que não encontra oposição séria dentro do Tribunal em que formada. Normalmente acaba enunciada sob a fórmula de súmula. Jurisprudência dominante é aquela que predomina na orientação da Corte, ainda que exista outra orientação igualmente ponderável em contrário.[128]

Na prática forense, não raramente, as expressões "jurisprudência dominante" e "jurisprudência pacífica" são utilizadas como sinônimos. Entretanto, sustentar que determinada jurisprudência é majoritária importaria em um prévio e árduo trabalho de aferição nos repertórios dos respectivos tribunais. Assim, visando a viabilizar ao julgador a aplicação da norma prevista no artigo em comento, há que se considerar "jurisprudência dominante" aquela que predomina num determinado sentido, mesmo existindo decisões contrárias. Se a parte litigante não concordar com o entendimento do relator poderá demonstrar a sua irresignação interpondo recurso para julgamento pelo colegiado.

Caio de Azevedo Trindade refere que para se garantir a segurança jurídica do jurisdicionado, mister um critério objetivo para se determinar a verificação da existência de jurisprudência dominante, propondo "que os órgãos colegiados (Turmas, Seções, Órgãos Especiais) publiquem suas orientações jurisprudenciais, para garantir publicidade e segurança ao jurisdicionado".[129] Na verdade, essa publicidade até existe, porque as decisões ganham ampla divulgação em boletins e outras vias de comunicação, o problema é que o seu volume passa por uma infinidade de questões, tanto de ordem processual como substancial, que dificulta eventual ementário, ao contrário das súmulas, que sempre são utilizadas de forma mais franciscana.

A decisão do relator com base em "súmula" ou "jurisprudência dominante", em verdade, visa a um comprometimento com o fortalecimento (e mais que isso, vinculação) das decisões uniformizadas nos Tribunais Superiores, mantendo o exercício jurisdicional sob um determinado controle – e controle pelos órgãos jurisdicionais superiores, o que assume importância em nosso sistema de distribuição de poderes segundo o princípio federativo garantido histórica e constitucionalmente.

A redação atual do art. 557 foi dada, como já registrado anteriormente, pela Lei n. 9.756/1998. Posteriormente, sensível ao fenômeno das ações e, bem assim, dos recursos repetitivos, o legislador pátrio

---

[127] FRANÇOLIN, op. cit., p. 81.
[128] MARINONI; MITIDIERO. *Código de Processo Civil comentado artigo por artigo*, op. cit., p. 604.
[129] TRINDADE, op. cit., p. 51.

editou nova lei, a Lei n. 11.672/2008, que introduziu o procedimento a ser adotado nesses casos, tema que será mais adiante abordado, instituindo o chamado precedente paradigmático, com significativo efeito vinculativo. De qualquer sorte, cumpre aqui adiantar que o art. 543-C, regulamentado pelo predito diploma legal, também se reflete sobre a decisão monocrática a ser proferida pelo relator, no enfrentamento de recursos que aportarem à corte, quando os mesmos contrariarem julgamento paradigmático proferido à luz do referido dispositivo, autorizando, na mesma medida, o pronunciamento monocrático de negativa de seguimento do recurso. Ou seja, o julgamento monocrático no sentido de negar seguimento ao recurso encontra fundamento em súmula, em precedente paradigmático ou em jurisprudência dominante.

Arrematando, constitui-se de mais um instrumento a centralizar a afirmação da orientação jurisprudencial, operando neste caso a desconfiança que o sistema recursal carrega quanto à decisão de grau inferior em detrimento dos tribunais locais, de maneira a permitir uma revisão com maior pluralidade de intervenções. Não se trata de criticar o sistema eleito como bom ou ruim, certo ou errado, porque qualquer sistema acolhido sempre poderá ser visto pelo seu prisma positivo ou negativo, na premissa de que inexiste sistema perfeito, mas de se ter presente as consequências da eleição feita: a concentração de poderes nas esferas superiores vem em detrimento ao federalismo e traz embutido em si um custo temporal maior.[130]

No que diz com a jurisprudência dominante do Tribunal local, por vezes o juízo monocrático extrapola os termos da lei processual, adotando orientação que encontra respaldo no micro-organismo da câmara ou turma – invariavelmente confirmada pela composição trina –, referindo entendimento pacificado no órgão que integra, dando, assim, uma interpretação mais ampliativa ao disposto no artigo, que refere jurisprudência dominante do respectivo tribunal, o que por certo não é a mesma coisa. Trata-se de prática processual que, se de um lado traz maior celeridade ao julgamento, de outro impede que a questão possa ser mais bem reavaliada, quiçá com argumentos novos trazidos pelo recorrente, naquele restrito colegiado.

De qualquer sorte, a decisão de uma câmara pode não corresponder ao entendimento de outra ou outras câmaras, perdendo a consis-

---

[130] No cotidiano forense, hodiernamente, já se qualificam tribunais locais como *tribunais sobrestados*, especialmente na esfera de competência dos tribunais regionais federais, considerando a especificidade da matéria que lhes é afeita, recepcionando conflitos onde a principal controvérsia é de direito, a ensejar ou discussão constitucional ou discussão de direito federal. Ou seja, tais tribunais (na medida do sobrestamento) nada mais decidem, passando a exercer uma função de rito de passagem.

tência pretendida, principalmente em decisão que por sua força pode afastar a participação do colegiado. Em conclusão, a orientação pode acusar uma exacerbação do exercício do juízo monocrático a ser praticado em sede de instância recursal, sequer amparado na lei.

Nesse sentido, Theotonio Negrão sustenta que para que o relator possa, monocraticamente, negar seguimento ao recurso, a jurisprudência dominante deve estar de acordo com a jurisprudência do respectivo tribunal, mesmo sendo esta discordante da jurisprudência do STJ ou do STF,[131] o que mais reforça o entendimento que o juízo monocrático há de se respaldar em precedentes mais genéricos e abrangentes, o que excluiria apenas o entendimento do órgão fracionário, o que se agudiza especialmente em tribunais de grande dimensão.

Pensamento que caminha no mesmo fio é o de Rui Fernando Hübner ao ponderar que de nada adianta o julgador preservar um posicionamento isolado, eis que, assim, anda na contramão dos princípios de celeridade e de efetividade do processo:

> De efeito, uma vez que a pretensão recursal encontra guarida nos tribunais superiores e/ou no Supremo Tribunal Federal, é certo que a parte que teve o seu recurso obstaculizado por decisão solitária do relator interporá agravo (conforme previsto no § 1º do art. 557, CPC) perante o colegiado de 2º grau e, posteriormente, recurso para o tribunal superior e/ou para o Supremo Tribunal Federal.[132]

Ainda que não se estimule os juízos monocráticos exclusivamente fundados em orientação firmada pela câmara ou turma, haverá vezes que não se mostra a adoção dessa técnica desarrazoada. Explica-se. Determinado tema passa a ser submetido, de forma reiterada, a julgamentos pelo tribunal local. Não há, ainda, sobre esse tema, precedentes nos tribunais superiores, não estando, também, o mesmo pacificado no tribunal local. O microcolegiado enfrentou a questão e definiu a orientação a ser adotada. O recurso interposto não oferece nenhuma novidade em relação aos anteriores, já julgados. Frente a tais circunstâncias, não se apresenta desgarrada do formato legislativo a prolação de decisão monocrática para negar seguimento ao recurso.

O contrário, porém, é, para dizer o mínimo, desaconselhável. Certamente, salvo raras exceções, decidir de forma contrária à súmula apenas obriga à interposição de recurso, pela parte vencida. Consoante entendimento de Luiz Guilherme Marinoni, "se é o Superior Tribunal de Justiça quem dá a última palavra em relação à interpretação da lei federal, qual é a racionalidade de se dar ao juiz o poder de proferir uma

---

[131] NEGRÃO, Theotonio (org.). *Código de Processo Civil e legislação processual em vigor*: atualizada até 10.02.2005, 37. ed. São Paulo: Saraiva, 2005, p. 670.

[132] HÜBNER, op. cit., p. 282.

decisão que lhe seja contrária?". As decisões que afrontam súmulas dos tribunais superiores soam como um lamentável exercício de rebeldia, que só se transforma em realidade no caso em que a decisão estadual ou regional se tornar coisa julgada diante da falta de preparo dos advogados em empregar os devidos recursos para corrigir a interpretação extravagante.[133]

Portanto, ainda que ao relator em tribunal de segundo grau seja possível se valer da "jurisprudência dominante" para negar seguimento a recurso, terá que atentar se a súmula ou jurisprudência dominante de seu tribunal está de acordo com o entendimento do tribunal superior ou do Supremo Tribunal Federal, até por coerência ao sistema vigente, se, à evidência, existir pronunciamentos antecedentes pelas instâncias superiores.

Mas presentes essas diversidades de situação, forçoso concluir que a ampliação dos poderes do relator visa a limitar o excesso de recursos, diminuir o conhecido volume do trabalho dos tribunais, locais e superiores, e objetivar maior celeridade na obtenção da prestação jurisdicional definitiva.

2.1.5. Contrariedade da decisão recorrida à orientação dominante dos tribunais

A adoção de decisão monocrática prevista no art. 557, § 1º-A, diz com o provimento liminar do recurso interposto, nos seguintes termos:

> Se a decisão recorrida estiver em manifesto confronto com Súmula ou com jurisprudência dominante do Supremo Tribunal Federal, ou de Tribunal Superior, o relator poderá dar provimento ao recurso.

Até então, todas as previsões anteriores não contemplavam a hipótese de o recurso ser julgado procedente pelo relator, só regulamentando solução contrária, isso é, o seu desprovimento, a ensejar negativa de seguimento, porque trazia o recurso em sua gênese a manifesta improcedência ou a contrariedade da pretensão deduzida em relação à orientação jurisprudencial, sumulada, dominante e, mais recentemente, objeto de precedente paradigmático.

Houve, portanto, uma significativa extensão do poder jurisdicional do órgão monocrático. Por um lado, pode-se dizer que se atende

---

[133] MARINONI, Luiz Guilherme. Ações repetitivas e julgamento liminar. Páginas de Direito. Editores José Maria Tesheiner e Mariângela Milhoranza. Disponível em: <http://www.tex.pro.br/wwwroot/00///Acoes_Repetitivas_LGM.php>. Acesso em 30.04.2013.

uma razão lógica, qual seja, a de que quem tem poder para julgar improcedente ou desprover um recurso, terá, também, o de julgar procedente a pretensão, ou seja, prover a irresignação.

O poder do relator nesses casos, contudo, está limitado aos recursos contra as decisões que contrariarem tão somente súmula ou jurisprudência dominante do Supremo Tribunal Federal ou de Tribunal Superior, aí não se incluindo súmula ou jurisprudência do tribunal local. Por força da introdução do art. 543-C do CPC, antes noticiada, também com fundamento em precedente obrigatório estaria, à evidência, legitimado o relator a decidir monocraticamente em favor do recurso.

Com esse formato, abre-se um espaço para que a divergência entre a posição adotada pelo juiz de primeiro grau e a interpretação imprimida pelo relator não se esgote no julgamento monocrático, obrigando a intervenção do colegiado. A limitação da previsão da decisão monocrática, no caso, funciona quase que como uma cláusula de reserva, obrigando o colegiado a se manifestar quando o magistrado *a quo* decide divergindo do entendimento pacificado pela instância *ad quem,* seja ao efeito de manter, seja ao de reformar a decisão recorrida, desde que a questão ainda não tenha sido objeto de pronunciamento pelos tribunais superiores, de forma sólida e firme.

Também na hipótese de provimento do recurso, porque a decisão recorrida ofende à súmula, jurisprudência dominante, precedentes paradigmáticos dos tribunais superiores, a exemplo do que já foi mencionado no item anterior, em especial à prática de ser manejado o exercício do juízo monocrático, há situações em que a decisão se ampara exclusivamente na orientação jurisprudencial do próprio órgão fracionário, isto é, câmara ou turma a que está afeto o recurso interposto. Não havendo quaisquer razões para tratar diferentemente as hipóteses, as razões e críticas que foram deduzidas quando se deu a abordagem da negativa de seguimento aqui se repetem, talvez até com maior intensidade, na medida em que se para negar seguimento ao recurso autoriza-se fundamentar a decisão em súmula ou jurisprudência dominante do tribunal local, para dar provimento sequer essa hipótese é aventada na lei processual, no âmbito do juízo monocrático.

De qualquer sorte, a comunidade jurídica, de um modo geral, tem se deixado entusiasmar pelas decisões monocráticas nos tribunais, não sendo incomuns casos em que o recorrente, expressamente, requer a aplicação da regra do art. 557, § 1º-A, do CPC, postulando o julgamento liminar e singular pelo provimento do recurso, amparando seu pedido com indicações jurisprudenciais expressadas no mesmo sentido do recurso, às quais a decisão de primeiro grau não acatou. A aceitação dessa técnica deixou de se voltar exclusivamente para os órgãos julgadores, como forma de administração das atividades judiciais, para também ser almejada pelos seus destinatários – as partes, o que demonstra sua importância no sistema processual.

2.2. O recurso da decisão monocrática

Como visto, o art. 557, *caput* e § 1º-A, do CPC, contempla as hipóteses de negativa de seguimento e provimento liminar do recurso interposto – seja ele agravo de instrumento ou apelação –, pelo relator, de forma monocrática e liminar, não configurando a única hipótese de decisão monocrática nos tribunais, outras sendo previstas, como é o caso do art. 532,[134] que prevê o agravo contra o ato decisório que não recebe o recurso de embargos infringentes, ou o agravo do art. 544,[135] voltado a combater a inadmissibilidade do recurso extraordinário ou recurso especial pela instância local.

Contudo, o que o *caput* e seu § 1º-A do art. 557 concedem, em termos de celeridade processual, o § 1º do mesmo dispositivo freia, ao contemplar a via expressa de irresignação pelo agravo, assim redigida a disposição:

> Da decisão caberá agravo, no prazo de 5 (cinco) dias, ao órgão competente para o julgamento do recurso, e, se não houver retratação, o relator apresentará o processo em mesa, proferindo voto; provido o agravo, o recurso terá seguimento.

Trata-se da previsão legal de um recurso dentro de outro recurso, por isso na prática forense muito se fez e ainda se faz uso da expressão *agravo interno*. E como recurso previsto expressamente na lei processual, merece ser o mesmo objeto de estudo.

2.2.1. Natureza jurídica

Sem dúvida que se trata de recurso, assim previsto expressamente na lei processual. É ato processual praticado pela parte – que há de deter legitimidade e interesse para recorrer, nos termos do art. 499 do CPC[136] –, que se irresigna contra decisão judicial que lhe causa decai-

---

[134] Art. 532. Da decisão que não admitir os embargos caberá agravo, em 5 (cinco) dias, para o órgão competente para o julgamento do recurso.

[135] Art. 544. Não admitido o recurso extraordinário ou o recurso especial, caberá agravo nos próprios autos, no prazo de 10 (dez) dias.

[136] Art. 499. O recurso pode ser interposto pela parte vencida, pelo terceiro prejudicado e pelo Ministério Público.

mento, provocando não propriamente outra instância recursal, mas um novo julgamento sobre a negativa de seguimento ou sobre o provimento desde logo reconhecido, com imediata remessa ao órgão colegiado competente (câmara ou turma). O interesse de recorrer está para o recorrente que teve seu recurso abortado, pela negativa de seguimento, ou para o recorrido, caso o recurso tenha sido desde logo provido.

Atende, portanto, o requisito da taxatividade e da adequação, na medida em que há de voltar-se contra a decisão monocrática que nega seguimento ao recurso ou que lhe dá provimento (leia-se, recurso principal), não podendo conviver com qualquer outro recurso, por força do princípio da singularidade. Sujeita-se às regras do art. 499 do CPC, liberando-se, porém, do preparo, já que não há previsão para tanto. Deve a irresignação, outrossim, estar atenta à tempestividade, cumprindo ao recorrente interpor o recurso no prazo de 5 (cinco) dias.

Dos demais pressupostos recursais, conforme a razão da negativa de seguimento ou de seu desprovimento liminar, cumpre relativizar a profligação. Rigorosamente, aquele que maneja o agravo do § 1º do art. 557, se na petição recursal se limitar a postular o julgamento pelo colegiado, com atendimento dos demais pressupostos, já teria atendido os requisitos legais para sua interposição, com consequente conhecimento, processamento e julgamento. Isso porque a regra nos julgamentos é a colegialidade e não a decisão singular. Dizendo de outra forma, não poderia o colegiado limitar-se a não conhecer do recurso interposto porque não profligada a decisão recorrida. O não conhecimento é conclusão que se mostra viável e possível, mas nas demais hipóteses, tais como, ofensa ao prazo legal, ilegitimidade ou falta de interesse de agir, inadequação do recurso.

Nessa última hipótese – inadequação do recurso – o julgamento, desde que seja pelo órgão colegiado, pela inadmissibilidade se mostra pertinente quando o recurso do art. 557, § 1º, do CPC, for manejado para combater decisão monocrática que se ampara no art. 527, II ou III, do CPC, sabidamente decisões previstas na lei como irrecorríveis, e que não se enquadram na hipótese legal do recurso de agravo inominado ou interno, ora em estudo. Embora o tema seja polêmico, defendendo Dierle José Coelho Nunes a inconstitucionalidade do parágrafo único do art. 527 do CPC, pela quebra dos princípios da colegialidade, do contraditório, do juiz natural e do direito constitucional ao recurso,[137] é perfeitamente aplicável o juízo de inadmissibilidade do recurso por

---

[137] NUNES, Dierle José Coelho. Colegialidade das decisões dos tribunais – sua visualização como princípio constitucional e do cabimento de interçosição de agravo interno de todas as decisões monocráticas do relator, Revista IOB de Direito Civil e Processual Civil, v. 1, n. 1, jul, 1999, p. 56.

ofensa ao princípio da taxatividade. Nesse sentido e como contraponto, oportuno registrar que nos casos de conversão do agravo de instrumento em agravo retido e de (in)deferimento do efeito suspensivo, não se está ofendendo o princípio da colegialidade, mas apenas postergando-se no tempo a intervenção do colegiado, que culminará por acontecer quando do julgamento da apelação ou do próprio agravo de instrumento; também não se está vedando o contraditório, porque sequer esse é o momento da parte adversa se manifestar, tendo o recorrente se feito valer, ao recorrer, de todas as razões e fundamentações que entendeu deduzir, até porque não existe emenda do recurso; quanto ao juiz natural, o relator a quem couber a condução do recurso não pode ser considerado como juiz não natural e, insiste-se, o órgão colegiado oportunamente atuará nesse recurso, também essa garantia constitucional restando devidamente preservada; e, por derradeiro, cediço que o ato de recorrer é ônus da parte e não um direito potestativo, absoluto e ilimitado, como parece defender o articulista.

É fato que se tem admitido, nesses casos em que não há previsão de recurso processual, o manejo do agravo regimental.[138] Contudo, trata-se de recurso distinto ao previsto no art. 557, § 1º, do CPC, cuja fonte não é a lei processual, mas os regimentos internos dos tribunais e que já por isso ganha uma dignidade processual distinta.

De qualquer sorte, são poucas, mas não menos valorosas, as vozes que retiram do agravo do art. 557, § 1º, do CPC, a natureza de recurso, defendendo tratar-se de mero mecanismo de integração da decisão, a exemplo de José Carlos Barbosa Moreira,[139] destacando Alexandre Freitas Câmara que a discussão não é meramente acadêmica, chamando a atenção para eventual cobrança de preparo, passível de ser exigida na hipótese de recursos, o mesmo não valendo para petições em geral.[140]

De qualquer sorte, a medida prevista no art. 557, § 1º, do CPC, contém em si todos os requisitos ínsitos aos recursos, como antes já delineado, atendendo por excelência o pedido de reexame, afastando enquanto tramita e até o seu julgamento a preclusão da decisão recorrida e provocando a jurisdição, senão de outro órgão julgador, pelo menos do colegiado do qual integra o relator, autor da decisão impugnada.

---

[138] ALMEIDA, José Antônio. Ampliação dos poderes do relator e o agravo interno no CPC. *Revista Jurídica Consulex*, Ano VII, n. 165, 30 de novembro/2003, p. 51.

[139] BARBOSA MOREIRA, José Carlos. Algumas inovações da Lei 9.756 em matéria de recursos civis. *Temas de Direito Processual*, 7ª série, São Paulo: Saraiva, 2001, p. 76

[140] CÂMARA, Alexandre Freitas. O agravo interno no Direito Processual Civil brasileiro. MEDINA, José Miguel Garcia *et al.* (coord.). *Os poderes do juiz e o controle das decisões judiciais*: estudos em homenagem à Professora Teresa Arruda Alvim Wambier. 2ª tir. São Paulo: Revista dos Tribunais, 2008, p. 612.

Por muito menos, os embargos de declaração foram tipificados, no Código de Processo Civil, como recurso, não configurando a "delegação" do poder, originalmente a ser exercido pelo colegiado, ao relator, em situações precisas, limitadas e previstas taxativamente no texto legislativo, uma causa de exclusão do agravo do rol dos recursos. Seria argumento frágil e sem maior sustentação jurídica. Acompanha-se, nesse diapasão, a maioria da doutrina que não encontra dificuldade de ver no agravo do art. 557, § 1º, do CPC, mais um recurso a ser incluído no seu extensivo rol.

Apenas para não deixar *in albis*, não é o agravo em estudo o único recurso isento de custas e, portanto, da exigência de preparo. O mesmo ocorre com os embargos de declaração, embora nesses a isenção venha expressamente prevista na lei processual, e com os agravos dos arts. 532 e 544 do CPC. Na verdade, a exigência de preparo decorre da regra do art. 511 do CPC,[141] e do princípio que cabe àquele que provoca a atividade jurisdicional (primeiro grau ou instâncias recursais) arcar com as despesas correspondentes. Contudo, a imposição de custas é matéria que, em geral, foge às regras processuais, cumprindo às normas de organização judiciária estabelecer sua incidência e quantificação. E organização judiciária é de competência legislativa, no caso da Justiça Estadual, de cada unidade federativa, mediante lei estadual, e na hipótese das justiças federais (comum, do trabalho ou militar) à lei federal que as organize. Não se conhece, porém, de ato legislativo determinando a incidência de custas sobre o agravo em análise, havendo um consenso que esses agravos *internos (v.g.* interpostos no âmbito de outro recurso), não se sujeitariam a preparo. Mais expedito seria se o próprio CPC, a exemplo do que fez com os embargos declaratórios, cuidasse de excluir a exigência de preparo em tais casos.

Conforme pesquisa realizada entre os anos de 2003 e 2010, por Leslie Shérida Ferraz, junto ao Tribunal de Justiça do Rio Grande do Sul, tendo por objeto a decisão monocrática do relator, no caso de agravo de instrumento, e o respectivo agravo interno, os dados coletados "demonstram que o grau de impugnação das monocráticas é de, em média, 30% – tendo variado, no período, entre 24,1 e 36,7%".[142]

Afirma, ainda, a pesquisadora, que o índice de impugnação das decisões monocráticas apresentado pelo Tribunal gaúcho é muito próximo ao do Tribunal de Justiça do Rio de Janeiro, que apresentou, no ano de 2008, 35,3% de agravos internos.

---

[141] Art. 511. No ato de interposição do recurso, o recorrente comprovará, quando exigido pela legislação pertinente, o respectivo preparo, inclusive porte de remessa e de retorno, sob pena de deserção.

[142] FERRAZ, op. cit., p. 53, conforme tabela inserida no item 1.6 deste livro.

Em sendo confirmados tais números em períodos mais recentes e em outras unidades jurisdicionais, a amostragem ganha relevância ao efeito de consagrar a técnica processual de julgamentos monocráticos nos tribunais, apenas superando-se alguns impasses ao seu aperfeiçoamento, como é o caso de expressa previsão de isenção de preparo. Legitima-se, nesse universo, a decisão monocrática na medida em que entre 60 a 70% dos destinatários dessa decisão, embora contando com recurso previsto no ordenamento processual, dele não fazem uso, conformando-se com o julgamento monocrático que lhes é desfavorável.

Oportuno registrar que a decisão monocrática que não se submeter validamente ao recurso do agravo, transitará em julgado para todos os efeitos, fazendo-se substituir a decisão de primeiro grau recorrida, pela decisão monocrática do relator, na forma do art. 512 do CPC.[143] Ou seja, atua como decisão proferida pelo Tribunal, irrelevante que tenha sido prolatada de forma singular. Por outro lado, não configurando *única ou última instância,* não admitirá recurso extraordinário ou recurso especial. A parte – recorrente ou recorrido – que tiver a ambição de provocar as instâncias superiores, só poderá fazê-lo se interpor o recurso de agravo do art. 557, § 1º, do CPC, provocando a indispensável intervenção do colegiado, aí sim, preenchendo o requisito de causa decidida em única ou última instância.

2.2.2. Efeito suspensivo

O agravo em comento submete-se, por regra geral, ao duplo efeito, isso é, uma vez recebido e encaminhado ao colegiado, a decisão monocrática do relator *sub judice* nenhuma consequência terá sobre o recurso interposto, seja ele apelação, seja agravo de instrumento.

A questão do efeito suspensivo deve ser compreendida no âmbito do recurso principal, isso é, tratando-se de apelação, se essa foi recebida em duplo efeito, e o relator monocraticamente, negar seguimento ao recurso, o duplo efeito originário prosseguirá até que, interposto o agravo interno ou inominado de que aqui se cuida, seja a decisão monocrática confirmada ou reformada pelo órgão fracionário. O contrário também é verdadeiro, isso é, se a apelação – que fora recebida no duplo efeito – for reformada singularmente pelo relator, tendo o apelado interposto o agravo interno, a situação das partes permanece em *stand by* até que o colegiado se manifeste.

---

[143] Art. 512. O julgamento proferido pelo tribunal substituirá a sentença ou a decisão recorrida no que tiver sido objeto de recurso.

Na hipótese inversa, *v.g.* a apelação foi recebida no efeito meramente devolutivo, a principal consequência é que a sentença possa ser desde logo executada, ainda que provisoriamente. Julgada a apelação na forma do art. 557, *caput*, mas interposto pelo apelante o agravo interno ou inominado de seu § 1º, ainda assim prossegue no primeiro grau a execução provisória da sentença até que o agravo seja julgado pelo órgão fracionário, de forma colegiada. Não muda nada se a apelação foi monocraticamente reformada, com base no art. 557, § 1º-A, do CPC. Interposto o agravo, resta suspensa a decisão monocrática, de sorte que prosseguirá, no juízo *a quo*, o cumprimento forçado da sentença.

Na verdade, só a decisão monocrática do relator não recorrida – portanto, transita em julgado – ou o julgamento colegiado da câmara ou turma é que pode produzir algum efeito sobre a decisão do juiz de primeiro grau que foi objeto de recurso.

Um pouco diferente é a situação do recurso de agravo de instrumento, chamando-se a atenção que, nesse caso, é ao próprio relator que cabe decidir sobre os efeitos em que o recurso principal é recebido, de sorte que fica a questão dos efeitos prejudicada sempre que o relator concluir pelo julgamento monocrático, irrelevante se sua decisão for para negar seguimento ou dar provimento ao recurso. Assim, em sendo interposto recurso pela parte vencida, instaura-se uma defasagem temporal entre a interposição do recurso principal, seu julgamento monocrático, interposição do agravo do § 1º do art. 557 e o julgamento pelo colegiado. E este limbo temporal não tem qualquer previsão expressa para sua regulamentação, salvo a aplicação da regra geral de que agravo de instrumento não se sujeita ao efeito suspensivo, autorizando, portanto, o imediato cumprimento da decisão do juízo de primeiro grau. Ou seja, enquanto os recursos tramitam, permanece hígida a decisão do juízo *a quo*. Em caso de urgência, cumprirá à parte interessada (recorrente principal ou recorrente do agravo interno) postular que haja manifestação, pelo relator, concedendo ou não efeito suspensivo, relativamente à decisão de primeiro grau, recorrida e ainda *sub judice* no tribunal. Mas mesmo assim, o efeito suspensivo será em relação ao agravo de instrumento, não ao agravo do parágrafo único do art. 557.

2.2.3. Juízo de retratação e procedimento

Tratando-se, como é o caso, de decisão monocrática delegada pelo próprio texto processual ao relator, nada impede que o mesmo exerça o juízo de retratação, se provocado pela parte interessada.

Importante registrar que o mero pedido de retratação não configura recurso e, portanto, não tem o efeito de impedir o trânsito em julgado da decisão. De sorte que a parte interessada há que recorrer mediante o agravo do § 1º do art. 557 e, cumulativamente, postular o juízo de retratação.

Em sendo exercido o juízo de retratação, cumpre ao relator, na hipótese de apelação, preparar o seu voto e incluir o processo em pauta de julgamento; se agravo de instrumento, recebê-lo, especificar os efeitos em que é recebido, determinar, se for o caso, que o juízo *a quo* preste informações e ordenar a intimação do agravado para responder ao recurso, ficando, de qualquer sorte, prejudicado o recurso de agravo do § 1º do art. 557. O que prevalecerá, é o recurso principal, que seguirá seu rito tradicional, como se não houvesse sido prolatada decisão monocrática.

Apenas para registro, remota a possibilidade de que o juízo de retratação seja exercido de ofício. É preciso se ter presente que o recurso também se resolve pela máxima *o que se dá ao autor, se retira do réu e vice-versa*. Cabe ao julgador, independentemente da instância judicial, violar-se, partir-se entre as pretensões deduzidas, acolhendo aquela que, por força de convicção devidamente fundamentada, lhe parecer mais adequada. De sorte que, posicionando-se num sentido, por força de sua convicção, qualquer alteração não provocada deve ser muito bem fundamentada e esclarecida, pena de prejuízo à segurança jurídica. Admite-se, mais por excesso de zelo, que o relator venha, ainda monocraticamente, reconsiderar a sua decisão, caso detecte, por exemplo, um erro material cuja força e extensão respondam pela orientação adotada na decisão monocrática. Nesse sentido, aplicar-se-ia, aqui, analogicamente, a regra do art. 463, I, do CPC.[144]

Quanto ao procedimento, há algumas divergências doutrinárias. O texto normativo é franciscano, limitando-se a dizer que se não houver juízo de retratação pelo relator "o relator apresentará o processo em mesa, proferindo voto" e, se provido o agravo, o recurso principal terá seguimento. Não impõe, portanto, a oitiva do recorrido. Mas o fato é que debate interessante se instala quanto à (des)necessária abertura do contraditório no âmbito do agravo interno.

Nesse fio, a indispensabilidade da participação do recorrido encontra defensores na doutrina. Assim, para Alexandre Feitas Câmara, seguindo doutrina de José Carlos Barbosa Moreira, "recebido o agravo interno, deve-se dar vista à parte contrária, o que decorre do necessá-

---

[144] Art. 463. Publicada a sentença, o juiz só poderá alterá-la: I – para lhe corrigir, de ofício ou a requerimento da parte, inexatidões materiais, ou lhe retificar erros de cálculo.

rio respeito ao princípio constitucional do contraditório".[145] Agrega-se, conforme explica Rui Portanova, a oportunidade de influenciar o juiz não serve somente para que a parte tenha acolhidas as suas razões, ou veja desacolhidas as razões adversárias, mas, também, para gerar dúvidas no convencimento do julgador.[146]

No entanto, nem sempre a oitiva da parte adversa se fará necessária, sem que com isso haja ofensa ao contraditório. Por exemplo, na hipótese de ter o recurso negado seu seguimento, o agravo (art. 557, § 1º) provocará o reexame do conteúdo da decisão monocrática pelo colegiado. Com o seu provimento, na hipótese de apelação, o processo voltará ao relator para preparar o seu voto e reincluir em pauta de julgamento, intimando-se ambas as partes que poderão, então, fazer uso da palavra com a sustentação oral de suas razões.[147] Se o relator levar à sessão de julgamento não só o recurso de agravo interno, mas também a apelação (o que é pouco provável, mas não impossível), ambos os recursos terão que ser editalizados, observado o prazo legal, e, quando da sessão, vencido o agravo interno, pela desconstituição da decisão que negou seguimento ao recurso, deverá ser oportunizada às partes a sustentação oral em sede de apelação.

No caso de agravo de instrumento, anulada a negativa de seguimento, o recurso terá seu prosseguimento, com a intimação da parte agravada para oferecer suas contrarrazões.

Em sendo desprovido o agravo interno pelo colegiado, nenhum prejuízo advirá ao recorrido, respondendo pelo decaimento exclusivamente o próprio recorrente.

Como se vê, em nenhum desses casos há qualquer ofensa ao contraditório tão somente por não se dar vista do agravo interno ao agravado. A oportunidade para esse se manifestar se dará em tempo posterior e oportuno, se for o caso, atendendo-se por excelência a devida celeridade a ser imprimida a tais julgamentos.

Resta saber se no caso do recurso principal ser provido liminarmente (art. 557, § 1º-A) e contra essa decisão o recorrido, uma vez intimado da decisão, interpor agravo interno.

---

[145] CÂMARA, op. cit., p. 618.

[146] PORTANOVA, Rui. *Princípios do processo civil*. 3. ed. Porto Alegre: Livraria do Advogado, 1999, p. 161.

[147] Afirma, com razão, Alexandre Freitas Câmara, que "a decisão que dá provimento ao agravo interno, reforma (ou anula) a decisão monocrática do relator, mas não pode ser considerada, *tout court*, novo julgamento do recurso ou processo de competência do tribunal", lembrando que no caso de apelação, deverão os autos retornarem conclusos para o relator, voltando a julgamento, agora da apelação, em nova data, oportunidade em que os advogados das partes poderão fazer uso da palavra. Op. cit., p. 618.

Mais uma vez é de ser recuperado o *iter* procedimental. Interposto o agravo, sem retratação, sua inclusão em pauta, independentemente de contrarrazões pelo recorrente principal e agravado, pode levar ou ao seu provimento, hipótese que o recurso principal teria seguimento e em cujo bojo se daria o necessário contraditório e exercício de ampla defesa, ou ao seu desprovimento. E, nesse caso, também estariam preservadas tais garantias constitucionais, isso porque o recorrente principal teve oportunidade de deduzir suas razões quando da interposição do recurso, enquanto o recorrido, ao interpor o agravo interno, trouxe suas razões para impugnar a irresignação.

Em sede de recurso, o contraditório e a ampla defesa, em apertada síntese, se resolvem mediante as apresentações das razões do recorrente e das contrarrazões do recorrido. É assim na apelação, no agravo de instrumento, no agravo retido, nos embargos infringentes, nos recursos extraordinário, especial, ordinário e nos embargos de divergência.

O agravo do art. 557, § 1º, do CPC, é um recurso que acontece no seio do recurso principal, dentro do recurso principal, daí porque sua denominação pretoriana e doutrinária de *agravo interno*. O seu enfrentamento jamais se dá sem a participação de ambas as partes – recorrente e recorrido – apenas tais participações são manejadas em momentos distintos e de forma diversa do que nos recursos principais, onde acontecem através da petição recursal e da petição contrarrecursal, mas isso não significa que a decisão a ser proferida pelo colegiado – que é o que o agravo interno objetiva – seja proferida à revelia de uma das partes.

Por outro lado, não se pode olvidar que os julgamentos monocráticos e o próprio agravo que os combate têm como principal inspiração a celeridade processual, o que só pode ser alcançado se mantido um procedimento simples e concentrado, como o proposto na lei processual.

Athos Gusmão Carneiro propõe uma saída intermediária, sem, porém, desgarrar do que acima foi exposto:

> Quanto à ausência de previsão no sentido de "ouvida da parte contrária", parece-nos de regra razoável tal omissão, sob o argumento de que o contraditório já ocorrera quando do processamento do recurso objeto do julgamento monocrático do relator; todavia, se o julgamento singular foi "de mérito", não será demasia a abertura de prazo para a manifestação da parte adversa, a exemplo do procedimento habitualmente adotado (com base, a título de isonomia, na praxe forense) nos casos de embargos de declaração nos quais se busque, em caráter excepcional, a obtenção de efeito infringente.[148]

---

[148] CARNEIRO, Athos Gusmão de. Poderes do Relator e Agravo Interno – Arts. 557, 544 e 545 do CPC. *Revista Síntese de Direito Civil e Processual Civil*. Porto Alegre: Síntese, v. 1, n. 1, set/out, 1999, p. 17.

E mais. Não se pode perder de vista que se o colegiado enfrentar o mérito do recurso interposto, poderá se valer de fundamentos novos que, até então, não tinham sido deduzidos e/ou combatidos pelo recorrido – o qual sequer pode ter sido citado no processo de conhecimento, situação que pode gerar, aí sim, uma ofensa ao contraditório.

Por conseguinte, havendo nova argumentação, possivelmente haverá interesse de uma das partes litigantes na manutenção/reforma da decisão de primeiro grau. Nesta ocasião, há sim que ser oportunizado o contraditório. Frisa-se, a partir do momento em que a parte restou devidamente citada no processo de conhecimento e tomou conhecimento de todos os atos do processo passou a correr o prazo de 5 (cinco) dias para interposição do agravo interno, previsto no artigo 557, § 1º, CPC.

De forma que se pode, doutrinariamente, concluir que a regra geral é que o agravo do § 1º do art. 557, em consonância com os casos autorizadores de julgamento monocrático, supostamente evidentes, sem maior complexidade, já pacificados, a reclamar imediato pronunciamento, e com a celeridade que se propõe com a adoção dessa técnica de julgamento, não exige a abertura de prazo para oferta de contrarrazões, nada impedindo que, perante alguma situação que possa gerar prejuízo à defesa do agravado, se oportunize a sua participação, antes do julgamento colegiado.

O que se nos parece, contudo, indiscutível, é que o recurso de agravo interno, aí diferentemente do que acontece com os embargos de declaração, irrelevante se com ou sem pedido de efeito infringente, necessariamente deve ser editalizados previamente, prática que, por si só, não atrasa o andamento do recurso e ao mesmo tempo preserva a publicidade dos julgamentos, viabilizando que as partes compareçam à sessão e acompanhem o julgamento colegiado.

Mesmo que o texto legal mencione que o "relator apresentará o processo em mesa, proferindo voto", dando a entender dispensável a prévia editalização, tal prática é cerceadora e não coaduna com o devido processo legal, pois exclui as partes do que lhes é mais caro no âmbito recursal: o julgamento colegiado.

Uma vez interposto o recurso de agravo interno, há que se instaurar o juízo colegiado – único competente para conhecê-lo, provê-lo ou desprovê-lo. Não cumpre ao relator sonegar tal apreciação do colegiado, pois sua jurisdição monocrática esgotou-se com o pronunciamento firmado nos termos do art. 557, *caput* ou § 1º-A, do CPC, ressalvado eventual juízo de retratação.

Neste contexto, é por demais evidente que o direito da parte ao julgamento plúrimo, através da interferência do colegiado, deve ser realizado pelo órgão colegiado do tribunal, sem redirecionamento ao próprio julgador relator da decisão monocrática hostilizada. Do contrário, é flagrante ofensa ao devido processo legal, uma vez que sonegada a intervenção do órgão colegiado há, automaticamente, a manutenção do julgamento monocrático e, portanto, a impossibilidade de eventual interposição de recurso excepcional. Isto porque, ainda que tal decisão caracterize ofensa à lei federal ou à Constituição, não foi a mesma proferida em única ou última instância, de modo que não teria se exaurido a discussão sobre a matéria.

Como bem refere Pedro Miranda de Oliveira, "os recursos excepcionais só podem ser utilizados se esgotado o plano recursal comum. Não havendo mais a previsão de recurso para o órgão colegiado do próprio tribunal, está aberta a via de acesso direta às instâncias superiores".[149] Se cabe recurso ordinário perante o próprio Tribunal, e se este Tribunal, mesmo diante da interposição de agravo interno, reitera o julgamento monocrático outrora realizado, está se impedindo o acesso da parte às instâncias superiores, através de recurso extraordinário ou especial.

A violação acima identificada, além de ofender o devido processo legal, sonegando a intervenção do órgão colegiado, acarreta, automaticamente, a manutenção do julgamento monocrático e, portanto, na impossibilidade de eventual interposição de recurso excepcional. Isto porque, ainda que tal decisão caracterize ofensa à lei federal ou à Constituição, não foi a mesma proferida em única ou última instância, de modo que não teria se exaurido a discussão sobre a matéria.

Ainda quanto ao procedimento, cabem algumas palavras sobre o recurso de embargos de declaração.

Os embargos de declaração, cediço, visam à integração de decisão, sentença ou acórdão ao efeito de suprir omissão, afastar contradição, clarear obscuridade. Nesse sentido, o art. 535 do CPC,[150] que à evidência também se aplica às decisões monocráticas do relator, proferidas na forma do art. 557, do CPC. Assim, se a decisão monocrática mostrar-se contaminada por um ou mais dos vícios que sustentam os embargos de declaração, podem esses ser manejados pela parte interessada – recorrente ou recorrido, com vistas à correção do pronunciamento judicial.

---

[149] OLIVEIRA, Pedro Miranda de. O cabimento direto de recurso excepcional contra a decisão monocrática de conversão do agravo de instrumento em agravo retido. *Revista Brasileira de Direito Processual*, Belo Horizonte, v. 16, n. 64, p. 115-118, out./dez. 2008.

[150] Art. 535. Cabem embargos de declaração quando: I – houver, na sentença ou no acórdão, obscuridade ou contradição; II – for omisso ponto sobre o qual devia pronunciar-se o juiz ou tribunal.

Uma vez interpostos os embargos de declaração, como a decisão é solitária do relator, a ele e tão somente a ele cumpre decidir, também singularmente, o recurso interposto, seja para rejeitar, seja para acolher os embargos, suprindo omissão, afastando contradição ou clareando o que ficou obscuro.

Uma vez esgotado o *iter* dos embargos de declaração, com intimação de ambas as partes, abrir-se-á o prazo de 5 (cinco) dias para interposição do agravo do § 1º do art. 557, esse sim a ser dirigido para a câmara ou turma julgadora, como antes já defendido.

2.3. Multa prevista para recurso manifestamente inadmissível ou infundado

O § 2º do art. 557 prevê a imposição de multa para a hipótese de recurso de agravo manifestamente desprovido de amparo legal:

> § 2º Quando manifestamente inadmissível ou infundado o agravo, o tribunal condenará o agravante a pagar ao agravado multa entre 1% (um por cento) e 10% (dez por cento) do valor corrigido da causa, ficando a interposição de qualquer outro recurso condicionada ao depósito do respectivo valor.

A regra se volta ao agravo interno, regulamentado pelo § 1º do dispositivo em análise. Ser manifestamente inadmissível ou manifestamente infundado é um juízo de valor a ser emitido tão somente pelo próprio colegiado, quando do julgamento do agravo interposto. Não é, portanto, da esfera do relator, enquanto julgador monocrático, enquadrar o recurso como manifestamente inadmissível ou infundado, o que não impede que o mesmo, frente aos seus pares e por ocasião do julgamento colegiado, vote nesse sentido, propondo a incidência da multa nos termos em que é cominada. Aliás, como relator do processo, a ele, por excelência, cabe propor a aplicação da sanção no bojo do voto que levará à mesa de julgamento.

O provocar instância recursal através de recurso contaminado pela manifesta inadmissibilidade ou ausência de fundamento configura abuso do processo,[151] pelo manejo irresponsável e excessivo das vias recursais, em flagrante ofensa ao princípio da boa-fé no processo, que, registre-se, é dever das partes. Também o art. 17, VI e VII, do CPC,[152] confirma a vedação de comportamento malicioso em situações análo-

---

[151] Remete-se o leitor, para aprofundamento do tema, a ABDO, Helena Najjar. *O abuso do processo*. São Paulo: Revista dos Tribunais, 2007.

[152] Art. 17. Reputa-se litigante de má-fé aquele que: (...) VI – provocar incidentes manifestamente infundados; VII – interpuser recurso com intuito manifestamente protelatório.

gas, com a consequente punição em pecúnia, estabelecendo multa sancionatória para o litigante que assim agir.

Em se desenhando hipótese que autorize concluir pelo recurso malicioso, a sanção a ser aplicada é a prevista no parágrafo em comento, isto é, multa entre 1% e 10% sobre o valor da causa corrigido monetariamente. Trata-se de valor que pretende, a uma, ressarcir o agravado, beneficiário da multa, por ter que suportar o desdobramento do feito e o diferimento no tempo do trânsito em julgado da decisão recorrida, a duas, punir a parte vencida por ter se valido de recurso viciado.

Mas, talvez o mais importante é a regra que segue, estabelecendo que o não pagamento da multa representa obstáculo à interposição de qualquer outro recurso. Assim, não é só a multa enquanto prejuízo econômico, mas a exigência de seu pronto pagamento, independentemente de qualquer provocação do credor, pena de restar preclusa a decisão colegiada que apreciou o agravo interno. Dizendo de outra forma, se algum recurso pretende o agravante interpor da decisão colegiada, como recurso especial ou recurso extraordinário, deverá no prazo desse recurso efetuar desde logo e espontaneamente o pagamento da multa, pena de não ser o novo recurso conhecido. Regra, portanto, que agrega significativa eficiência ao comando jurisdicional.

Não tendo sido, porém, efetuado o pagamento da multa, com o consequente trânsito em julgado da decisão condenatória, poderá o agravado, munido de título executivo judicial, se valer do cumprimento forçado ou execução da sentença para obter o respectivo pagamento.

Embora salutar a previsão legal, ao que consta, na prática forense pouco se tem dela aproveitado. Nesse sentido, a pesquisa já citada neste trabalho, de autoria de Leslie Shérida Ferraz, no particular, concluiu que:

> (...) na época da coleta de dados, o sistema de informática do TJRS não era alimentado com esta informação, o que impossibilitou a extração dos respectivos relatórios.
>
> A totalidade dos Desembargadores entrevistados afirmou que raramente aplica a multa por recurso protelatório: (i) por se tratar de exercício regular do direito de recorrer; (ii) por ser difícil a sua comprovação; (iii) pelo fato de que esta decisão vai ser objeto de Recurso Especial ao STJ, sem, contudo, dirimir a controvérsia principal – tumultuando ainda mais o processo. Alguns afirmaram aplicar a multa, com baixa incidência, apenas no caso de demandas repetitivas e/ou recursos reiterados.[153]

Defendemos que os motivos para não aplicação da multa, de um modo geral, não se sobrepõem à utilidade de sua previsão, senão vejamos.

---

[153] FERRAZ, op. cit., p. 57.

Iniciando pelo último, impedir que haja mais um incidente processual, abrindo-se as portas para o recurso especial, é preciso relembrar que este recurso só pode ser recebido e processado se a multa já foi paga, caso contrário, ele há de ter o seu seguimento negado. E mais, o pagamento ainda terá que ser feito com a expressa advertência de que pretende discutir em sede de recurso especial a incidência da multa, pois pagar e recorrer contra a multa representa incompatibilidade com o ato de irresignação, a também permitir a negativa de seguimento do recurso, na forma do art. 503 e seu parágrafo único do CPC.[154]

O segundo motivo não procede minimamente. Julgar significa emitir decisão sobre todos os temas, processuais e materiais, postos ao julgador. E um dos temas, no caso, é o enquadramento ou não do recurso em manifestamente inadmissível ou infundado, não se podendo olvidar que a sua pura aceitação representa não apenas uma ofensa ao direito do recorrido, mas uma ofensa à própria dignidade da justiça.

Por derradeiro, recorrer não é um direito, é um ônus processual e representa responsabilidade processual. Postular em juízo, em primeiro ou segundo grau, é exercício de cidadania e não coaduna com a cidadania postulações infundadas, protelatórias, maculadas pela má-fé.

2.4. A decisão monocrática e o devido processo legal

A partir da Constituição de 1988, o tão prestigiado *due process of law* passou a constituir postulado fundamental do ordenamento jurídico pátrio, com a hierarquia de garantia constitucional.

A nossa Carta Política, em seu art. 5º, LIV, prevê que "ninguém será privado da liberdade ou de seus bens sem o devido processo legal", o que não deixa de ser pitoresco, pois os ingleses já em 1.215, na Magna Carta de João Sem Terra, contemplavam o *law of the land*,[155] estabelecendo a pedra basilar do devido processo legal como princípio a inspirar não só o processo, mas antes, a própria realização dos direitos materiais consagrados.

---

[154] Art. 503. A parte que aceitar expressa ou tacitamente a sentença ou a decisão, não poderá recorrer. Parágrafo único. Considera-se aceitação tácita, sem reserva alguma, de um ato incompatível com a vontade de recorrer.

[155] Segundo Ruitemberg Nunes Pereira, a noção de devido processo legal, como cláusula de proteção contra tirania, remonta ao Édito de Conrado II (Decreto Feudal Alemão de 1037 d. C.), em que pela primeira vez se registra por escrito a ideia de que até mesmo o Imperador está submetido às leis do Império (PEREIRA, Ruitemberg Nunes. *O princípio do devido processo legal substantivo*. Rio de Janeiro: Renovar, 2005, p. 102).

Este princípio passou a ser contemplado ao longo dos tempos pelos diplomas constitucionais de feição democrática, com destacado marco histórico para sua adoção por Constituições dos Estados americanos, como a "Declaração dos Direitos" de Maryland, de 03.11.76, quando se fez expressa referência ao trinômio vida-liberdade-propriedade, absorvido posteriormente pela Constituição Americana de 1787, mantendo-se até os dias atuais.

Afirma-se, é verdade, que mesmo antes da atual Constituição, o Direito brasileiro já o contemplava, de forma indireta, na medida em que inúmeros princípios dele corolários vigoravam em nosso sistema até de forma expressa, tais como o direito à ampla defesa e ao contraditório.[156] Mas ainda assim, sua previsão na letra da Constituição é novidade da Carta Cidadã.

A definição deste princípio longe está de ser singela ou uma unanimidade de pensamentos. Embora a doutrina tenha dificuldades em demarcar precisamente o que compõe e o que não compõe o devido processo legal processual, certo é que esse tem um conteúdo mínimo sem o qual, evidentemente, se está a frustrar essa norma constitucional. Para Daniel Mitidiero, a fórmula mínima do devido processo legal processual brasileiro está em garantir-se a inafastabilidade da jurisdição, o juiz natural, a paridade de armas, o contraditório, a ampla defesa, a publicidade, a motivação da sentença e a duração razoável.[157]

Celso Ribeiro Bastos e Ives Gandra Martins ensinam que "o direito ao devido processo legal é mais uma garantia do que propriamente um direito", caracterizando-se "pela sua excessiva abrangência e quase se confundindo com o Estado de Direito", mostrando os constitucionalistas que através do princípio se protege a pessoa contra a ação arbitrária do Estado, de modo a se assegurar o princípio da legalidade, o que justifica o seu desdobramento em uma série de outros princípios, também contemplados especificamente pela Constituição.[158]

Vicente Greco Filho, após declinar os diversos princípios que inspiram o processo legal e a formação em concreto das demandas, entre os quais aponta o do contraditório, do dispositivo, do impulso oficial, da ordem consecutiva legal, da persuasão racional na apreciação da

---

[156] Esta interpretação provinha não só do fato de o princípio estar preconizado nos artigos 8º e 10 da Declaração Universal dos Direitos do Homem de 1948, como pela sistematização dos demais princípios que são enfeixados no devido processo legal. (PORTANOVA, Rui. *Princípios do processo civil*. 6. ed. Porto Alegre: Livraria do Advogado, 2005, p. 146.)

[157] MITIDIERO, Daniel Francisco. *Elementos para uma teoria contemporânea do processo civil brasileiro*. Porto Alegre: Livraria do Advogado, 2005, p. 44-45.

[158] BASTOS, Celso Ribeiro; MARTINS, Ives Gandra. *Comentários à Constituição do Brasil*. 2º Vol. São Paulo: Saraiva, 1989, p. 261/262.

prova, da oralidade e imediação, da publicidade, da lealdade processual, da economia processual, da pluralidade de graus de jurisdição, conclui que todos esses princípios foram equilibradamente dosados pelo legislador ao instituir o processo legal e os procedimentos, cabendo ao intérprete e aplicador manter esse equilíbrio de modo a que não se anule um deles à conta de acentuar um outro" e prossegue "é difícil dizer qual deles seja mais importante, porque o bom processo é o resultante da aplicação de todos equilibradamente, ou seja, entendidos no contexto geral e com o devido alcance".[159] É como se a soma de todos os demais princípios produzisse a garanta do devido processo legal.

Observa-se, por tais enfrentamentos, que se considera também como manifestação do devido processo legal o duplo grau de jurisdição. A partir daí é de se indagar eventual violação do princípio do duplo grau de jurisdição por conta da decisão monocrática relatorial.

Algumas premissas devem ser postas, ao efeito de bem responder a indagação. Primeiro, não há princípio absoluto ou que se manifeste de forma indiscutível e incontestável. Também os princípios – a exemplo das normas – podem colidir entre si, pois são enunciados abstratos que, frente a uma situação concreta, sugerem uma ponderação, fazendo com que um princípio possa ceder a outro em determinado ponto ou momento, num jogo de equilíbrio e harmonia. O exemplo mais gritante diz com o princípio do contraditório e da ampla defesa, que encontra limitações no devido processo legal e na efetividade da prestação jurisdicional, quando se afasta o contraditório e a ampla defesa em favor de um pronunciamento antecipatório ou ainda frente a um processo substancialmente sumário, como é o caso do mandado de segurança. Segundo, duplo grau de jurisdição não se satisfaz com a recorribilidade de todos os atos judiciais, convivendo, sem nenhum desgaste ao sistema, com algumas decisões irrecorríveis, a exemplo do que acontece com o deferimento ou indeferimento de efeito suspensivo no agravo de instrumento (art. 527, III, parágrafo único, do CPC).

E a doutrina não tem divergido, no particular, dessa compreensão, ainda que algumas resistências, especialmente em razão dos excessos, sejam ofertadas.

Nesse sentido, Nelson Nery Júnior, posicionando-se pela constitucionalidade e pela ausência de ofensa ao devido processo legal nos julgamentos monocráticos, destaca que "a lei ordinária conferiu ao relator poderes para, em decisão singular, indeferir, dar ou negar provimento a recurso, em atendimento ao princípio da economia processual.

---

[159] GRECO FILHO, Vicente. *Direito processual civil brasileiro*. 11. ed. São Paulo: Saraiva, Vol. 2, 1996, p. 88-94.

Caso o interessado não concorde com a decisão monocrática do relator, pode interpor recurso interno para o colegiado".[160] Presente, portanto, o equilíbrio entre os diversos princípios e garantias constitucionais que alimentam o processo legal, na previsão do juízo monocrático nos tribunais.

De sorte que é possível, sim, afirmar que a máxima do duplo grau de jurisdição encerra controle político e jurídico dos decisórios inferiores, importando em reexame de decisão e não necessariamente de colegialidade da reapreciação, pelo qual não há qualquer vulneração à amplitude de defesa e legalidade do processo resguardadas no art. 5º, LIV e LV, da Constituição Federal.[161]

Wanessa de Cássia Françolin sustenta que o princípio do duplo grau de jurisdição não desrespeita o devido processo legal, pois ainda que as partes não recorram da decisão monocrática do relator, já "houve a reapreciação da matéria decidida em primeira instância, de modo que, para fins de atendimento ao princípio do duplo grau de jurisdição, nem sequer é necessário que haja a reapreciação da decisão do relator pelo órgão colegiado".[162]

Não há regra específica na Constituição Federal de que as causas em tribunais devam ser julgadas por órgãos colegiados. Na verdade, consoante Eduardo Talamini, "é da tradição constitucional brasileira o julgamento colegiado em segunda instância". Todavia, prossegue o autor, "isto não impede que a lei delegue a prática de certos atos a um dos integrantes do colegiado – em regra, relator da causa".[163]

Na opinião de José Eduardo Carreira Alvim, com o aumento dos poderes do relator, obtêm-se decisões rápidas nos tribunais, ao mesmo tempo em que se descongestiona as pautas de julgamentos, sem comprometer a sua constitucionalidade; "se bem que, mesmo se não fosse admitido o chamado 'agravo interno', nenhum vício constitucional afetaria o preceito, mesmo porque ninguém tem direito a que a lei preveja o recurso, senão direito ao recurso que a lei prevê. A questão seria, pois, de estrita legalidade, e, jamais, de inconstitucionalidade".[164]

---

[160] NERY JUNIOR, Nelson. *Princípios do processo civil na Constituição Federal.* 6. ed. São Paulo: Revista dos Tribunais, 2000, p. 172.

[161] ARRIBAS, op. cit., p. 121.

[162] FRANÇOLIN, op. cit., p. 44-45.

[163] TALAMINI, Eduardo. A nova disciplina do agravo e os princípios constitucionais do processo. *Revista de Processo.* São Paulo, v. 80, p. 136, 1995.

[164] ALVIM, José Eduardo Carreira. Decisão monocrática nos tribunais e recurso de agravo interno. *Revista Dialética de Direito Processual.* São Paulo: Dialética, 2004. n. 20, p.31.

Conforme lição de José Carlos Barbosa Moreira,[165] o artigo 557 do Código de Processo Civil consagra a possibilidade do julgamento se dar por decisão monocrática do porta-voz do Colegiado, mas também que "o pronunciamento do relator não deve constituir necessariamente a última palavra sobre o assunto".

Neste contexto, havendo – como não raro ocorre – controvérsia quanto à matéria suscitada no recurso eventualmente posto *sub judice*, a situação não estaria alcançada pelos termos do juízo monocrático, o que tornaria impositiva a submissão da pretensão recursal ao exame do colegiado. Dizendo com outras palavras, ao estabelecer limites para o manejo da decisão monocrática, o relator estaria autorizado a decidir singularmente naqueles casos em que o vício processual do recurso é latente ou a sua decisão de mérito já é previamente conhecida pela reiteração do caso submetido aos tribunais locais ou superiores, a dispensar maiores dilações procedimentais ou debate plúrimo.

Malgrado o resultado proveitoso trazido pela decisão monocrática, fato é que determinadas e relevantes questões, sobretudo relacionadas ao próprio mérito da lide, bem como as colocações duvidosas, para maior segurança jurídica, devem ser elucidadas por órgão colegiado.[166] Ou seja, o colegiado é a regra, o juízo monocrático é a exceção.

Como qualquer outro direito, também a plenitude do direito de defesa não é infinita e merece ser analisada em visão de conjunto. Certamente "poucos fatos são tão lamentados pelo cidadão quanto o reconhecimento tardio e inútil de seu direito. A injustiça, nessas hipóteses, ocorre duas vezes: pela ameaça ou agressão pretérita e pela resposta jurisdicional tardia e ineficaz".[167]

Dalmo Dallari bem pondera que "em nome da plenitude do direito de defesa e da garantia de uma decisão imparcial, vêm-se sobrecarregando e complicando os mecanismos judiciários, contribuindo consideravelmente para que ações judiciais sejam caras, demoradas e, frequentemente, se afastem do ponto central do litígio".[168]

Mas também é possível agregar-se valores à técnica dos julgamentos monocráticos. Para Luiz Guilherme Marinoni, a aplicação do juízo monocrático tem efeito pedagógico importante, uma vez que desestimula os recursos meramente protelatórios, os quais não são apenas muito frequentes, como também muito custosos para a administração

---

[165] BARBOSA MOREIRA. *Comentários ao Código de Processo Civil*, op. cit., p. 668.
[166] LESSA, Sebastião José, idem, p. 33.
[167] PORTO, Sérgio Gilberto, USTARRÓZ, Daniel. *Lições de direitos fundamentais no processo civil: o conteúdo processual da Constituição Federal*. Porto Alegre: Livraria do Advogado, 2009, p. 102-103.
[168] DALLARI, Dalmo. *Poder dos juízes*. 3. ed. São Paulo: Saraiva, 2008, p. 104-105.

da justiça. "Uma justiça congestionada, como é a brasileira, não pode continuar sendo complacente com os recursos abusivos e protelatórios, pois estes colaboram para tornar ainda mais inefetiva, lenta e cara a prestação jurisdicional".[169]

Na sistemática vigente, a ampliação dos poderes do relator é medida que atende a diversos fatores de ordem prática, especialmente a maior celeridade processual, e, tal como prevista no ordenamento jurídico, é medida constitucional, já reconhecida pelo Supremo Tribunal Federal.[170]

Entretanto, se o devido processo legal assegura ou deve assegurar às partes um processo ágil e expedito, isso não significa que deve ser atenuada ou mesmo abandonada a busca pela justiça material, pois por certo o prejuízo seria muito maior. O volume excessivo de recursos não pode implicar no exercício de uma jurisdição virtual, descontextualizada das características em que o conflito foi gerado, em prejuízo da própria natureza da atividade jurisdicional.

Por fim, de nada adiante obtermos um provimento judicial célere se este se afasta da adequação do direito ao caso concreto. Não se olvide que mais grave do que a interpretação equivocada do direito a ser aplicado é a interpretação equivocada do fato a ser submetido a julgamento, em nome da celeridade, arrostando flagrantemente o devido processo legal enquanto princípio a inspirar a obtenção de uma sentença materialmente justa, que é a essência do exercício jurisdicional e garantia de afirmação do próprio Estado democrático e social de Direito.

2.5. A decisão monocrática e o reexame necessário

O reexame necessário, no direito processual pátrio, decorre essencialmente da regra do art. 475 do CPC, embora também contemplado em leis especiais:

Art. 475. Está sujeita ao duplo grau de jurisdição, não produzindo efeito senão depois de confirmada pelo tribunal, a sentença:

I – proferida contra a União, o Estado, o Distrito Federal, o Município e as respectivas autarquias e fundações de direito público;

II – que julgar procedentes, no todo ou em parte, os embargos à execução de dívida ativa da Fazenda Pública.

---

[169] MARINONI, Luiz Guilherme. *Antecipação de tutela*. 11. ed. São Paulo: Revista dos Tribunais, 2009, p. 298-299.

[170] FRANÇOLIN, op. cit., p. 50.

§ 1º Nos casos previstos neste artigo, o juiz ordenará a remessa dos autos ao tribunal, haja ou não apelação; não o fazendo, deverá o presidente do tribunal avocá-los.

§ 2º Não se aplica o disposto neste artigo sempre que a condenação, ou o direito controvertido, for de valor certo não excedente a 60 (sessenta) salários mínimos, bem como no caso de procedência dos embargos do devedor na execução de dívida ativa do mesmo valor.

§ 3º Também não se aplica o disposto neste artigo quando a sentença estiver fundada em jurisprudência do plenário do Supremo Tribunal Federal ou em súmula deste Tribunal ou do tribunal superior competente.

Segundo Sérgio Shimura, no processo civil, o reexame necessário surgiu como forma de evitar o abuso, a desídia ou má-fé dos procuradores da Fazenda Pública, que deixavam de recorrer contra sentenças injustas proferidas contra os cofres públicos.[171]

Embora prerrogativa da Fazenda Pública de significativa discussão,[172] vem sendo o reexame necessário mantido nas legislações processuais, também conhecido o instituto como remessa oficial, remessa obrigatória, duplo grau de jurisdição obrigatório ou, incorretamente, de recurso de ofício.[173]

---

[171] SHIMURA, Sérgio. Reanálise do duplo grau de jurisdição obrigatório diante das garantias constitucionais. In: FUX, Luiz; NERY Jr., Nelson; WAMBIER, Teresa Arruda Alvim. *Processo e Constituição: estudos em homenagem ao professor José Carlos Barbosa Moreira*. Coord. Luiz Fux, Nelson Nery Jr. e Teresa Arruda Alvim Wambier. São Paulo: Revista dos Tribunais, 2006, p. 605.

[172] Para Hudson Emanuel Fagundes e Silva, a medida mais justa seria a extirpação de tal instituto do ordenamento jurídico pátrio, por total afronta à celeridade e isonomia processual (SILVA, Hudson Emanuel Fagundes e. O reexame necessário como condição de eficácia das sentenças proferidas contra a Fazenda Pública. Conteúdo Jurídico, Brasilia-DF: 01 set. 2011. Disponivel em: <http://www.conteudojuridico.com.br/?artigos&ver=2.33272&seo=1>. Acesso em: 18 fev. 2013).

[173] O reexame necessário está regulamentado no artigo 507 do projeto de novo Código de Processo Civil (PL n. 8.046-B), aprovado em 26.03.2014, a saber: "Art. 507. Está sujeita ao duplo grau de jurisdição, não produzindo efeito senão depois de confirmada pelo tribunal, a sentença: I – proferida contra a União, os Estados, o Distrito Federal, os Municípios e suas respectivas autarquias e fundações de direito público; II – que julgar procedentes, no todo ou em parte, os embargos à execução fiscal. § 1º Nos casos previstos neste artigo, ultrapassado o prazo sem que a apelação tenha sido interposta, o juiz ordenará a remessa dos autos ao tribunal; se não o fizer, o presidente do respectivo tribunal avocá-los-á. Em qualquer desses casos, o tribunal julgará a remessa necessária. § 2º Não se aplica o disposto neste artigo quando a condenação ou o proveito econômico obtido na causa for de valor certo e líquido inferior a: I – mil salários mínimos para União e as respectivas autarquias e fundações de direito público; II – quinhentos salários mínimos para os Estados, o Distrito Federal, as respectivas autarquias e fundações de direito público, e os Municípios que constituam capitais dos Estados; III – cem salários mínimos para todos os demais municípios e respectivas autarquias e fundações de direito público. § 3º Também não se aplica o disposto neste artigo quando a sentença estiver fundada em: I – súmula de tribunal superior; II – acórdão proferido pelo Supremo Tribunal Federal ou pelo Superior Tribunal de Justiça em julgamento de recursos repetitivos; III – entendimento firmado em incidente de resolução de demandas repetitivas ou de assunção de competência; IV – entendimento coincidente com orientação vinculante firmada no âmbito administrativo do próprio ente público, consolidada em manifestação, parecer ou súmula administrativa".

Mas no presente estudo importa analisar se em face da atual redação do artigo 557 do Código de Processo Civil, o relator poderá apreciar ou não monocraticamente o reexame necessário.

O Superior Tribunal de Justiça, no julgamento do Recurso Especial nº 156.311, em março de 1998, assim deliberou quanto aos poderes conferidos ao relator no caso do reexame necessário: "o vocábulo 'recurso' inserido no art. 557 do CPC deve ser interpretado em sentido amplo, abrangendo recursos – propriamente ditos – arrolados no art. 496 do CPC, bem como a remessa necessária, prevista no artigo 475 do CPC".[174] Aliás, o tema veio a ser objeto da súmula n. 253, cujo verbete está assim redigido: "O art. 557 do CPC, que autoriza o relator a decidir o recurso, alcança o reexame necessário".

Na visão de Rui Fernando Hübner, à luz do princípio da economia e da utilidade do processo, não se mostra ofensivo à lei a decisão do relator que aprecie solitariamente o reexame necessário. Caso contrário, sustenta o autor, "a inovação introduzida pela nova redação do art. 557 do Código de Processo Civil tornar-se-ia praticamente inócua, uma vez que a maior parte dos recursos que abarrotam os tribunais envolve o Poder Público. Além disso, criaria um privilégio sem limites, com a exclusão dessa forma simplificada de julgamento".[175] Com razão o autor, merecendo registro, conforme informações obtidas junto à pesquisa realizada pela Fundação Getúlio Vargas (FGV) – "Supremo em Números", o dado que o Poder Executivo é o principal usuário do Supremo Tribunal Federal. Os órgãos ligados ao Executivo Federal respondem por 90% dos processos levados ao Supremo Tribunal Federal, tanto na condição de autor, quanto como na de réu.[176] Ora, para tais processos aportarem no Supremo Tribunal Federal, via recurso extraordinário, por óbvio todas as etapas iniciais e intermediárias foram percorridas: propositura da ação, sentença, recursos, ora de agravo de instrumento, ora de sentenças, a exigir o pronunciamento das instâncias locais. De sorte que nada sugere a não aplicação do art. 557 do CPC naquelas

---

[174] BRASIL. Superior Tribunal de Justiça. Segunda turma. Recurso Especial nº 156.311. Relator Ministro Adhemar Maciel. Julgado em: 16.03.1998.

[175] HÜBNER, op. cit., p. 285.

[176] RIO DE JANEIRO, Fundação Getúlio Vargas Direito RIO (FGV). Pesquisa: Supremo em números. Apoio: Escola de Matemática aplicada – FGV. Coordenação: Paulo Cedreira. I Relatório – Autores: Joaquim Falcão; Paulo Cedreira; Diego Werneck. Rio de Janeiro, abr. 2011, p. 22. Observa-se que o "II Relatório do Projeto Supremo em Números", de agosto de 2013, também registra que o Poder Público, seja por meio de entidades da Administração Pública Direta e Indireta, seja por intermédio de entes políticos, está entre os principais litigantes do Supremo. In: FALCÃO, Joaquim... [et al.] *II Relatório Supremo em Números : o Supremo e a Federação*. Rio de Janeiro: Escola de Direito do Rio de Janeiro da Fundação Getulio Vargas, 2013, p. 61.

hipóteses ali tratadas, especialmente as que estão atreladas à jurisprudência dominante, matéria sumulada ou precedente paradigmático.

O único argumento em favor da não aplicação do art. 557 do CPC, nesses casos, seria o não reconhecimento do reexame necessário como recurso – no que a doutrina dominante não diverge –, na medida em que lhe faltam requisitos como taxatividade, voluntariedade, tempestividade, dialeticidade, legitimidade e preparo, caracteres típicos dos recursos. De qualquer sorte, o argumento é absolutamente teórico e formal, porque, ao fim e ao cabo, o instituto ensejará a intervenção de outro grau de jurisdição – os tribunais recursais locais – e o reexame da matéria por tais órgãos, e, enquanto isso não acontece, a decisão monocrática não estará acobertada pela preclusão, provocando as mesmas consequências que o recurso de apelação enseja.

2.6. O poder monocrático do relator e o Projeto do novo CPC

Avizinha-se um novo Código de Processo Civil, empreitada que teve início no ano de 2009, quando, por iniciativa do então Presidente do Senado, Senador José Sarney, foi instituída comissão de juristas responsável pela elaboração de um anteprojeto de um Código de Processo Civil, considerando que a Lei n. 5.869/73, que instituiu o estatuto em vigor, sofreu inúmeras alterações ao longo de mais de três décadas de sua vigência, sendo quase um consenso na comunidade jurídica a necessidade de estruturar um novo diploma que respondesse por um processo efetivo, tempestivo e adequado às novas realidades, que os conflitos subjetivos individuais ou coletivos impuseram às práticas processuais e ao exercício da jurisdição, cuja plenitude só se concretiza através da observância das garantias constitucionais.

Os trabalhos foram realizados em tempo exíguo, cerca de seis meses, sendo apresentado ao Senado Federal texto recepcionado pelo PL n. 166/2010, trabalhado e discutido naquela Casa e remetido à Câmara dos Deputados, dando origem ao PL n. 8.046/2010.[177] Após inúmeras discussões, inclusive com a participação da comunidade jurídica, foi na Casa dos deputados elaborado um substitutivo, identificado como PL n. 8.046-B, resultando a formatação de um novo Código de Processo Civil, contendo, ao total, 1.086 artigos, aprovado em 26.03.2014.

---

[177] MACEDO, Elaine Harzheim et al. (org.) *Comentários ao projeto de lei n. 8.046/2010* [recurso eletrônico]: proposta de um novo código de processo Civil. Dados Eletrônicos. Modo de acesso: <http:www.pucrs.br/edipucrs>, Porto Alegre: EDIPUCRS, 2012, p. 11.

Considerando o momento em que este trabalho está sendo desenvolvido e que o texto aprovado na Câmara dos Deputados ainda sofrerá desdobramentos, retornando ao Senado Federal, é sobre essa última redação que se debruçará este capítulo.

O poder monocrático do relator nos tribunais está regulamentado, de forma concentrada, no art. 945 do projeto, que compõe o Livro III (dos processos nos tribunais e dos meios de impugnação das decisões judiciais), mais precisamente no capítulo que cuida da ordem dos processos no tribunal.

A proposta foi aglutinar as diversas atribuições do relator num único dispositivo, aí enquadrando o seu papel maior de dirigir e ordenar o processo que lhe coube por distribuição, agregando, inclusive, a atividade probatória e a homologação da autocomposição das partes, e os já conhecidos poderes de julgamento preliminar e singular, conforme larga prática na legislação ainda vigente, a saber:

> Art. 945. Incumbe ao relator:
>
> I – dirigir e ordenar o processo no tribunal, inclusive em relação à produção de prova, bem como, quando for o caso, homologar autocomposição das partes;
>
> II – apreciar o pedido de tutela antecipada nos recursos e nos processos de competência originária do tribunal;
>
> III – não conhecer de recurso inadmissível, prejudicado ou que não tenha impugnado especificamente os fundamentos da decisão recorrida;
>
> IV – negar provimento a recurso que for contrário a:
>
> a) súmula do Supremo Tribunal, do Superior Tribunal de Justiça ou do próprio tribunal;
>
> b) acórdão proferido pelo Supremo Tribunal Federal ou pelo Superior Tribunal de Justiça em julgamento de recursos repetitivos;
>
> c) entendimento firmado em incidente de resolução de demanda repetitivas ou de assunção de competência;
>
> V – depois de facultada, quando for o caso, a apresentação de contrarrazões, dar provimento ao recurso se a decisão recorrida for contrária a:
>
> a) súmula do Supremo Tribunal Federal, do Superior Tribunal de Justiça ou do próprio tribunal;
>
> b) Acórdão proferido pelo Supremo Tribunal Federal ou pelo Superior Tribunal de Justiça em julgamento de recursos repetitivos;
>
> c) entendimento firmado em incidente de resolução de demandas repetitivas ou de assunção de competência;
>
> VI – decidir o incidente de desconsideração da personalidade jurídica, quando este for instaurado originariamente perante o tribunal;
>
> VII – determinar a intimação do Ministério Público, quando for o caso;
>
> VIII – exercer outras atribuições estabelecidas no regimento interno do tribunal.

A primeira constatação a ser feita é que o artigo em questão praticamente absorveu o que os atuais arts. 527 e 557 do CPC regulam, dando, porém, uma dinâmica mais organizada, a partir do que se propõe ser o iter procedimental dos processos (competência originária, recursos e incidentes) que tramitam nos tribunais, não disseminando em regras que tratam ora de um determinado recurso (agravo de instrumento, conforme art. 527), ora genericamente (apelação, agravo de instrumento, conforme art. 557), ora deixando uma lacuna para os processos de competência originária, a remeter o seu trato para os regimentos internos, esse último a ser mais adiante melhor explorado.[178]

Mas não se limitou a nova redação apenas a reunir tais disposições, indo além, prevendo a condução do processo frente a novas figuras processuais, como é o caso do incidente de resolução de demandas repetitivas, e propondo um procedimento mais afeito ao contraditório como adiante se verá.

Outra modificação é que o comando de *negativa de seguimento* desaparece para que o enfrentamento singular do recurso se resolva pelo *não conhecimento*, quando for o caso de recurso que não preencha os pressupostos recursais, ou de *negativa de provimento* ou *dando provimento*, ao enfrentar o mérito recursal, como de resto são as decisões colegiadas, ganhando também em técnica terminológica.

De qualquer sorte, toda a experiência e prática forense, bem como doutrina desenvolvida ao longo das últimas décadas sobre as decisões proferidas singularmente pelo relator permanecem úteis e perfeitamente aplicáveis, com um mínimo de adequação ao novo texto, até porque não foram produzidas alterações substanciais.

Nesse sentido, tentando sistematizar o rol de poderes monocráticos do relator, possível agrupá-los a partir da natureza da decisão a ser proferida:

a) *Decisões interlocutórias ou despachos, com vistas à condução do processo e resolução de questões incidentes*: incisos I (exceto parte final), II, VI, VII, VIII. Nesse grupo incluem-se, pois, a direção do processo bem como eventual produção de prova, especialmente nas hipóteses em que julgamentos são convertidos em diligências, hipótese não especificadamente tratada na lei processual, mas de larga utilização na prática forense. Tais regras tanto se prestam aos processos de competência originária como aos procedimentos recursais, não apresentando, na ver-

---

[178] A exemplo, a decisão monocrática que indefere a petição inicial, extinguindo desde logo o processo, nos casos de competência originária como ação rescisória, mandado de segurança, *habeas corpus* ou ação cautelar, que, na ausência de qualquer recurso previsto em lei, tem levado à (discutível) prática de manejo de agravo regimental.

dade, modificações significativas em relação ao sistema hoje adotado. O enfrentamento dos pedidos em sede de tutela antecipada, ou ainda a concessão do efeito suspensivo ao recurso que não o contemple expressamente, já é da tradição processual ser da alçada do relator. Nesse sentido os artigos 527, III, e 558 e parágrafo único, do CPC vigente.

Importante modificação vem no inciso VI do dispositivo em comento, abrindo espaço para que o incidente de desconsideração da personalidade jurídica seja instaurado originariamente perante o tribunal. No Livro III, que cuida dos sujeitos processuais, ainda na parte geral, mais especificamente nos artigos 133 a 137, o novo estatuto prevê a desconsideração da personalidade jurídica, estabelecendo que o respectivo incidente é cabível em todas as fases do processo de conhecimento, no cumprimento da sentença e na execução fundada em título executivo extrajudicial (art. 134), sem qualquer referência à instância recursal. O cotejo das disposições legais autoriza concluir que a hipótese do art. 945, VI, é restrita aos processos de competência originária dos tribunais, pena de supressão de instância caso o entendimento se alargasse para também admitir o incidente no curso de um recurso, como no de apelação.

Remanesce, ainda, a determinação de intervenção do Ministério Público, o que também é corrente, naqueles feitos em que o mesmo atua como fiscal da lei, tratando-se à evidência de despacho de mero expediente, e o exercício de quaisquer outras atribuições, especialmente oriundas dos respectivos regimentos internos, dada as peculiaridades que os processos que tramitam nos tribunais possam deter.

Inclui-se neste grupo a previsão, conforme art. 946,[179] de fato novo ou o exame de alguma questão a ser enfrentada de ofício pelo órgão julgador (por exemplo, ausência de pressuposto processual ou carência de ação) ainda não examinada nos autos, cumprindo ao relator despachar nesse sentido e abrir prazo para as partes, estabelecendo-se um contraditório no segundo grau ao efeito de o julgamento não causar surpresa às partes, especialmente a vencida.

b) *Decisão homologatória de autocomposição das partes*: inciso I, parte final. É da tradição do direito processual pátrio que a homologação de acordo firmado entre as partes representa sentença com resolução de mérito (art. 269, III, do CPC vigente, e art. 497, III, *b*, do Projeto), ensejando, inclusive, a fase de cumprimento de sentença caso o clausulado estabeleça prestações a serem cumpridas por um dos acordantes. Por

---

[179] Art. 946. Se o relator constatar a ocorrência de fato superveniente à decisão recorrida, ou a existência d questão apreciável de ofício ainda não examinada, que devam ser considerados no julgamento do recurso, intimará as partes para que se manifestem no prazo de cinco dias.

outro lado, o art. 530 do Projeto mantém a previsão atual de que o cumprimento da sentença compete aos tribunais, nas causas de sua competência originária; e nos juízos de origem, responsáveis pela decisão da causa no primeiro grau de jurisdição.

De sorte que competente para homologar a transação, sentença que resolve a lide, é o juiz da causa que dela cuida ou cuidou em seu primeiro grau de conhecimento e não dos juízes das instâncias recursais. Dizendo de outra forma, significa que estando em curso recurso no segundo grau de jurisdição, eventual acordo deverá ser levado a conhecimento e apreciação ao juiz de primeiro grau, remanescendo apenas para os tribunais as transações nas ações de sua competência originária. Admitir o contrário seria trazer para a esfera dos tribunais o cumprimento da sentença de transação, liberando o juízo de primeiro grau, nas causas de sua competência, tal fatia de jurisdição e, mais uma vez, suprimindo instância de conhecimento.

A simples inclusão, entre os poderes do relator, da atribuição de homologar a autocomposição não tem o efeito de modificar competências, especialmente entre dois graus de jurisdição, ficando a regra voltada para evitar, por exemplo, que em sede de ações originárias, uma vez compondo as partes o litígio, tenha que ser provocado o colegiado, podendo o relator decidir singularmente.

Não se ignora que a disposição, na forma como se encontra redigida, poderá ensejar compreensão diversa, entendendo-se que o relator pode homologar transação no âmbito dos feitos recursais, o que até se reveste de uma celeridade e presteza processual, mas ficará em aberto a questão da competência para fazer cumprir tal acordo, com seus inúmeros e subsequentes, se necessários, atos executivos.

c) *Juízo de inadmissibilidade do recurso*: inciso III. Aqui o texto oferece, genericamente, a ausência de pressupostos recursais ao efeito de se proferido o juízo negativo de admissibilidade, tais como intempestividade, ausência de preparo, inadequação do recurso interposto ou ainda ilegitimidade ou falta de interesse de recorrer. Não bastasse esses fundamentos, inclui o recurso prejudicado, que nada mais é que a presença de circunstâncias externas ao recurso, como reconsideração da decisão pelo juízo recorrido (quando se tratar de agravo de instrumento) ou a prática de atos incompatíveis com o recurso, como a aceitação da sentença. Tais previsões afinam-se, pelo menos em parte, à regra do atual art. 557, em seu *caput*, do CPC de 1973. Contudo, inova o legislador em trazer expressamente a hipótese de inadmissibilidade do recurso quando o recorrente deixa de profligar a decisão atacada, mostrando-se recurso inepto. Embora o texto hoje vigente não seja expresso, o sistema recursal autoriza – e muitas são as decisões nesse sentido – que o relator ou mesmo a Câmara deixe de conhecer recurso que não atende a exigência de profligação.

d) *Negativa de provimento*: inciso IV. São três os casos que autorizam o relator a liminarmente desprover o recurso: recurso contrário à súmula do Supremo Tribunal Federal, do Superior Tribunal de Justiça ou do próprio tribunal; recurso contrário a acórdão proferido pelo Supremo Tribunal Federal ou pelo Superior Tribunal de Justiça em julgamento de recuso repetitivo; recurso contrário ao entendimento firmado em incidente de resolução de demandas repetitivas ou de assunção de competência.

A primeira hipótese em nada inova o texto atual, mantendo as súmulas tanto dos tribunais superiores como dos tribunais locais como fundamento para negar, liminarmente, provimento – decisão que enfrenta o mérito do recurso – à irresignação, abortando desde logo todo o procedimento recursal. Porém, e aí inova em relação ao atual código, exclui a jurisprudência dominante como razão de proceder singularmente.

Cediço que entre súmula e jurisprudência dominante há uma distância que eventualmente pode até ser abismal, tanto em termos de tempo como de números de feitos, considerando as ações repetitivas e, consequente, os respectivos recursos repetitivos. Assim, se uma determinada matéria já estiver assentada no tribunal local ou nos tribunais superiores, em especial no que diz com o STJ, mas não tenha, ainda, sido objeto de súmula ou de julgamento pela sistemática dos recursos repetitivos, tecnicamente está afastada a hipótese de desprovimento liminar, carecendo o recurso ser processado e enfrentado pelo colegiado. Deu-se, no ponto, uma limitação do poder monocrático do relator. É de se indagar se houve efetivamente intenção de assim proceder ou, quiçá (talvez o mais provável) certa euforia e exagerada confiança nos procedimentos dos julgamentos dos recursos repetitivos e, no que aparece como novidade, do incidente de resolução de demandas repetitivas, que constituem os outros dois blocos autorizadores das decisões monocráticas de desprovimento do recurso.

No que diz com a introdução da hipótese de acórdão proferido pelo STF ou pelo STJ, em sede de julgamento de recursos repetitivos, apenas contemplou o novo texto expressamente o que o dispositivo hoje vigente não cuida, nem poderia, até porque sua redação (art.557, *caput*) atual decorreu da Lei n. 9.756/98, quase uma década antes das Leis n°s 11.418/06 e 11.672/08, que introduziram no Código a sistemática de julgamento nos recursos repetitivos. De qualquer sorte, a prática forense, por óbvio, já vinha motivando os julgamentos monocráticos para negar seguimento (expressão atualmente utilizada) em tais hipóteses, até porque ganham a mesma importância do que matéria sumulada, considerando a forte natureza vinculante que tais julgamentos operam.

Por derradeiro, aqui absoluta novidade do novo Código, o incidente de resolução de demandas repetitivas ou de assunção de competência, reguladas, respectivamente, pelos artigos 988 a 999 e 959 do PL 8046/B.

No primeiro caso, trata-se de tentativa de ainda nas instâncias recursais locais uniformizar o entendimento e as decisões em demandas repetitivas, quando presente o risco de ofensa à isonomia e à segurança jurídica, presente controvérsia sobre a mesma questão unicamente de direito.[180] No segundo, prevê-se uma forma de centralização de julgamento, pelo órgão que o Regimento do Tribunal determinar, quando o julgamento de recurso, de remessa necessária ou de causa de competência originária envolver relevante questão de direito, com grande repercussão social, sem repetição em diversos processos, cujo julgamento terá força vinculante aos demais juízes e órgãos fracionários. Em apertada síntese, nos limites deste trabalho, trata-se de uma nova roupagem ao atual art. 555, § 1º, do CPC, revisando-se o procedimento que fora instaurado pela reforma de 2001, ajustando-o às novas necessidades.

Importa registrar que ambas as hipóteses, de caráter vinculante, não poderiam deixar de estar arroladas, lado a lado às súmulas, pois a elas se equiparam em importância, como liberação para o julgamento monocrático de desprovimento do recurso que ofende tais precedentes.

e) *Provimento do recurso*: inciso V. Seguindo os passos da atual regência, o estatuto em gestação propõe o julgamento monocrático pelo provimento do recurso sempre que a decisão atacada for contrária à súmula do STF, do STJ e à súmula do próprio tribunal, inovando quanto a essa última hipótese, hoje não contemplada na lei processual. Também aqui, em harmonia com a previsão da negativa de provimento, foi excluída a cláusula da jurisprudência dominante como fundamento do decidir singular. As outras duas previsões dizem respeito, a exemplo, também, do desprovimento do recurso, aos precedentes estabelecidos em julgamentos pelas instâncias superiores em recursos repetitivos e aos entendimentos firmados no âmbito do incidente de resolução de

---

[180] Para aprofundamento do tema, remete-se o leitor para VIAFORE, Daniele. *As ações repetitivas no direito brasileiro*: com comentários sobre a proposta de "Incidente de Resolução de Demandas Repetitivas do projeto de novo Código de Processo Civil". Porto Alegre: Livraria do Advogado, 2014.

demandas repetitivas, que, se contrariados pelo juízo *a quo*, justificam o enfrentamento desde logo pelo relator, provendo-se o recurso que, ao fim e ao cabo, postula a resolução do conflito à luz do que já foi estabelecido pelos tribunais superiores ou recursais, mantendo-se, assim, uma certa unidade da ordem jurídica.

O que muda, nesses casos de provimento do recurso, é o procedimento, pois a decisão só será proferida depois de facultada, quando for o caso, a apresentação de contrarrazões, conforme *caput* do inciso V. Aqui importante deduzir-se alguns desdobramentos. Tratando-se, por exemplo, de apelação, que apenas é remetida à instância recursal após o devido contraditório recursal (razões e contrarrazões), fácil concluir que não seria o caso, pois dispensável mais uma manifestação da parte, já que nenhuma circunstância nova se faz presente. O mesmo poderia se concluir em relação aos recursos ordinários, especiais e extraordinários, também contraarrazoados na origem. Em ambas as hipóteses, mantém-se no novo texto o procedimento tradicional de recebimento e processamento nos juízos recorridos. Assim, forçoso concluir que a regra tem um único destinatário: o agravo de instrumento, esse sim, interposto pelo agravante diretamente ao tribunal recursal e que para adoção do contraditório submeter-se-ia ao disposto no art. 945, V. Contudo, de pouca ou nenhuma utilidade o julgamento antecipado pelo relator se reveste nesse caso, pois, não sendo hipótese de incidência do provimento monocrático, o relator deverá, por igual prazo, abrir para contrarrazões e, de imediato, encaminhar ao colegiado para julgamento. Dizendo de outra forma, excluída a possibilidade do efeito suspensivo e/ou antecipação de tutela, o procedimento do agravo de instrumento se torna o mesmo para autorizar a decisão singular ou para colocar em mesa de julgamento, com um sério gravame para a primeira hipótese, que é a incidência do agravo interno contra as decisões monocráticas, conforme art. 1.034. Dificilmente o relator correria o risco (de trabalho, registre-se) de ter que decidir o mesmo processo duas vezes: monocraticamente e depois no colegiado, por força do agravo interno, sem qualquer vantagem de custo temporal, já que o procedimento é o mesmo para o primeiro e para o segundo caso.

Com essas ponderações, o julgamento de provimento monocrático remanescerá, na praxe forense e no âmbito das instâncias locais, apenas em relação às apelações, já que dispensável a oitiva do recorrido, conforme o próprio texto legislativo ressalva.

Observa-se, ainda, que o Projeto do novo CPC inova ao prever a possibilidade do relator suspender a eficácia da decisão monocrática para o caso de embargos de declaração, a saber:

Art. 1.039. Os embargos de declaração não possuem efeito suspensivo e interrompem o prazo para a interposição de recurso.

§ 1º A eficácia da decisão monocrática ou colegiada poderá ser suspensa pelo respectivo juiz ou relator se demonstrada a probabilidade de provimento do recurso, ou, sendo relevante a fundamentação, houver risco de dano grave ou de difícil reparação.

Como pode ser observado, embora presentes novidades, na essência os julgamentos e decisões monocráticas pelo relator nos tribunais não sofreu alterações substanciais, o que faz legítimo discutir as regras hoje em vigor, facilitando, inclusive, a migração, quando chegar o momento, para o novo Código de Processo Civil.

2.7. O agravo interno e o Projeto do novo CPC

O agravo que no atual CPC está previsto no art. 557, § 1º, é contemplado no Projeto com a denominação que a prática forense lhe atribuiu: agravo interno.

Está previsto no art. 1.007, III, que cuida do rol de recursos existentes no processo civil pátrio, e vem regulado no art. 1.034 do Projeto aprovado pela Câmara dos Deputados.

Ao contrário da previsão atual, que o contempla apenas para as decisões que negam seguimento ou dão provimento monocraticamente ao recurso, sua abrangência envolve as decisões proferidas pelo relator, encaminhando-se o recurso para o órgão colegiado. E mais, como regulamento subsidiário, permanecem revalidados os regimentos internos de cada tribunal.

Nesse novo panorama, havendo decisões de cunho interlocutório, como examinado no subcapítulo anterior, também elas serão recorríveis por esta via. Ou seja, toda e qualquer decisão proferida pelo relator sujeita-se ao reexame pelo colegiado, situação que abre espaço, conforme já referido, ainda que de passagem, no item anterior, para discutir se a decisão singular que indefere petição inicial de processo de competência originária submete-se ou não a esse recurso. Pela redação proposta no Projeto, é possível enquadrar como decisão monocrática passível de agravo interno aquela que indefere petição inicial nos processos de competência originária, abandonando-se de vez a prática forense de se valer do agravo regimental (muito mais previsto para combater decisões dos órgãos monocráticos dos tribunais em processos de natureza administrativa) para o reexame de tais pronunciamentos.

Quanto ao procedimento a ser adotado, no § 1º do art. 1.034 passa-se a exigir expressamente a profligação, por parte do recorrente que se irresigna contra o ato judicial singular. Não basta, pois, a parte requerer o julgamento pelo colegiado, devendo opor-se, de forma fundamentada, à decisão proferida pelo relator.

Recebido o agravo interno pelo relator, abrir-se-á o contraditório, com intimação do agravado para oferecer contrarrazões, no prazo de 15 (quinze) dias, aliás, prazo comum dos recursos conforme dispõe o art. 1.016 e seu § 5º: *excetuados os embargos de declaração, o prazo para interpor os recursos e para responder-lhes é de quinze dias.*

Prevê, ainda, o novo estatuto, que é vedado ao juiz – leia-se, o relator – se limitar a reproduzir os fundamentos manejados para a decisão atacada, havendo, portanto, que responder à profligação que o agravo interno deve deduzir. Propõe-se aqui a dialeticidade entre a decisão, a irresignação, a resposta ao recurso e o novo pronunciamento, ainda que seja no mesmo sentido da decisão recorrida, como voto do relator.

Mantém-se a sanção pecuniária, com multa em favor do agravado, entre cinco e vinte por cento do valor da causa, se o agravo interno for declarado manifestamente inadmissível ou improcedente em votação unânime, o que não dispensa a devida fundamentação por parte do colegiado. Em relação à atual regulamentação, aumenta-se o valor da multa e regula-se com mais precisão a sua incidência, na expectativa de manter as irresignações dos litigantes em nível de boa-fé processual. Nesse fio, prossegue-se condicionando a interposição de outros recursos ao depósito prévio do valor da multa cominada, excetuando-se o beneficiário de gratuidade da justiça e da Fazenda Pública, que farão o pagamento ao final. Discutível de legitimidade a regra de exceção porque certamente litigância de boa-fé – que em última análise é o que se pretende com tais cominações – não são exigências aplicáveis apenas ao litigante comum, devendo ser igualmente cobrada dos que se beneficiam da gratuidade – até porque o processo não é gratuito, sempre havendo quem, ao fim e ao cabo, arque com as respectivas custas e despesas, se mais não for, o contribuinte genericamente falando – ou o próprio Estado, representado pela Fazenda Pública, que acima de tudo tem o dever de cumprir a lei, não litigando por mero deleite, resistência ou propósito procrastinatório.

De sorte que o agravo contra as decisões monocráticas passa a ser tratado, conforme proposta do Projeto, como recurso próprio, ganhando identidade no sistema processual e maior abrangência de sua incidência, o que não surpreende tendo em vista o panorama recursal no ordenamento jurídico pátrio, que privilegia a ampla recursividade.

3. Juízo monocrático e ações repetitivas no Direito brasileiro

O limiar desse novo milênio é marcado pela massificação processual. Nos últimos anos, o Poder Judiciário viu-se tomado por um aumento desproporcional de casos que dificilmente tem conseguido administrar.

O notável aumento do número de ações, que tem provocado o congestionamento dos órgãos jurisdicionais, possui várias causas.

A interação de diversos fenômenos como, por exemplo, a industrialização, a produção em série, as novas tecnologias e o capitalismo,[181] trouxe novas exigências à sociedade urbana e produziu no Judiciário números elevados de lides individuais idênticas. Ainda, a crescente diminuição dos custos dos meios de comunicação, aliada ao amplo acesso à justiça, fez com que as pessoas de médios e poucos recursos financeiros passassem a litigar mais.[182] Agrega-se, como já foi dito alhures, a ausência da cultura em estimular a composição dos conflitos por vias alternativas, sem a participação do Judiciário, embora algumas dessas formas guardem tradição milenar, a exemplo da arbitragem. No item *litigância*, o Judiciário brasileiro passou a ser a via comum e corriqueira daqueles que se intitulam titulares de direito subjetivo não satisfeito ou não reconhecido pela parte adversa, ocupando um espaço *top* em qualquer banco de pesquisa, surpreendendo no cenário internacional.

E essa realidade de congestionamento assenta-se não só na quantificação, como também na qualificação dos novos conflitos. Vale dizer, os litígios sofreram mudanças tanto quantitativas, pelo aumento do

---

[181] RODRIGUES, Ruy Zoch. *Ações repetitivas:* casos de antecipação de tutela sem o requisito de urgência. São Paulo: Revista dos Tribunais, 2012, p. 30-31.

[182] PINTO, Fernanda Guedes. As ações repetitivas e o novel art. 285-A do CPC (racionalização para as demandas de massa). *Revista de Processo*. São Paulo, v. 32, n. 150, p. 121-122, ago. 2007.

volume de demandas no Judiciário, quanto qualitativas, pela mudança da natureza das lides.[183]

Vários fatores combinados acabam contribuindo para a massificação de litígios, adquirindo as lides feições de litígios sociais, acarretando no interesse público ou coletivo da intervenção judicial.[184] A multiplicação de ações repetitivas, muito frequente na sociedade contemporânea, também resulta, no plano das relações de direito material, da sensível resistência em adotar as orientações e decisões dos tribunais em conflitos em que o próprio Estado ou as grandes organizações econômicas sejam partes ou interessadas, quando tais pronunciamentos lhes são desfavoráveis. Esse contexto gera, por consequência lógica, mais trabalho à administração da justiça.[185]

O acúmulo de processos prejudica o próprio acesso à justiça e o devido processo legal constitucionalmente assegurados, porque tamanha sobrecarga dos órgãos judiciais enseja altos índices de congestionamento e lentidão na prestação jurisdicional. Crítica, por outro lado, que ganha espaço na doutrina diz com a ofensa ao devido processo legal por ser adotada a técnica de dar tratamento às ações repetitivas, quando passam a ser apreciadas em bloco pelos magistrados sem atentarem às eventuais peculiaridades do caso concreto posto.

Para Ada Pellegrini Grinover, Cândido Rangel Dinamarco e Antônio Carlos de Araújo Cintra, é indispensável se contar com um processo de massa, como resposta à vida societária de massa. Se postulamos uma sociedade marcada pelo ideal isonômico, é preciso ter também um processo sem óbices econômicos e sociais que garanta o pleno acesso à justiça.[186]

Em apertada síntese, no que diz respeito às ações de massa, estamos tratando questões que deveriam ser enfrentadas por atacado, como se de varejo fossem, o que certamente estabelece um paradoxo processual ainda não bem resolvido.

O fato é que as questões referentes ao processamento e julgamento dos conflitos repetitivos ainda não se apresentavam à época da concepção do Código de Processo Civil de 1973,[187] estatuto nitidamente marcado pelo individualismo.

---

[183] PINTO, op. cit., p. 122.

[184] PORTANOVA, op. cit., 2005, p. 173.

[185] PINTO, op. cit., p. 122.

[186] CINTRA, Antônio Carlos de Araújo; GRINOVER, Ada Pellegrini; DINAMARCO, Cândido Rangel. *Teoria geral do processo*. 19. ed. São Paulo: Malheiros, 2003, p. 43.

[187] BASTOS, Antônio Adonias Aguiar. Uma leitura crítica do novo regime do agravo no Direito Processual Civil Brasileiro. *Revista da AJURIS*, Porto Alegre, v. 35, n. 109, p. 23, mar. 2008.

Inevitavelmente, como produto cultural da sociedade hodierna, a quantidade de ações judiciais aumentou demasiadamente, e os tribunais passaram a enfrentar uma "litigiosidade exacerbada".[188] O Poder Judiciário e as leis processuais não estavam preparados para lidar com tamanha demanda,[189] sendo necessário reconstruir o direito processual civil a partir da sociedade em que atualmente vivemos.[190]

Por conseguinte, há muito surgem propostas e sugestões nos mais variados âmbitos e setores de reforma do processo civil, haja vista a grande quantidade de processos que assolam os tribunais e foros brasileiros. Nelson Nery Júnior afirma que inúmeras reformas legislativas são realizadas por pressão dos tribunais, como forma de desafogar os serviços forenses no segundo grau.[191]

Inevitavelmente, o problema da quantidade de recursos nos tribunais, e também de ações em primeiro grau, passou a ser associado à demora na prestação jurisdicional.[192]

A razoável duração do processo[193] foi elevada à garantia constitucional, por meio da Emenda Constitucional n° 45/2004, incluído o inciso LXXVIII no artigo 5° da Constituição Federal, impondo que "a todos, no âmbito judicial e administrativo, são assegurados a razoável duração do processo e os meios que garantam a celeridade de sua tramitação".[194]

---

[188] A expressão é de VIGLIAR, Marcelo. Litigiosidade contida (e o contingenciamento da litigiosidade). In: SALLES, Carlos Alberto de (Coord.). *As grandes transformações do processo civil brasileiro* – homenagem ao Professor Kazuo Watanabe. São Paulo: Quartier Latin, 2009, p. 50-51.

[189] BORGES, Marcus Vinícius Motter. *O julgamento por amostragem nos recursos especiais repetitivos:* celeridade e efetividade da prestação jurisdicional no âmbito do Superior Tribunal de Justiça. Dissertação (Mestrado em Direito) – Faculdade de Direito, Pós-Graduação em Direito, Pontifícia Universidade Católica Rio Grande do Sul, Porto Alegre, 2010, p. 142.

[190] PINTO, op. cit., p. 122.

[191] NERY, Rosa Maria de Andrade; JÚNIOR, Nelson Nery. *Código de Processo Civil comentado e legislação extravagante.* 10. ed. São Paulo: Rrvista dos Tribunais, 2007, p. 889-890.

[192] BORGES, op. cit., p. 145.

[193] Antes mesmo da previsão constitucional da duração razoável do processo já era permitido sustentar esta possibilidade por força do § 2° do art. 5° da Constituição Federal de 1988, que possibilita a parte dispor em seu benefício a Convenção Americana sobre Direitos Humanos, em que o Brasil é signatário, através do art. 8.1 que prevê o direito da parte ser ouvida em prazo razoável (RIBEIRO, Darci Guimarães. A garantia constitucional do postulado da efetividade desde o prisma das sentenças mandamentais. *Genesis – Revista de Direito Processual Civil.* Curitiba: Genesis, v. 38, p. 659, out. 2005).

[194] A duração razoável do processo assegura ao cidadão duas cobranças: "a) do Poder Público, os meios materiais para que o aparelho judicial possa cumprir os prazos dispostos nas normas processuais; b) dos órgãos da justiça, o esforço para cumprir os prazos legais, envidando esforço para abreviar a prestação jurisdicional, bem como prestar um serviço de qualidade" (LIMA, Francisco Meton Marques de. *Reforma do poder judiciário:* comentários iniciais à EC 45/2004. São Paulo: Malheiros, 2005, p. 14). Para Paulo Hoffman, "É imprescindível que o processo tenha uma certa duração, maior do que aquela que as partes desejam, porquanto o Estado deve assegurar aos

Para que se concretizem os propalados intentos de um processo célere, segundo Guilherme Beux Nassif Azem, há que se admitir a criação de mecanismos que visem a tornar realmente efetiva a prestação jurisdicional, sem descurar dos direitos e garantias fundamentais das partes.[195] Nas palavras de José Carlos Barbosa Moreira, "será efetivo o processo que constitua instrumento eficiente de realização do direito material".[196]

Desta forma, visando à celeridade[197] e à eficiência processual,[198] é cada vez mais frequente a consagração de filtros com o objetivo de conter a litigiosidade de massa, de modo que algumas soluções passaram a ser implementadas no sistema jurídico brasileiro. O principal argumento para a criação dos mecanismos de filtro é evitar o desenvolvimento de processos desnecessários, por versarem matérias já pacificadas, as quais já tenham sido, de forma exaustiva, apreciadas pelo Judiciário.[199]

Na maioria das vezes, as demandas repetitivas envolvem a mesma questão de direito, com base em fatos análogos, e têm os mesmos tipos de litigantes ocupando um dos polos.[200]

Dentre as regras processuais atualmente vigentes para tratamento das causas repetitivas, destacam-se a repercussão geral, que absorve a matéria sumulada (arts. 543-A e 543-B, CPC), a doutrina dos recursos

---

litigantes o devido processo legal, amplo direito de defesa e contraditório e, até mesmo, tempo para se prepararem adequadamente. Contudo, nada justifica a interminável espera causada pela tormentosa duração do processo a que os cidadãos se vêem submetidos e da qual, ao final, resta sempre a sensação de injustiça" (HOFFMAN, Paulo. *O direito à razoável duração do processo e a experiência italiana*. In: WAMBIER, Teresa Arruda. Alvim ... [et al.]. (Coords.). Reforma do judiciário: primeiros ensaios críticos sobre a EC 45/2004. São Paulo: RT, 2005, p. 572).

[195] AZEM, Guilherme Beux Nassif. *Repercussão geral da questão constitucional no recurso extraordinário*. Dissertação (Mestrado) – Faculdade de Direito, Pós-Graduação em Direito, Pontifícia Universidade Católica Rio Grande do Sul, Porto Alegre, 2010, p. 120.

[196] BARBOSA MOREIRA, José Carlos. Por um processo socialmente efetivo. *Revista de Processo*. São Paulo, v. 27, n. 105, p. 181, jan./mar. 2002.

[197] Vale destacar que nem sempre uma justiça rápida demais é uma justiça bem prestada. Nas palavras de José Carlos Barbosa Moreira: "Se uma justiça lenta demais é decerto uma justiça má, daí não se segue que uma justiça muito rápida seja necessariamente uma justiça boa. O que todos devemos querer é que a prestação jurisdicional venha ser melhor do que é. Se para torná-la melhor é preciso acelerá-la, muito bem: não, contudo, a qualquer preço" (BARBOSA MOREIRA, José Carlos. O futuro da justiça: alguns mitos. *Revista de Processo*, v. 102, p. 232, abr./jun. 2001).

[198] Segundo Luciano Vianna Araújo, a efetividade pressupõe tanto a celeridade quanto a segurança jurídica. "Na formação do conceito de efetividade, se revelam imprescindíveis a celeridade e a segurança" (ARAÚJO, Luciano Vianna. Art. 285-A do CPC (julgamento imediato, antecipado e maduro da lide): evolução do sistema desde o CPC de 1939 até o CPC reformado. *Revista de Processo*, São Paulo, v. 33, n. 160, p. 163, jun. 2008).

[199] MENEZES, Isabella Ferraz Bezerra de. A repercussão geral das questões constitucionais como mecanismo de contenção recursal e requisito de admissibilidade do recurso extraordinário. *Revista da ESMAPE*, Recife, v. 13, n. 28, p. 269, 2008.

[200] BORGES, op. cit., p. 141.

repetitivos (art. 543-C, CPC), a técnica de julgamento de improcedência liminar, sem citação do réu (art. 285-A, CPC), e as ações coletivas relativas a direitos individuais homogêneos, as quais serão objeto próprio este Capítulo. E, claro, o próprio art. 557, CPC, que também se adequa a enfrentar temas repetitivos mediante uma proposta mais simplificada e célere do tratamento recursal, junto aos tribunais locais e aos tribunais superiores.

Por outro lado, não obstante as reformas legislativas sejam necessárias e até desejáveis, verifica-se que o volume absurdo de processos gera, acima de tudo, significativa taxa de congestionamento na sua condução, decorrente do número limitado de servidores, juízes e recursos financeiros para o atendimento da demanda,[201] considerando que a infraestrutura – cujos serviços são públicos e, portanto, reféns da burocracia e da limitação de recursos – não cresceu na mesma proporção que a demanda. Trata-se, contudo, de tema que foge à investigação aqui proposta, o que apenas se registra face à importância desse fator no atraso da prestação jurisdicional, não podendo, por isso, ser negligenciado.

O presente capítulo, frente a essa realidade, tem por escopo analisar, em especial, o reflexo do juízo monocrático nas ações repetitivas no Direito brasileiro, par a par com as demais soluções que a lei processual propõe para a superação da litigância de massa. Investigam-se, no particular, os aspectos quantitativos e qualitativos dos litígios, prosseguindo com o exame dos efeitos das recentes reformas legislativas no ordenamento processual civil brasileiro, da contenção da litigiosidade e da estrutura do Judiciário a possibilitar o processamento das ações repetitivas. Em sequência, abordam-se os mecanismos tópicos vigentes para tratamento das ações repetitivas no Direito brasileiro e os riscos de uma padronização decisória indevida.

3.1. Dos aspectos qualitativos e quantitativos dos litígios

O acontecimento processual marcante deste último meio século terá sido, sem dúvida, o considerável aumento da massa litigiosa. Quando se evoca tal problema, logo se pensa no crescimento quantitativo do volume das causas, pois as demandas apresentadas aos tribunais multiplicam-se em condições inquietantes.[202]

---

[201] AMARAL, Guilherme Rizzo. A proposta de um "incidente de resolução de demandas repetitivas". In: TESHEINER, José Maria (org.). *Processos coletivos*. Porto Alegre: HS Editora, 2012, p. 268.

[202] PERROT, Roger. O processo civil francês na véspera do século XXI. Tradução de J. C. Barbosa Moreira. *Revista Forense*, Rio de Janeiro, v. 94, n. 342, p. 162, abr. 1998.

No Brasil, em 1988, foram ajuizadas em todas as esferas da Justiça aproximadamente 350 mil processos; passados 10 anos, foram propostos mais de 4 milhões de processos, ou seja, o número de processos aumentou 25 vezes.[203]

O número de processos judiciais não para de crescer. Para ilustrar a situação, no gráfico abaixo, obtido junto ao sítio especializado Consultor Jurídico – CONJUR –, elaborado a partir de dados extraídos do relatório estatístico realizado pelo Conselho Nacional de Justiça (CNJ) – "Justiça em Números", verifica-se que, em 2004, tramitavam na primeira e segunda instâncias do Judiciário — Estadual, Federal e Trabalhista — 54,2 milhões de ações. Em 2007, o número subiu para 67,7 milhões. De 2004 para 2007, o número de ações na Justiça aumentou 25%.[204]

Figura 2: Gráfico da evolução do número de processos em

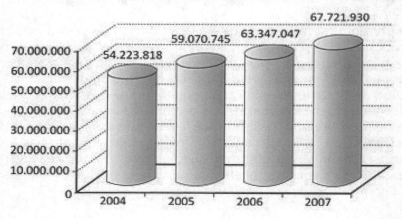

Fonte: Consultor Jurídico – CONJUR, 2009.

Percebe-se, com clareza, o aumento da quantidade de processos no Poder Judiciário. Ainda, complementando-se o gráfico acima, com base nos dados extraídos do relatório estatístico realizado pelo Conselho Nacional de Justiça (CNJ) – "Justiça em Números" –, observa-se

---

[203] SALOMÃO, Luis Felipe. Tendências atuais do judiciário. *Revista da EMERJ*, v. 6, n. 21, p. 169, 2003.

[204] MATSUURA, Lilian. Número de ações na Justiça ordinária aumentou 25%. *CONJUR. Consultor Jurídico*, São Paulo, Notícias, 24 jan. 2009. ISSN 1809-2829. Disponível em: <http://www.conjur.com.br/2009-jan-24/tres-anos-numero-acoes-primeira-segunda-instancias-subiu-25>. Acesso em: 30 jun. 2012.

que, em 2009, tramitavam, nos três ramos da Justiça, cerca de 86,6 milhões de processos, e, em 2010, tramitavam cerca de 83,4 milhões de processos.[205]

Identifica-se que a Justiça Estadual recebe a maior demanda de todo o Judiciário. Segundo dados apurados em pesquisa realizada pelo Conselho Nacional de Justiça (CNJ) – "Justiça em Números" –, em 2008, o primeiro grau da Justiça estadual recebeu 12,2 milhões de casos novos; em 2009, recebeu 12,5 milhões de casos novos; e, em 2010, recebeu 17,7 milhões de casos novos. Já os magistrados de segundo grau receberam, em 2008, 1,8 milhão de processos novos; em 2009, 1,7 milhão de processos novos; e, em 2010, volta-se ao número de 1,8 milhão de processos novos.[206]

Atualizando-se tais dados, com base no Relatório de 2013, base 2012,[207] a soma de casos novos sobe para 20 milhões de processos, sendo 17.406.269 junto ao primeiro grau e 2.118.193 no segundo grau. Tais dados são tão somente os computados na Justiça Estadual, o que não representa, portanto, a totalidade da demanda do Poder Judiciário, mas se prestam a nos fornecer um panorama da crescente litigiosidade.

Por outro lado, a título ilustrativo, verifica-se que no Supremo Tribunal Federal o número de processos julgados em 1990 equivalia a 16.449, enquanto em 2011 o número de processos julgados foi de 97.380.[208] Já em 2013, foram julgados 78.429 processos, enquanto 72.072 foram protocolados nesse ano.[209] Embora se perceba uma queda na pro-

---

[205] BRASÍLIA. Distrito Federal. Conselho Nacional de Justiça (CNJ). Departamento de Pesquisas Judiciárias do CNJ. Relatórios. Justiça em Números 2010. Resumo Executivo. Disponível em: <http://www.cnj.jus.br/images/pesquisas-judiciarias/Publicacoes/sum_exec_por_jn2010.pdf>. Acesso em: 30 jul. 2012.

[206] BRASÍLIA. Distrito Federal. Conselho Nacional de Justiça (CNJ). Pesquisa justiça em números 2008 mostra radiografia da Justiça estadual. *Notícia*. Justiça em Números 2008. Departamento de Pesquisas Judiciárias do CNJ. Disponível em: <http://www.cnj.jus.br/component/content/article/96-noticias/6725-pesquisa-justica-em-numeros-2008-mostra-radiografia-da-justica-estadual.>. Acesso em: 10 Jul. 2012.

[207] Conforme <http://www.cnj.jus.br/evento/eventos-novos/lancamento-do-relatorio-justica-em-numeros-2013/apresentacoes>, acesso em 04. Fev. 2014.

[208] BRASÍLIA. Supremo Tribunal Federal. *Estatísticas do STF*. Pesquisa por classe. Processos Protocolados, Distribuídos e Julgados por classe processual – 1990 a 2011. Portal de Informações Gerenciais do STF. Assessoria de Gestão Estratégica. Disponível em: <http://www.stf.jus.br/portal/cms/verTexto.asp?servico=estatistica&pagina=pesquisaClasse>. Acesso em: 30 Jan. 2012. Antônio Adonias Aguiar Bastos aponta que, entre 1940 e 2007, houve um aumento de 4.932,78% de processos protocolados no Supremo Tribunal Federal contra 446,36% equivalente ao aumento da população brasileira no mesmo período (BASTOS, Antônio Adonias Aguiar. Situações jurídicas homogêneas: um conceito necessário para o processamento das demandas de massa. *Revista de Processo*, São Paulo, v. 35, n. 186, p. 87-107, Ago. 2010).

[209] In: <http://www.stf.jus.br/portal/cms/verTexto.asp?servico=estatistica&pagina=movimentoProcessual>, acesso em 04 Fev. 2014.

dutividade, também se conhecem alguns fatores que concorreram para isso, a exemplo do julgamento da Ação Penal n. 470.

A crescente quantidade de demandas é evidenciada não apenas pelos dados existentes, mas também pelos próprios juízes através dos atos judiciais. Não raramente verificam-se nas ações repetitivas verdadeiros desabafos dos julgadores na condução dos feitos. Visando a ilustrar tal alegação, é curioso verificar a decisão proferida pelo Juiz de Direito Rodrigo de Azevedo Bortoli, da Vara Judicial da Comarca de Tapera-RS, no processo nº 136/1.06.0000777-0:

> Está-se diante de (MAIS) uma das tantas "ações de massa", sendo que demandas com tal conteúdo há muito já tramitaram perante todo Judiciário Gaúcho (quiçá, brasileiro), algumas delas já devidamente concluídas (inclusive em sua fase de execução ou de cumprimento). E perante este Juízo os profissionais que patrocinaram a presente também patrocinaram ou patrocinam várias outras idênticas, o que faz com que possuam elementos para apontar a vantagem econômica que deverá advir de eventual juízo de procedência.(...).[210]

Constata-se que até bem pouco tempo atrás os litígios versavam sobre heranças, direito de propriedade, servidões ou usufruto.[211] Todavia, nos dias de hoje, as demandas versam sobre a abusividade da cobrança de juros, a prestação dos serviços de telefonia, indenizações de diversas espécies, reintegração ao trabalho, pensões alimentares, dentre outros.

Segundo Carlos Alberto Alvaro de Oliveira:

> O tempo tornou-se em nossos dias um dos parâmetros fundamentais da Justiça moderna em face da mudança de natureza qualitativa dos litígios, na maior parte surgidos em virtude da massificação da economia, abrangendo um número enorme de pessoas de poucos ou médios recursos. A tudo isso se acrescenta a extraordinária velocidade do mundo atual, decorrente da revolução informática, a exigir um novo paradigma de Justiça, certamente diverso do modelo iluminista que inaugurou a modernidade.[212]

Antonio Adonias Aguiar Bastos destaca que "além de terem experimentado uma mudança qualitativa, as relações materiais passaram por um significativo aumento quantitativo".[213]

---

[210] RIO GRANDE DO SUL. Vara Judicial da Comarca de Tapera. Processo nº 136/1.06.0000777-0. Brasil Telecom S.A. e Ivani Terezinha Graeff. Julgador: Juiz de Direito Rodrigo de Azevedo Bortoli. Julgado em: 23 ago. 2006. Publicado em 01 set. 2006, nota de expediente nº 199/2006.

[211] ZANFERDINI, Flávia de Almeida Montingelli. *Tendência universal de sumarização do processo civil e a busca da tutela de urgência proporcional.* Tese (Doutorado em Direito) – Faculdade de Direito. Pontifícia Universidade Católica de São Paulo, São Paulo, 2007, p. 29.

[212] ALVARO DE OLIVEIRA, Carlos Alberto. Efetividade e processo de conhecimento. Revista da Ajuris, Porto Alegre, v. 26, n. 75, p. 135, set. 1999.

[213] BASTOS, Antônio Adonias Aguiar. *Situações jurídicas homogêneas*: um conceito necessário para o processamento das demandas de massa, idem, p. 89.

Esta mudança qualitativa é também destacada por Roger Perrot ao sustentar que a massa litigiosa não se limitou a aumentar em quantidade: também *qualitativamente* se modificou a fundo, destacando que está "aí um aspecto em que se pensa bem menos e que, todavia, merece a maior atenção".[214]

O jurista francês, na mesma linha, alerta que, no século XIX, os litígios versavam em geral sobre propriedade de terras. Litigava-se, com frequência, família contra família, ao longo de várias gerações. Ora, em nossos dias, é diferente o contexto. A grande maioria dos processos envolve questões que impregnam nossa vida quotidiana.[215]

Desta feita, cumpre que render-se à evidência: sociologicamente, o processo deslocou-se na direção de camadas populacionais de condições mais modestas, que vivem de seus ganhos e são comumente designadas por classes médias.[216]

Consoante Vânia Márcia Damasceno Nogueira, "a produção em série, cuja gênese se deu na Revolução Industrial impregnou a pós-modernidade, de tal forma que até os conflitos sociais surgem em série".[217]

Guilherme Rizzo Amaral registra que:

> Os indivíduos, no passado, estavam acostumados a pagar à vista – e em dinheiro – pelos produtos necessários a sua subsistência, agora saem em busca de televisões plasma ou LCD, telefones celulares de última geração, eletrodomésticos e até mesmo viagens a turismo.[218]

---

[214] PERROT, op. cit., p. 162.

[215] Idem, p. 162.

[216] Idem, p. 162.

[217] NOGUEIRA, Vânia Márcia Damasceno. O movimento mundial pela coletivização do processo e seu ingresso e desenvolvimento no direito brasileiro. *De Jure: Revista Jurídica do Ministério Público do Estado de Minas Gerais*, Belo Horizonte, n. 12, p. 327-328, jan./jun. 2009. A expressão "pós-modernidade" é polêmica e não há unanimidade na determinação do marco para o início deste processo. A expressão batiza um contexto sócio-histórico particular, que se funda na base de reflexões críticas acerca do esgotamento dos paradigmas instituídos e construídos pela modernidade (BITTAR, Eduardo Carlos Bianca. O direito na pós-modernidade. *Revista Sequência*, Florianópolis: UFSC, Brasil, n. 57, p. 131, dez. 2008). Para Boaventura de Sousa Santos, o que se chama de pós-modernidade ou pós-modernismo é um movimento sociocultural que ganhou impulso a partir da segunda metade do século XX. Pós-modernismo é o nome aplicado às mudanças ocorridas nas ciências, nas artes e nas sociedades avançadas desde 1950, quando, por convenção, se encerra o modernismo (1900-1950). Ele nasce com a arquitetura e a computação nos anos 60. Cresce ao entrar pela filosofia, durante os anos 70, como crítica da cultura ocidental. E amadurece hoje, alastrando-se na moda, no cinema, na música e no cotidiano programado pela tecnociência (ciência + tecnologia invadindo o cotidiano com desde alimentos processados até microcomputadores) sem que ninguém saiba se é decadência ou renascimento cultural (SANTOS, Boaventura de Sousa. *A crítica da razão indolente*: contra o desperdício da experiência. São Paulo: Cortez, 1986, v. I, p. 7-8).

[218] AMARAL, Guilherme Rizzo. Efetividade, segurança, massificação e a proposta de um "incidente de resolução de demandas repetitivas". *Revista de Processo*, São Paulo, v. 36, n. 196, p. 248, jun. 2011.

Portanto, no cenário contemporâneo, consoante observa Flaviana Rampazzo Soares,

> quanto mais complexas são as relações sociais, maiores são as possibilidades de se ocasionar uma lesão à esfera jurídica alheia e mais eficiente deve ser a resposta a ser dada pelo direito com a finalidade de que as marcas maléficas dos danos decorrentes de atos ilícitos sejam apagadas ou pelo menos, reduzidas.[219]

Humberto Theodoro Junior, Dierle Nunes e Alexandre Bahia identificam três tipos de litigiosidade: "a individual ou de varejo", que envolve lesões e ameaças a direito de forma isolada; a "coletiva", que envolve direitos coletivos *lato sensu*; e a "litigiosidade em massa ou em alta intensidade", que trata de ações individuais repetitivas ou seriais, que possuem como base pretensões isomórficas com especificidades, mas que apresentam questões (jurídicas e/ou fáticas) comuns para a resolução da causa.[220]

Segundo Ruy Zoch Rodrigues, do ponto de vista operacional, podem-se identificar duas categorias de jurisdição no sistema processual contemporâneo: "jurisdição convencional" e "jurisdição massificada", ou, numa imagem de puro apelo didático: "jurisdição de varejo" e "jurisdição de atacado". Esclarece o autor:

> A que se produz observando o diálogo crítico do julgador com as partes, o contato pessoal com os fatos da causa, a ponderação e o próprio sentimento do juiz, e que se pode denominar de "jurisdição convencional", atenta aos princípios basilares do processo (contraditório, ampla defesa e devido processo legal), e a "jurisdição massificada", em que se produz mediante a repetição burocratizada e em série, uma decisão padrão. O modelo de "jurisdição convencional" é adequado para os litígios não repetitivos e para resolver os primeiros casos das demandas repetitivas que irão definir as decisões-padrão.[221]

Em sentido análogo, Elaine Harzheim Macedo e Fernanda dos Santos Macedo, ao enfrentarem a necessidade de reordenação do pensamento jurídico e do processo, sustentam:

> Sintomático que os últimos anos nos oferecem três ordens de conflitos, presente a necessidade de agrupá-los a partir de um enfoque mínimo, que não por acaso, se assenta na ideia de *pessoa* (a Constituição Federal de 1988 está assentada na *pessoa humana*, quando acolhe em seu art. 1º a dignidade da pessoa humana como vetor principal de seu texto).
>
> Está se falando do conflito *individual*, do conflito *coletivo* e do conflito *repetitivo*.

---

[219] SOARES, Flaviana Rampazzo. *Responsabilidade civil por dano existencial*. Porto Alegre: Livraria do Advogado, 2009, p. 25.

[220] THEODORO JÚNIOR, Humberto; NUNES, Dierle; BAHIA, Alexandre. Litigiosidade em massa e repercussão geral no recurso extraordinário. *Revista de Processo*, São Paulo, v. 34, n. 177, p. 20-21, nov. 2009.

[221] RODRIGUES, op. cit., p. 40-41.

E prosseguem:

> O conflito *repetitivo*, por sua vez, passou a ser objeto de regras esparsas, introduzidas no Código de Processo Civil, e no todo remanescente se alimentando das disposições que regem o conflito individual. A exemplo, os arts. 285-A, 557, *caput* e seu § 1º-A, 543-B e 543-C, do CPC.[222]

Constata-se, neste novo universo de relações humanas e jurídicas, que, tanto o tipo de litigiosidade, quanto o tipo de litigante, estão "umbilicalmente interligados".[223] As demandas de massa, envolvendo a mesma questão de direito e os mesmos tipos de litigante ocupando um dos pólos, passaram a ser denominadas pela comunidade jurídica, entre outros, como ações repetitivas, ou ainda, *group actions*.[224]

Sidnei Agostinho Beneti denominou-as de "macrolides". A economia em escala, a documentação informática e a comunicação eletrônica produziram no Judiciário o resultado da geração de números elevados de recursos relativos a lides individuais idênticas.

Com efeito, a conjugação de aspectos quantitativos e qualitativos merece ser considerada na análise das ações repetitivas no Direito brasileiro.

Esse tratamento se impõe porque tais questões postas a decidir não encontram, quando de seu primeiro ingresso no Judiciário, paradigmas pretéritos de soluções. São novas demandas, novas postulações, novos direitos. Se, de um lado se coloca o direito individual do postulante, não muito difícil de ser enquadrado, argumentativamente, em um determinado *standard* jurídico, cujo sistema tende a ser aberto (*v.g.* cláusula abusiva, encargos excessivos, encargos cumulativos, atualização monetária, ofensa à dignidade da pessoa humana, dano moral, etc.), de outro, o próprio fornecimento de produtos e/ou serviços, públicos ou privados, deve ser avaliado no seu conjunto, porque se trata de manter em movimento o sistema produtivo que sustenta a sociedade capitalista, que, ao fim e ao cabo, veio represtinado pela norma constitucional.

De sorte que uma decisão isolada num ou noutro sentido desaparece no conjunto. Uma soma de decisões, numa mesma orientação, muda o rumo das coisas. É o Judiciário não mais voltado a decidir questões postas e superadas no tempo, com caráter eminentemente ressarcitório, mas o Judiciário regulando o futuro, um novo agir, um novo comportamento, uma nova prática negocial. E esse novo agir passa a

---

[222] MACEDO, Elaine Harzheim; MACEDO, Fernanda dos Santos. O Direito Processual Civil e a Pós-Modernidade. *Revista de Processo*, ano 37, v. 204, fevereiro/2012, p. 362-364.

[223] BORGES, op. cit., p. 141.

[224] Idem, p. 141.

produzir, por si, novos efeitos, novas regras, novas cobranças, novos conflitos, num verdadeiro movimento hiperbólico.

Por derradeiro, não há como fugir da conclusão que no âmbito das demandas repetitivas, a composição dos conflitos deve passar por uma reformulação do próprio pensamento jurídico, evoluindo do particular para o grupal, regulando o futuro, se necessário, sem abdicar das garantias do devido processo legal.

3.2. Notas sobre as reformas processuais, a contenção da litigiosidade e o reflexo na estrutura do Judiciário

Há algumas décadas, o atual Código de Processo Civil brasileiro, que resultou da Lei 5.869, de 11 de janeiro de 1973, tem sido alvo de diversas reformas com o objetivo de adaptar as normas processuais a mudanças na sociedade e ao funcionamento das instituições.[225]

Segundo José Eduardo Faria, embora o país tenha evoluído de uma sociedade agrário-exportadora para uma sociedade urbana de massas, o que modificou profundamente a natureza, a intensidade e o alcance dos conflitos, muitas de suas leis básicas não foram modernizadas, obrigando assim a magistratura a aplicar normas em inúmeros casos ultrapassadas.[226]

A preocupação com a eficiência e a efetividade passaram a ocupar grande relevância no processo civil. Athos Gusmão Carneiro assinala que o processo teve de mudar, porque o mundo vem mudando muito rapidamente. Diz o autor:

---

[225] Guilherme Rizzo Amaral refere que "em especial a partir de 1985, com a promulgação da Lei 7.347 (Lei da Ação Civil Pública), juristas de escol passaram a implementar reformas pontuais no sistema processual brasileiro" (AMARAL, Guilherme Rizzo. Técnicas de tutela e o cumprimento da sentença no Projeto de Lei 3.253/04: uma análise crítica da reforma do Processo Civil brasileiro. In: AMARAL, Guilherme Rizzo Amaral; CARPENA, Márcio Louzada (Coords.). *Visões críticas do processo civil brasileiro*: uma homenagem ao Prof. Dr. José Maria Rosa Tesheiner. Porto Alegre: Livraria do Advogado, 2005, p. 126). Já Araken de Assis registra que "desde 1992 realizam-se com afinco e desenvoltura, entre nós, tais alterações na lei processual. A bem da verdade, o movimento renovador iniciou durante os trabalhos do Primeiro Congresso Nacional de Direito Processual Civil, organizado pelo Instituto dos Advogados do Rio Grande do Sul – então presidido por Luiz Carlos Lopes Madeira, hoje integrante do Conselho Nacional do Ministério Público – e realizado em Porto Alegre, no ano de 1983, no qual processualistas de todo o Brasil apresentaram numerosas teses. E uma delas, de autoria de Ovídio A. Baptista da Silva, teve a ventura de originar a antecipação dos efeitos da sentença, hoje prevista no art. 273 do CPC" (ASSIS, Araken de. Duração razoável do processo e reformas da lei processual civil. *Revista Jurídica*, Porto Alegre, v. 372, p. 11-27, out. 2008).

[226] FARIA, José Eduardo Campos de Oliveira. A crise do poder judiciário no brasil. Justiça e Democracia., *Revista Semestral de Informação e Debates*. São Paulo, Associação Juízes para a Democracia, v. 1, p. 18-64, 1996.

Antigamente todos aceitavam que processo era uma coisa para alongar-se muito tempo, as necessidades processuais não tinham este caráter de urgência da atualidade. As relações jurídicas, as relações negociais, tudo era muito lento. A única coisa considerada urgente mesmo eram as ações possessórias de força nova, as violações ao direito de posse. Fora disso, os processos tramitavam calmamente, e ninguém se insurgia contra isso, porque o mundo também andava calmamente. De repente, eclodiu esta verdadeira revolução nas comunicações. E a estrutura do processo cumpria acompanhar esta revolução. Tudo passou a ser rápido, tudo passou a ser urgente.[227]

Rodolfo de Camargo Mancuso refere que a garantia constitucional da inafastabilidade do Judiciário (ou do acesso à justiça) tem recebido, no Brasil, leitura ou compreensão muito acentuadas, o que invariavelmente tem acarretado no acúmulo de serviço judiciário.[228]

Com a ampliação do acesso à jurisdição e o aumento expressivo das demandas de massa, segundo Carlos Alberto Alvaro de Oliveira, houve reflexos na legislação processual que, como se sabe, tem sido objeto de diversas reformas com vistas a uma atuação mais efetiva do processo e do Poder Judiciário.[229]

Cândido Rangel Dinamarco refere que o Código de Processo Civil de 1973 veio a lume como um excelente instrumento técnico, mas faltavam-lhe ingredientes que hoje não se pode prescindir. Tratava-se de um Código individualista, como o de antes, e o estilo de processo e procedimentos que oferece é o mesmo; havia muito a fazer, e ele não fez, em prol da desburocratização e consequente agilização do sistema.[230]

Por conseguinte, na visão do referido processualista, o atual diploma processual tem se adaptado de modo a observar três premissas fundamentais:

A abertura do processo aos influxos metajurídicos que a ele chegam pela via do direito material, a transmigração do individual para o coletivo e a necessidade de operaciona-

---

[227] CARNEIRO, Athos Gusmão. Execução de título extrajudicial. In: *As recentes reformas processuais*: leis 11.187, de 19/10/05; 11.232, de 22/12/05; 11.276, de 07/02/06; 11.277, de 07/02/06; 11.280, de 16/02/06. [ciclo de estudos]. Coordenação Geral: Luiz Felipe Brasil Santos; coordenação adjunta: Rejane Maria Dias de Castro Bins. Porto Alegre: Tribunal de Justiça do Estado do Rio Grande do Sul. Departamento de Artes Gráficas, 2006, p. 16. (*Cadernos do Centro de Estudos*; v. 1).

[228] MANCUSO, Rodolfo de Camargo. A realidade judiciária brasileira e os tribunais da federação. In: FUX, Luiz; NERY JÚNIOR, Nelson; ALVIM, Teresa Arruda (Coord.). *Processo e Constituição*: estudos em homenagem ao Professor José Carlos Barbosa Moreira. São Paulo: Revista dos Tribunais, 2006, p. 1068-1077.

[229] ALVARO DE OLIVEIRA, Carlos Alberto. Efetividade e Processo de Conhecimento. *Revista de Processo*. São Paulo: Revista dos Tribunais, 1999, v. 96, p. 59-69.

[230] DINAMARCO, Cândido Rangel. *A reforma da reforma*. 5. ed. rev. atual. São Paulo: Malheiros, 2003, p. 24.

lizar o sistema, desburocratizá-lo e deformalizá-lo tanto quanto possível, com vista a facilitar a obtenção dos resultados justos que dele é lícito esperar.[231]

Entre as reformas processuais importantes, José Maria Tesheiner e Mariângela Guerreiro Milhoranza destacam:

> A generalização da antecipação de tutela; a preferência pela tutela específica, com escolha pelo juiz, dos meios conducentes a este resultado; a penhora *on line;* a interposição de agravo de instrumento perante o tribunal *ad quem;* a súmula vinculante; o requisito da repercussão geral no recurso extraordinário; o procedimento para o julgamento de recursos com fundamento em idêntica questão de direito no STJ.[232]

A par das diversas reformas processuais já ocorridas, Araken de Assis observa que se difundiu a impressão de que a causa provável da lentidão reside na obsolescência das leis processuais, concebidas sob

---

[231] DINAMARCO, op. cit., p. 38. Cândido Rangel Dinamarco alerta que "o espírito da Reforma da Reforma é o mesmo da própria Reforma. Tanto quanto esta também aquela é filha do empenho em oferecer meios para que a tutela jurisdicional seja efetiva, tempestiva e justa" (Idem, p. 36). Quanto aos motivos que desencadearam as reformas parciais do Código de Processo Civil de 1973, José Maria Tesheiner e Mariângela Guerreiro Milhoranza apontam como existentes quatro ondas de reformas (TESHEINER, José Maria Rosa; MILHORANZA, Mariângela Guerreiro. *Estudos sobre as reformas do Código de Processo Civil*. Porto Alegre: Notadez/HS Editora, 2009, p. 46-47).

[232] TESHEINER; MILHORANZA, op. cit., p. 46-47. Dentre as principais leis recentes que reformaram o Código de Processo Civil, José Augusto Delgado destaca: (...) a) a primeira, com a Lei nº 5.925/73 (antes da entrada em vigor do Código de Processo Civil de 1973, no período de sua *vacatio legis*, alterou vários artigos); b) a segunda, após a promulgação da Constituição Federal de 1988, com a Lei nº 8.038/90 (instituiu normas procedimentais para os processos em curso perante o STJ e STF); c) a terceira, refletindo retrocesso, com a Lei nº 8.076/90 (estabeleceu hipóteses em que fica suspensa a concessão de medidas liminares, lei que vigorou até 15.09.92); d) a quarta, com a Lei nº 8.397/92 (instituiu a medida cautelar fiscal); e) a quinta, com a Lei nº 8.437/92 (restringiu a concessão de medidas cautelares contra atos do Poder Público); f) a sexta, com a Lei nº 8.950/94 (alterou dispositivos relativos aos recursos); g) a sétima, com a Lei nº 8.952/94 (alterou o processo de conhecimento e o processo cautelar, instruindo, entre outras entidades, os efeitos da tutela antecipada), h) a oitava, com a Lei nº 9.307/96 (arbitragem); i) a nona, com a Lei nº 9.494/97 (disciplina a aplicação de tutela antecipada contra a Fazenda Pública); j) a décima, com a Lei nº 9.868/99 (regulou o processo e o julgamento da ADIN e da ADC perante o STF); k) a décima primeira, com a Lei nº 11.187/05 (deu nova disciplina aos agravos), l) a décima segunda, com a Lei nº 11.232/2005 (estabeleceu a fase de cumprimento das sentenças no processo de conhecimento e revogou dispositivos relativos à execução fundada em título judicial contra pessoas físicas e jurídicas), m) a décima terceira, com a Lei nº 11.276/06 (alterou dispositivos relativamente à forma de interposição de recursos, ao saneamento de nulidades processuais, ao recebimento do recurso de apelação e outras questões); n) a décima quarta, com a Lei nº 11.277/06 (autoriza o julgamento liminar de improcedência da demanda); o) a décima quinta com a Lei nº 11.280/06 (alterou dispositivos relativos à incompetência relativa, meios eletrônicos no processo, prescrição, distribuição por dependência, exceção de incompetência, revelia, carta precatória e rogatória, ação rescisória e vista dos autos); p) a décima sexta, com a Lei nº 11.382/2006 (processo de execução); q) a décima sétima, com a Lei nº Lei nº 11.418/2007 (regulamentação da repercussão geral no recurso extraordinário); r) a décima oitava, com a Lei nº 11.419/2006 (instituiu a informatização do processo judicial); s) a décima nona, com a Lei nº 11.441/2007 (possibilidade de realização de inventário, partilha, separação consensual e divórcio consensual por via administrativa); t) a vigésima, com a Lei nº 11.672/08 (alterando o artigo 543-C, estabelece procedimento para o julgamento de recursos repetitivos no âmbito do STJ) (DELGADO, José Augusto. Aspectos controvertidos da reforma do CPC – 2006/2007. Repercussão geral, recursos repetitivos e súmula vinculante. *Revista Jurídica*, Porto Alegre, v. 383, p. 12-13, set. 2009).

a égide do individualismo, antiquadas e imprestáveis para veicular o processo na sociedade de massas contemporânea. Daí a relação que se estabelece, para o bem ou para o mal, entre a duração razoável do processo e mudanças nas respectivas leis.[233]

No que tange à crença de que cabe aos defeitos da legislação processual a maior responsabilidade pela duração excessiva dos pleitos, José Carlos Barbosa Moreira sustenta: "a demora resulta da conjugação de múltiplos fatores, entre os quais não me parece que a lei com todas as suas imperfeições que tem, ocupe o lugar de máximo relevo".[234]

Para Ernane Fidélis dos Santos, a falta de metodologia das reformas parciais do Código de Processo Civil de 1973 apresenta inconvenientes. "As emendas parciais exigem uma convergência de ideias e estudos que nem sempre se opera".[235] José Augusto Delgado destaca que o panorama de reformas legislativas cria insegurança nos meios do processo ser trabalhado pelos juízes monocráticos e pelos Tribunais.[236]

Araken de Assis, ao indagar quais os frutos produzidos pelo labor legislativo, responde que infelizmente se o objetivo das reformas tende a alcançar a efetividade, e a economia de tempo e esforços em cada processo é um dos fatores determinantes para o sucesso da empreitada, torna-se imperioso reconhecer o efeito contrário da imensa maioria das erráticas alterações. Entretanto, "impõe-se persistir no afã reformista, afinal a única vereda promissora para tornar efetiva a proposição do art. 5.º, LXXVIII, da CF/88, e obter a almejada duração razoável do processo".[237]

José Maria Tesheiner e Mariângela Guerreiro Milhoranza ressaltam que houve alterações que em nada afetaram a prática; outras mais provocaram dúvidas do que resolveram problemas. Mas houve, tam-

---

[233] ASSIS, Araken de. *Duração razoável do processo e reformas da lei processual civil*, op. cit., p. 11-27.

[234] O autor prossegue: "Recordemos, antes de mais nada, a escassez dos órgãos judiciais, a baixa relação entre o número deles e a população em constante aumento, com a agravante de que os quadros existentes registram uma vacância de mais de 20%, que na primeira instância nem a veloz sucessão de concursos públicos consegue preencher. (...)" (BARBOSA MOREIRA, José Carlos. *Temas de direito processual*. Oitava série. São Paulo: Saraiva, 2004, p. 4).

[235] SANTOS, Ernane Fidélis dos. *As reformas de 2005 do Código de Processo Civil*: execução dos títulos judiciais e agravo de instrumento. São Paulo: Saraiva, 2006, p. 94.

[236] DELGADO, op. cit., p. 11-44.

[237] O autor refere como exemplo o art. 71 da Lei 10.741/03 (Estatuto do Idoso), o qual assegurou, em qualquer instância, prioridade à tramitação do processo em que figure como parte ou interveniente pessoa com idade igual ou superior a 60 (sessenta) anos. É uma disposição que propicia, em tese, duração razoável a tal classe de processos. No entanto, o expediente revela-se insuficiente para impor à realidade multiforme de processos heterogêneos, tão só porque deles participe pessoa idosa, a almejada brevidade (ASSIS, op. cit., p. 14).

bém, reformas importantes, que modernizaram o Código. Pesados os prós e os contras, o saldo das reformas é amplamente positivo.[238]

Para a correta valoração das reformas processuais, José Carlos Barbosa Moreira sustenta a necessidade de dados objetivos sobre o impacto por elas produzido no cotidiano forense. "Infelizmente estatísticas não são o nosso forte: ou simplesmente inexistem, ou, quando existem, nem sempre se mostram acessíveis e fidedignas".[239]

Na mesma linha, Humberto Theodoro Júnior pondera que é preciso conhecer as causas que, *in concreto,* frustram o desiderato normativo. E isto, obviamente, será inatingível, pelo menos com seriedade e segurança, se a organização dos serviços judiciários não contar com órgãos especiais de estatísticas.[240]

Vale referir que a partir da Emenda Constitucional nº 45, de 30 de dezembro de 2004, que incluiu o artigo 103-B na Constituição Federal, foi criado no Poder Judiciário o Conselho Nacional de Justiça (CNJ), o qual foi instalado em 14 de junho de 2005. Desde a referida data, cabe ao Conselho Nacional de Justiça elaborar semestralmente relatório estatístico sobre processos e sentenças prolatadas, por unidade da Federação, nos diferentes órgãos do Poder Judiciário, em observância aos termos do disposto no artigo 103-B, § 4º, VI, da Constituição Federal.[241]

Embora criticadas e elogiadas, não serão, como é intuitivo, as simples reformas processuais que irão tornar realidade, entre nós, o acesso à justiça e a efetividade do processo. Nas palavras de Humberto Theodoro Júnior, "O tão sonhado processo justo, que empolgou e dominou

---

[238] TESHEINER; MILHORANZA, op. cit., p. 46-47.

[239] BARBOSA MOREIRA, José Carlos. Reformas processuais e poderes do juiz. *Revista Jurídica*, Porto Alegre: Notadez Informação, v. 306, p. 17, 2003. A este respeito, Araken de Assis sustenta: "Apenas a coleta de dados permitiria avaliar em que medida a lei infraconstitucional favorece e concede aos litigantes os 'meios' referidos na Constituição para obter a 'duração razoável' do processo. Entre nós, porém, poucos se entregam a semelhantes pesquisas. Não é demasia afirmar que a base racional de todas as alterações empreendidas sofre de vício congênito e insanável. Baseiam-se em palpites mais ou menos felizes" (ASSIS, Araken de. Duração razoável do processo e reformas da lei processual civil, idem, p. 13).

[240] THEODORO JÚNIOR, Humberto. Celeridade e efetividade da prestação jurisdicional, insuficiência da reforma das leis processuais. *O Sino do Samuel: Jornal da Faculdade de Direito da UFMG*, Belo horizonte, Universidade Federal de Minas Gerais, n. 76, p. 4-5, 2004.

[241] O artigo 103-B, § 4º, VI, da Constituição Federal dispõe: "Art. 103-B. (...) § 4º Compete ao Conselho o controle da atuação administrativa e financeira do Poder Judiciário e do cumprimento dos deveres funcionais dos juízes, cabendo-lhe, além de outras atribuições que lhe forem conferidas pelo Estatuto da Magistratura: (...) VI – elaborar semestralmente relatório estatístico sobre processos e sentenças prolatadas, por unidade da Federação, nos diferentes órgãos do Poder Judiciário;".

todos os processualistas no final do século XX continua a depender de reformas, não de leis processuais, mas da justiça como um todo".[242]

De modo geral, diversas reformas têm sido implementadas na seara do processo civil brasileiro buscando, ainda que implicitamente, conter a grande litigiosidade da sociedade contemporânea.

Quanto ao grande aumento da litigiosidade no mundo contemporâneo, Araken de Assis diz:

> A pessoa na sociedade pós-moderna, devidamente etiquetada (consumidor, contribuinte, cidadão e assim por diante, conforme a situação), assume a condição de litigante inveterado e intransigente (...). Não é aqui o lugar nem temos habilitação para avaliar as causas dessa tendência universal. Presumivelmente a preponderância do individualismo, o abandono das práticas comunitárias, a insuficiência dos mecanismos de repressão política, a complexidade e a diversidade sociais, contribuem em grau variável para o quadro.[243]

De modo geral, "poucos aquiescem passivamente à adversidade. O vencido nunca se conforma com a decisão desfavorável. Se a decisão é justa ou injusta é questão insolúvel da qual se ocupam os filósofos sem muito sucesso".[244]

Carlos Alberto Carmona e José Roberto Bedaque salientam que "a nossa formação cultural estimula os advogados a recorrerem de tudo, contra tudo e contra todos", tornando intermináveis os processos.[245]

No mesmo sentido, Vicente Greco Filho entende que de nada adianta tentar inibir a sofreguidão impugnativa dos litigantes através de reformas processuais. Defende o autor:

> A intenção de inibir a interposição de recursos ou mesmo a exclusão de algumas espécies, tem sido e, certamente será, frustrante no Brasil, porque, excluído ou inibido um recurso, imediatamente a criatividade dos advogados descobre um sucedâneo, às vezes muito mais complexo. E os tribunais acabam aceitando.[246]

Conforme relembra Teresa Arruda Alvim Wambier, a história demonstra que a limitação excessiva à recorribilidade das decisões interlocutórias, se imposta em um procedimento que, por sua própria natureza, tende a ser demorado e complexo, dificilmente conduzirá a resultados plenamente satisfatórios. É que, diante de uma restrição

---

[242] THEODORO JÚNIOR, op. cit., p. 4-5.

[243] ASSIS, Araken de. *Duração razoável do processo e reformas da lei processual civil*, op. cit., p. 17.

[244] ASSIS, Araken de. *Manual dos recursos*. São Paulo: Revista dos Tribunais, 2007, p. 71.

[245] BEDAQUE, José Roberto dos Santos; CARMONA, Carlos Alberto. A posição do juiz: tendências atuais. *Revista Forense*. Rio de Janeiro, v. 349, p. 86, 2000.

[246] GRECO FILHO, Vicente. Questões sobre a Lei 9.756, de 17 de dezembro de 1998. In: ALVIM, Teresa Arruda; NERY JÚNIOR, Nelson (Coord.). *Aspectos polêmicos e atuais dos recursos cíveis de Acordo Com a Lei 9.756/98*. São Paulo: Revista dos Tribunais, 1999, p. 599.

excessiva à admissibilidade de um recurso, pouco a pouco, a comunidade jurídica tende a admitir o alargamento de suas hipóteses de cabimento, ou o uso, ainda que anômalo, de outro remédio processual. Trata-se do que ocorria com o manejo do mandado de segurança.[247]

Por mais que se pretenda conter a litigiosidade reduzindo a quantidade de processos ou recursos, não se pode esquecer que a sociedade brasileira é altamente resistente à adoção de mecanismos neste sentido.

Para Ovídio Araújo Baptista da Silva, a crise do Poder Judiciário é reflexo de uma ampla e profunda crise institucional. Os problemas da justiça são estruturais e não funcionais:

> Nossa percepção não alcança os problemas estruturais que condicionam a atual situação vivida pelo Poder Judiciário – seja porque eles se tornaram, para nossa compreensão, "naturais", como o dia e a noite e o movimento dos astros –, seja por parecerem-nos, de qualquer modo, como inalteráveis.[248]

O artigo 5º, LXXXVIII, da CF/88, incluído por força da Emenda Constitucional nº 45, de 2005, antevê a existência de meios para assegurar a qualquer processo uma "duração razoável". Esta regra se refere tanto a meios hábeis para agilizar o processo os mecanismos porventura existentes ou a instituir nas leis processuais, quanto a "meios humanos e materiais" acerca da ampliação da "oferta" jurisdicional.[249]

José Rogério Cruz e Tucci, ao afirmar a existência de um inequívoco descompasso entre a legislação codificada e a realidade do serviço judiciário, questiona:

> (...) é normal aguardar-se mais de 2 anos pelo exame, no juízo *a quo*, da admissibilidade do recurso especial ou extraordinário? É normal esperar por mais de 4 anos, após encerrada a instrução, a prolação de sentença num determinado processo em curso perante a Justiça Federal? É normal a publicação de um acórdão do Supremo mais de 3 anos depois do julgamento? É normal, etc., etc., etc.?!? A resposta, em senso negativo, para todas estas indagações, é elementar (...).[250]

Na prática, a estrutura do Poder Judiciário é extremamente precária para atender ao enorme número de causas atualmente ajuizadas e recursos interpostos. A demanda judicial não guarda proporção com-

---

[247] WAMBIER, op. cit., p. 95.

[248] SILVA, Ovídio Araújo Baptista da. Da função à estrutura. *Revista de Processo*, São Paulo, v. 33, n. 158, p. 11, abr. 2008.

[249] ASSIS, Araken de. *Duração razoável do processo e reformas da lei processual civil*, idem, p. 13. A Emenda Constitucional nº 45, de 2005, acrescentou ao art. 93, XIII, da CF/88, a exigência de que "o número de juízes na unidade jurisdicional será proporcional à efetiva demanda judicial e à respectiva população".

[250] TUCCI, José Rogério Cruz e. O judiciário e os principais fatores de lentidão da justiça. *Revista do Advogado*, São Paulo, AASP, v. 56, p. 78, 1999.

patível com o número de magistrados. Segundo José Carlos Barbosa Moreira, é inexpressivo o número de juízes brasileiros em relação à população.[251]

Com efeito, Humberto Theodoro Júnior observa que os quadros de magistrados e a organização de seus gabinetes são completamente incompatíveis com o volume gigantesco e sempre crescente dos serviços do foro brasileiro.[252]

Castro Filho também se filia àqueles que se acreditam que para se ter melhor justiça é preciso ter mais juízes. O ministro afirma que o descompasso entre o número de juízes e a demanda na justiça é a maior causa de morosidade do Judiciário.[253]

No que tange à média de juízes estaduais por habitante, conforme dados do Conselho Nacional de Justiça, em 2007, havia uma proporção de seis magistrados para cada 100 mil habitantes. Em 2010, havia nove magistrados por 100 mil habitantes brasileiros, o que equivale a aproximadamente 1 magistrado para cada 11.111 cidadãos.[254] O dado se repete em 2013, quando o Poder Judiciário contava com 17.077 magistrados, na proporção de 9 juízes por 100.000 habitantes.[255]

No Uruguai, a relação Juiz-cidadão, em pesquisa realizada em 2006, é de 1 por 5.000 habitantes, enquanto na Alemanha 1 por 4.000 habitantes.[256]

A título ilustrativo e atécnico, vale comparar o número de juízes e de julgamentos havidos no Superior Tribunal de Justiça e na *Corte di Cassazione* italiana.[257] O Superior Tribunal de Justiça, como se sabe, conta com trinta e três ministros, divididos em seis Turmas, às quais cabe o julgamento de questões de direito público, privado e criminal e,

---

[251] BARBOSA MOREIRA, José Carlos. *Temas de direito processual*. São Paulo: Saraiva, 1997, p. 101.

[252] THEODORO JÚNIOR, Humberto. Abuso de direito processual no ordenamento jurídico brasileiro. In BARBOSA MOREIRA, José Carlos; MÉDEZ, Francisco Ramos ... [et. al.]. *Abuso dos direitos processuais*. Rio de Janeiro: Forense, 2000, p. 93-129.

[253] FILHO, Castro. Por um novo Código. STJ PERFIL. *Anuário da Justiça 2007*. São Paulo: Consultor Jurídico, 2007, p. 136.

[254] EUZÉBIO, Gilson Luiz. *Número de magistrados cresce 3,2% no ano*. Agência CNJ de Notícias. 29 ago. 2011. Disponível em: <http://www.cnj.jus.br/noticias/cnj/15586:numero-de-magistrados-cresce-32-no-ano&catid=223:cnj>. Acesso em: 13 Mai. 2012.

[255] In: <http://www.cnj.jus.br/evento/eventos-novos/lancamento-do-relatorio-justica-em-numeros-2013/apresentacoes>, acesso em 04.02.2014.

[256] ALMEIDA, Jorge Luiz de (Coord.). *A reforma do poder judiciário. Uma aborgadem sobre a Emenda Constitucional n. 45/2004*. Campinas: Millennium, 2006.

[257] SICA, Heitor Vitor Mendonça. Recorribilidade das interlocutórias e reformas processuais: novos horizontes do agravo retido. In: Coord. NERY JÚNIOR, Nelson; WAMBIER, Teresa Arruda Alvim (Coords). *Aspectos polêmicos e atuais dos recursos cíveis e de outros meios de impugnação às decisões judiciais*. São Paulo: Revista dos Tribunais, 2005, p. 161-230.

em 2002, julgaram 169.043 processos. Por outro lado, conforme dados citados por Andrea Proto Pisani, a *Corte di Cassazione* italiana conta com 140 juízes apenas para as causas cíveis, e, em 1995, foram julgadas 15 mil causas.[258]

Não é por outra razão, que a então Corregedora do Conselho Nacional de Justiça (CNJ), Ministra Eliana Calmon, defendeu o fortalecimento da Justiça de 1ª instância.

> A Justiça de 1ª instância está sucateada. Faltam equipamentos e servidores; os juízes estão sobrecarregados. Há muitos processos com sentença acumulados nos cartórios, porque não há, sequer, servidor para fazer o registro necessário à publicação da sentença.[259]

Em sentido contrário, Rodolfo de Camargo Mancuso sustenta que:

> Os programas e estratégias que dentre nós vão sendo excogitados e implementados em termos de política judiciária, mostram-se focados na vertente quantitativa do problema, isto é, no volume excessivo de processos: ao aumento da demanda (mais processos) se intenta responder com um incessante crescimento da base física do Judiciário (mais fóruns, mais juízes, mais equipamentos de informática, enfim: mais custeio), sem que se dê conta de que tal estratégia muito se assemelha do popular enxugar gelo, a par de agravar a situação existente, na medida em que o aumento da oferta acaba por retroalimentar a demanda, disseminando junto à população a falácia de que toda e qualquer controvérsia pode e deve ser judicializada, quando antes e superiormente, caberia expandir a informação quanto ao acesso a outros meios, auto ou heterocompositivos.[260]

Na mesma linha, Araken de Assis entende que a expansão do aparato judiciário se mostra equivocada por duas razões:

> Em primeiro lugar, se a Justiça é um serviço público, e subordina-se aos princípios gerais desses serviços, então é inútil o aumento da oferta. Ele jamais alcançará o nível das necessidades atuais e, ao contrário, realimentará a demanda. Embora a ausência de dados confiáveis, a implantação dos Juizados Especiais Federais, criados pela Lei 10.259, de 12.07.2001, sugere que não cabe depositar as esperanças nesta solução.

---

[258] PISANI, Andrea Proto. *Lezioni di diritto processuale civile*. 3. ed. Napoli: Jovene, 1999, p. 18-19.

[259] BRASÍLIA. Distrito Federal. Jorge Vasconcelos. Agência CNJ de Notícias. Divulgado em: 16/09/2011. Ministra Eliana Calmon defende fortalecimento da Justiça de 1ª instância. Disponível em: <http://www.cnj.jus.br/noticias/cnj/15953-ministra-eliana-calmon-defende-fortalecimento-da-justica-de-1-instancia>. Acesso em: 10 Jul. 2012. Ruy Rosado de Aguiar fez uma análise pessimista sobre as perspectivas de melhoria da estrutura do judiciário. Segundo o ministro, seriam necessários mais recursos para investimento na estrutura do Judiciário, com a contratação de novos juízes e criação de novas varas. Entretanto, dificilmente haverá no Brasil uma política voltada ao aumento na aplicação de verbas no Poder Judiciário. O motivo é simples: a Justiça Estadual já gasta 6% da receita dos Estados. E não há perspectiva de redução. "Quando um juiz se aposenta não há criação de uma nova vaga porque a despesa continua com a aposentadoria" (BRASÍLIA. Distrito Federal. Conselho Nacional de Justiça (CNJ). Número de processos dobra e o de juízes aumenta só 15%. Notícia. 23 ago 2002. Disponível em: <http://www.conjur.com.br/2002-ago-23/ministro_nao_preve_perspectivas_melhoria_justica>. Acesso em: 10 Jul. 2012).

[260] MANCUSO, Rodolfo de Camargo. A resolução dos conflitos e a função judicial no contemporâneo estado de direito. *Revista dos Tribunais*. São Paulo: Revista dos Tribunais, n. 888, p. 9-34, out. 2009.

Os Juizados Especiais foram dimensionados considerando a quantidade e a qualidade dos litígios então pendentes nas Varas federais. Tão-logo se anunciou com o estrépito dos meios de comunicação social o serviço, contudo, observou-se o recrudescimento da demanda, surgindo novos e variados litígios. O colapso não se mostra iminente, conforme testemunham seus zelosos e idealistas participantes; porém, tampouco atingiu a brevidade almejada.

No entanto, há outra razão crucial: as limitações orçamentárias.[261]

Já Antonio Pessoa Cardoso afirma que o simples aumento do número de juízes não resolve a desordem atual do Judiciário. O erro situa-se na ineficiência das corregedorias para separar e apontar os juízes que julgam daqueles que se limitam a despachar ou a ostentar a toga para obtenção de vantagens indevidas.[262]

Carlos Alberto Alvaro de Oliveira, por sua vez, assevera ser impossível esquecer alguns fatores extraprocessuais entre os quais o excesso de causas no sistema (a determinar as chamadas etapas mortas do processo), a composição numérica adequada dos quadros que administram a justiça (juízes e serventuários em geral), a formação técnica e ética de juízes, advogados, promotores de justiça, procuradores, funcionários da justiça, peritos, etc.[263]

O tema é polêmico, dividindo-se os críticos em favoráveis e desfavoráveis ao aumento do número de juízes no Judiciário. Independentemente desse debate, quando a cada argumento deduzido num determinado sentido, outro se levanta em sentido oposto, muitos deles já expostos nas divergências doutrinárias antes apontadas, há um consenso de algo precisa ser feito! Assim, se de um lado é válido investir em maior infraestrutura pessoal, também é certo que o custeio repercute sobre o cidadão, além de retroalimentar a propositura de novos feitos, sob a promessa de atendimento adequado. De certa forma, não há posições certas ou erradas, pois todas se afinam a uma fatia da realidade.

Por outro lado, se há juízes não operosos – e não se afirma o contrário, embora o número de processos julgados por cada julgador, no Brasil, são superiores a médias apontadas por outros países –, também há proposituras de ações absolutamente temerárias, firmadas por advogados descompromissados com a cidadania e o Estado social democrático de Direito, ganhando espaço no mundo jurídico as chamadas "ações artificiais", no mais das vezes amparadas pela gratuidade de

---

[261] ASSIS, *Duração razoável do processo e reformas da lei processual civil*, op. cit., p. 18.

[262] CARDOSO, Antonio Pessoa. A sentença e o juiz: as principais causas da lentidão dos julgamentos. *Consulex: Revista Jurídica*, Brasília, v. 6, n. 122, p. 10-12, 2002.

[263] ALVARO DE OLIVEIRA, Carlos Alberto. Os direitos fundamentais à efetividade e à segurança em perspectiva dinâmica. *Revista de Processo*, v. 155, p. 11-26, jan. 2008.

justiça, como amplamente noticiado, em avaliação sobre ações voltadas a tutelar o direito à saúde.[264]

Ademais, não se pode olvidar, como destaca Adão de Assunção Duarte, que a Constituição Federal de 1988 brindou a todos com a mais intensa e extensa gama de direitos e garantias, individuais e coletivos, sociais e econômicos, profissionais e culturais, a ponto de se chocarem alguns entre si, daí emergindo conflitos que desembocam no Judiciário e a necessidade de maiores recursos materiais e humanos. Na visão do autor,

> Basta lembrarmos que a implementação de cada plano econômico produziu uma avalanche de processos e procedimentos em direção ao Judiciário. A sociedade ficou mais atenta (...). Espoucaram mandados de segurança individuais e coletivos. Choveram ações cautelares. Brotaram ações declaratórias, de repetição de indébito, ordinárias e outras em uma proporção sem precedentes.
>
> Ora, com essa nova arrancada da sociedade rumo ao Judiciário, este Poder, mormente nas grandes questões a nível nacional, pode responder, à altura, aos anseios sociais e institucionais e assim o fez, e está fazendo, (...) porque se moderniza e se modernizou nesses últimos anos (...).
>
> Entretanto, com a efervescência e mobilização por que passa a sociedade brasileira, sentimos que a modernização do Poder Judiciário deve prosseguir. Mais juízes, mais Varas, mais servidores, mais recursos materiais e humanos deverá ter esse Poder, a fim de que possa continuar enfrentando os problemas e processos que lhe sejam encaminhados pela sociedade.[265]

Segundo ensinamento de Tomás Pará Filho, o Poder Judiciário tem que obedecer a uma crescente adequação ao mundo dos fatos, pois "a vida real não existe para os sistemas, e, pelo contrário, os sistemas devem ser feitos para a vida real".[266]

Para José Carlos Barbosa Moreira, "não se promove uma sociedade mais justa, ao menos primariamente, por obra do aparelho judicial. É todo o edifício, desde as fundações, que para tanto precisa ser revisto e reformado".[267] Essa afirmação ganha relevo quando, cediço, é o próprio Estado o maior litigante em todos os níveis e esferas do Poder

---

[264] Segundo o desembargador do Tribunal de Justiça, Rogério Gesta Leal, essas organizações –, compostas por médicos, advogados, empresários e até pacientes – constituem uma máfia da saúde pública. "Criam-se demandas artificiais de medicamentos por meio de ações judiciais para que determinadas pessoas repassem esses medicamentos para uma rede de distribuição de produtos fármacos no mercado negro", resume. In: <http://www.cnm.org.br/index.php?option=com_content&view=article&id=24298:com-74-mil-processos-rio-grande-do-sul-e-lider-em-judicializacao-da-saude&catid=71:entidades-estaduais>, acesso em 01 Mar.2014.

[265] DUARTE, Adão de Assunção. Um judiciário mais ágil, um processo mais veloz. *Revista do Tribunal Regional Federal da Primeira Região*, Brasília, v. 6, n. 3, p. 30, jul. 1994.

[266] PARÁ FILHO, Tomás. A chamada "uniformização da jurisprudência". *Revista de Processo*. São Paulo: Revista dos Tribunais, v. 1, p. 75, 1976.

[267] BARBOSA MOREIRA. *Por um processo socialmente efetivo*, op. cit., p. 181.

Judiciário. De certa forma, insuficiências e dificuldades do Executivo foram repassadas para o Judiciário, operando-se o que a doutrina passou a identificar como judicialização da política,[268] contribuindo sensivelmente para a atual situação que caminha, sem qualquer exagero, para uma falência do sistema judiciário.

A verdade é que a estrutura do sistema não é questionada, nem problematizada pelos que sofrem os danos de uma justiça que perdeu, até mesmo, a desejada funcionalidade. Os processualistas não questionam a estrutura do sistema, limitam-se a melhorar o seu funcionamento, como se o problema residisse em algum defeito funcional.[269] Neste particular, Ovídio Araújo Baptista da Silva afirma que o Estado brasileiro não dotou o Poder Judiciário da estrutura que seria necessária para corresponder aos desafios de uma sociedade complexa, de massas. "O apoio material não acompanhou as exigências da sociedade brasileira. O crescimento da demanda foi exponencial e a oferta do serviço judiciário caminhou muito lentamente".[270]

Assim, percebe-se que não obstante as reformas processuais sejam necessárias e até desejáveis, o problema da grande quantidade de processos que emperram as pautas de julgamento e assolam o Poder Judiciário não está unicamente relacionado à quantidade de ações ajuizadas ou recursos interpostos, mas também aos problemas estruturais do sistema.

O grande desafio está posto: independentemente de novos modelos processuais, voltados a atender, com especificidade, os conflitos repetitivos – modelos esses de que ainda não dispomos – é preciso trabalhar em outras frentes, seja na (re)distribuição de esforços pessoais (cediço que os magistrados das instâncias recursais contam com maior número de assessoria do que os magistrados de primeiro grau, por exemplo, embora inverso o volume de trabalho), seja na racionalização de competências, estabelecendo-se serviços judiciais especializados, seja na migração do sistema de documentação processual, adotando-se em larga escala processos informatizados hábeis a atender as deman-

---

[268] Remete-se o leitor para VIANNA, Luiz Werneck et al. (Orgs.). *A judicialização da política e das relações sociais no Brasil*. Rio de Janeiro: Revan, setembro de 1999.

[269] SILVA, Ovídio Araújo Baptista da. *Da função à estrutura*, op. cit., p. 9-19.

[270] SILVA, Ovídio Araújo Baptista da. Das alterações no procedimento dos recursos e da ação rescisória (Lei nº 11.276/06 e nova redação dos arts. 489 e 555, dada pela Lei nº 11.280/06). In: *As recentes reformas processuais*: leis 11.187, de 19/10/05; 11.232, de 22/12/05; 11.276, de 07/02/06; 11.277, de 07/02/06; 11.280, de 16/02/06. [ciclo de estudos]. Coordenação geral: Luiz Felipe Brasil Santos; coordenação adjunta: Rejane Maria Dias de Castro Bins. Porto Alegre: Tribunal de Justiça do Estado do Rio Grande do Sul. Departamento de Artes Gráficas, 2006, p. 116-120. (Cadernos do Centro de Estudos; v. 1).

das específicas que um processo provoca, o que por certo não esgota as propostas de construção de um novo paradigma de jurisdição.

Outras bandeiras poderiam, também, ser abordadas, mas que escapam aos limites deste trabalho, como maior cobrança na produtividade judicial, evitando-se os graus de congestionamento processual, e como combate mais efetivo à litigância de má fé, câncer que opera exatamente em sentido oposto à efetividade da prestação jurisdicional.

Por derradeiro, construir um modelo em que os sucessivos graus de jurisdição fossem reduzidos, valorizando-se a jurisdição de primeiro grau, não pode ser descartada daquele que pretende, com o olhar da ciência e não da paixão, contribuir com reflexões sobre as mazelas e as insuficiências do paradigma de processo construído ao longo do século XX e do qual ainda não aprendemos a nos divorciar.

3.3. Importância do juízo monocrático no tratamento das ações repetitivas

Como visto nesse capítulo, nas últimas décadas, significativa fatia das ações ajuizadas ou recursos interpostos são repetitivos. Ou seja, possuem tais ações a mesma parte base (pessoa jurídica de direito público ou de direito privado) e a mesma causa de pedir, variando apenas o litigante pessoa física ou jurídica que integra a relação jurídica homogênea e o pedido mediato, ou seja, o bem da vida perquirido.

Neste contexto, a ampliação dos poderes do relator foi claramente motivada pela necessidade de se "limitar o número de recursos a serem julgados em sessão, tendo-se em vista o desmedido aumento do número de processos (fenômeno, aliás, de âmbito mundial), sem o correspondente aumento no quantitativo de magistrados".[271]

Nas decisões colegiadas sempre se tem um magistrado que atua como relator, a ele cabendo o exame aprofundado da causa submetida ao colegiado. Resta evidente que em se tratando de recurso manifestamente inadmissível, improcedente, prejudicado ou em confronto com súmula ou jurisprudência dominante do respectivo tribunal, do STF ou de Tribunal Superior, não há razão prática para que o relator remeta o recurso à análise do colegiado.

Em verdade, apesar da inerente colegialidade de análise dos recursos, o sistema normativo brasileiro vivencia uma notória tendência de outorga de poderes monocráticos aos relatores dos recursos sob o

---

[271] CARNEIRO, Athos Gusmão. Poderes do relator e agravo interno – Artigos 557, 544 e 545 do CPC. *Revista Síntese*, idem, p. 6.

discurso da busca de um processo em tempo razoável e visando a "desobstruir a pauta dos tribunais ao dar preferência a recursos que realmente reclamam a apreciação do colegiado, aqueles em que há matéria controversa".[272]

Frente à desmedida multiplicação do número de demandas no Brasil, o julgamento monocrático proporciona decisões rápidas nos tribunais, ao mesmo tempo em que descongestiona a pauta de julgamentos.[273]

Forçoso concluir que se o julgamento monocrático do recurso já ganhava relevo e importância nos processos sem caráter repetitivo, afastando desde logo a intervenção do colegiado quando possível encontrar liminarmente a solução para a irresignação manejada via recurso,[274] mais se fortalece a técnica frente às ações de massa, especialmente naquelas em que o órgão fracionário competente para o julgamento do recurso já tenha orientação firmada e, nos termos da lei processual, orientação essa amparada em precedentes jurisprudenciais (*caput* e § 1º do art. 557).

Nas ações – e consequentemente seus respectivos recursos – repetitivas, há dois grandes desafios aos intérpretes, a saber: a) identificar que através daquela demanda proposta – aparentemente subjetiva e individual, mas qualificada pela homogeneidade – está se instaurando um conflito que atinge uma coletividade e que voltará em sede de incontáveis outros feitos a exigir tomada de posição pelo órgão julgador; b) entre as diversas demandas propostas, identificar as que efetivamente são da mesma natureza e espécie e aquelas que porventura possam guardar alguma peculiaridade, o que não significa que também não possam comportar um outro grupo de pleitos repetitivos, desdobrando-se em mais de uma espécie, com decisões distintas entre si.

Exemplo clássico, as ações que por longas três décadas afligiram as diversas instâncias do Poder Judiciário no tocante a negócios jurídicos bancários. Inúmeros os pleitos deduzidos, tais como juros remuneratórios, multa, mora, correção monetária, comissão de permanência, juros moratórios e tantos outros itens conflituosos.

O primeiro crivo a ser feito já acontece no primeiro grau. Contudo, a subirem os primeiros recursos, o mesmo fatalmente se dará perante os órgãos fracionários, o que requer um tempo mínimo de enfrentamento, de reflexão, processo a processo, e, consequentemente, de julgamento,

---

[272] NUNES, op. cit., p. 324.

[273] ALVIM, op. cit., p. 31.

[274] Remete-se o leitor para o primeiro capítulo deste trabalho, que cuidou expressamente das decisões monocráticas nos tribunais brasileiros.

para só então se concluir pela repetitividade. Nesse passo, o primeiro grau e o segundo grau atuam em momentos temporais distintos. Não é diferente quando a(s) questão(ões) posta(s) a decidir chegar(em) aos tribunais superiores.

Essa exigência, ainda que tenha custo temporal – sempre indesejável – e o risco de decisões antagônicas – o que pode representar uma insuficiência do sistema –, é indispensável para que possa haver o devido amadurecimento do conflito e da decisão a ser tomada.

E, nessa fase, o julgamento monocrático pelo relator se mostra precoce e não apropriado.

Quando uma demanda que envolve direitos subjetivos homogêneos é posta para ser decidida pelo Judiciário, a visão do julgador – e tanto faz se é de primeiro grau ou integrante dos tribunais – deve contemplar todas as hipóteses e consequências jurídicas, econômicas e sociais de sua decisão. O olhar para o conflito extrapola os limites individuais das partes envolvidas naquele processo individual. Não é a toa que o próprio Superior Tribunal de Justiça mantém em seu site um link para os recursos repetitivos, exigência que também foi estendida aos tribunais locais, a exemplo do que ocorre com o Tribunal de Justiça do Rio Grande do Sul, que mantém um banco de dados sobre as ações coletivas, em especial as que tratam de direitos subjetivos homogêneos.[275]

Nesse sentido, o próprio estatuto processual estabeleceu a exigência de súmula ou jurisprudência dominante nos tribunais superiores e nos tribunais locais para negar seguimento ao recurso monocraticamente e, para dar-lhe provimento nessas mesmas condições, súmula ou jurisprudência dominante nos tribunais superiores.

Sabe-se, porém, que até que venha uma decisão dos tribunais superiores definindo, nos limites do que é possível definir, a orientação a ser tomada numa determinada questão posta em demanda repetitiva, tanto os juízos de primeiro grau como os dos tribunais locais estariam soterrados por milhares e milhares de feitos repetitivos. Registre-se, a bem da verdade, que a exigência da lei processual decorre de reforma realizada no fim da década de noventa, já estando há mais de 15 anos superada pelos novos números. Aliás, no particular, regra para o juiz de primeiro grau veio com a introdução do art. 285-A, através da Lei n. 11.277/06, liberando o magistrado a decidir pela improcedência, quando a questão for exclusivamente de direito, e já tenha ele se

---

[275] In: <http://www3.tjrs.br/proc/acoes_coletivas/index.php>. Acesso em 03 Mar. 2014.

pronunciado anteriormente em caso análogo, sem qualquer referência a entendimentos jurisprudenciais dos tribunais.

A escolha legislativa de manter o juízo monocrático nos tribunais – e, quiçá, dos órgãos colegiados também – refém das orientações firmadas pelos tribunais superiores, especialmente no âmbito das demandas repetitivas, não faz mais qualquer sentido, sempre presente a hipótese de que ainda não foi a questão enfrentada pelas instâncias superiores. Ou seja, a controvérsia carece de precedentes firmados pelo Supremo Tribunal Federal ou pelo Superior Tribunal de Justiça. É nesse espaço que se defende que o relator, tratando-se de ação repetitiva, possa, desde logo e monocraticamente, negar seguimento ou mesmo prover o recurso, caso o tema já tenha sido debatido à exaustão pelo órgão fracionário do qual seja membro, investindo-se com tal providência na celeridade e efetividade processual.

Como já visto alhures, ao vencido sempre remanescerá a via do recurso do agravo (art. 557, § 1º, CPC), provocando a manifestação do colegiado, que poderá manter ou reformar a decisão singular.

Para Daniel Mitidiero, a regra do art. 555, *caput* e § 1º-A, do CPC, tem o mérito de prestigiar o *precedente*.[276] Sem sombra de dúvida que o precedente a ser privilegiado, num primeiro momento, até por conter – ou dever conter – força vinculativa, é o precedente dos tribunais superiores. Contudo, na federação judiciária que a Constituição Republicana e a tradição dos mais de cem anos de república consagraram, também os tribunais locais são produtores de precedentes, tanto que autorizados a editar súmulas, nas matérias que lhe são afeitas pela distribuição da competência. Assim, enquanto não sobrevier precedente das instâncias superiores, há de se fazer prevalecer no julgamento das ações repetitivas os precedentes locais. E esses podem ser produzidos no microssistema das câmaras separadas, até porque certas matérias podem ser comuns a alguns grupos de câmaras e não a outros, tendo-se presente a diversidade existente entre os 27 tribunais locais, apenas para falar no âmbito da justiça estadual, sem embargo de também os tribunais regionais federais desse entendimento se fazer valer.

Insiste-se que tal providência não afronta o sistema vigente. A uma, como já dito, o recurso de agravo a provocar o colegiado pelo vencido. A duas, sobrevindo entendimento diferente oriundo dos tribunais superiores ao que vinha sendo adotado pelo órgão fracionário, nada impede a retratação por aquele órgão, cumprindo, nesse caso, ao relator não manejar a decisão singular, mas encaminhar ao grupo o

---

[276] MITIDIERO, Daniel. *Cortes superiores e cortes supremas: do controle à interpretação da jurisprudência ao precedente.* São Paulo: Revista dos Tribunais, 2013, p. 112.

processo que lhe foi submetido para reavaliação das decisões pretéritas, assumidas em outros feitos.

Aliás, o próprio STJ já está dando mostras que as reformas introduzidas para fazer valer decisões em sede de ações repetitivas estão aquém das necessidades que os novos tempos foram impondo, sendo mais recentemente tomadas providências por relatores aos quais ficou afeto o recurso repetitivo não contempladas na lei processual, ao efeito de determinar a suspensão de todos os e recursos, embora cumprindo a cada tribunal agir dentro de sua competência, relativamente aos recursos ainda em tramitação, dando uma extensão ao disposto no art. 543-C, § 1º, que o mesmo não contempla.[277]

Julgar na forma concentrada, consoante autorizam os artigos 543-B e 543-C, do CPC,[278] ou, como pretendem outros, por amostragem,[279] ou ainda por decisão monocrática do relator, nos termos do art. 557, do CPC, pode não configurar o ideal de justiça que está no íntimo de cada ser humano e que, mesmo sendo parte de uma relação de massa, ainda assim se vê como o centro do universo, mas é a justiça que os homens podem produzir, presente as limitações que a própria sociedade impõe às instituições. O homem limita o homem.

Pode-se afirmar que enquanto houver uma lide a ser decidida, seguir-se-á uma decisão que invariavelmente produzirá um vencido; e enquanto houver um vencido, haverá a expectativa de uma irresignação; e enquanto se permitir a via de irresignação (recurso), não haverá decisão. O homem pode ir à lua – como de fato já foi; o homem pode superar todos os seus limites criativos pela ciência e tecnologia, mas essa verdade, verdade que alimenta o sistema processual, é insuperável e invencível: a decisão – sempre tão almejada – é produtora não só de um vencedor, mas também de um vencido.

---

[277] Nesse sentido, nos autos da Ação Coletiva, proc. 0909576-26.2013.8.24.0023, que tramita junto ao Superior Tribunal de Justiça e que foi promovida pelo Ministério Público do Estado de Santa Catarina contra SERASA S/A, tendo por objeto questionar a pontuação adotada no sistema Concentre Scoring, foi concedida pelo Ministro Relator liminar, deixando, porém, ao critério de cada tribunal a ordem de suspender ou não os feitos que se encontram na origem, independentemente de sua fase procedimental. No Tribunal de Justiça do Rio Grande do Sul, foi expedido o Ato n. 04/2013-1ª VP, ao efeito de suspender a distribuição dos recursos de apelação e agravo de instrumento de feitos que estejam sob a abrangência da ação coletiva, o que se mostra salutar, na medida em que evita um significativo número de decisões, cujo futuro é incerto, porque a questão está afetada ao Superior Tribunal de Justiça, em sede de ação coletiva.

[278] MITIDIERO, Daniel. *Cortes Superiores e Cortes Supremas*, op. cit., p. 110.

[279] A exemplo, RODRIGUES, Baltazar José Vasconcelos. *O julgamento por amostragem em sede de recursos de natureza extraordinária de caráter repetitivo. Fundamentos teóricos e práticos. Críticas sob a ótica das garantias do processo*, tese apresentada e aprovada no XXXVII Congresso Nacional de Procuradores de Estado, realizado de 26 a 30 de setembro de 2011, em Belo Horizonte-MG.

3.4. Mecanismos tópicos vigentes para tratamento das ações repetitivas no Direito brasileiro

Conforme já referido, as reformas processuais dos últimos anos têm demonstrado a grande p reocupação com a celeridade do processo, bem como com o atraso na apresentação da tutela jurisdicional gerado pelo congestionamento do Poder Judiciário, agravado em razão da multiplicação de demandas repetitivas.[280]

Nicola Picardi e Dierle Nunes referem que, especialmente, ao se estabelecer, com nova dimensão, a garantia de um devido processo legal e de um pleno acesso à justiça, foram sendo dimensionadas técnicas para tratamento das ações repetitivas. Prosseguem, afirmando que as ações de massa, ou de alta intensidade, têm por base pretensões isomórficas, com especificidades, bem como apresentam questões (jurídicas e/ou fáticas) comuns para a resolução da causa.[281]

Mônica Bonetti Couto e Samantha Ribeiro Meyer-Pflug sustentam que "com a eliminação de processos repetitivos permite-se que o magistrado examine com maior acuidade os processos distintos garantindo assim um acesso à justiça mais eficaz, em sentido amplo".[282]

Há um consenso na doutrina quanto à necessidade de se dar tratamento diferenciado ao que representa, por excelência, processo subjetivo individual, e o processo subjetivo homogêneo, caracterizando-se pela figura da repetitividade no trato da questão material, repercutindo-se também nas questões processuais.

Para o tratamento das ações repetitivas passou-se a instituir diversos mecanismos, entre os quais, o instituto da repercussão geral da matéria constitucional em sede de recurso extraordinário (art. 543-A e 543-B, CPC), o julgamento de recurso especial pela técnica do julgamento concentrado ou julgamento por amostragem (art. 543-B e 543-C, CPC), o julgamento de improcedência sem citação do réu (art. 285-A, CPC) e as ações coletivas relativas a direitos individuais homogêneos, os quais passarão a ser analisados abaixo.

---

[280] PINTO, op. cit., p. 122.

[281] PICARDI, Nicola, NUNES, Dierle. O Código de Processo Civil brasileiro: origem, formação e projeto de reforma. *Revista de Informação Legislativa*, n. 190, t. 2, p. 100, abr.-jun, 2011.

[282] COUTO, Mônica Bonetti; MEYER-PFLUG, Samantha Ribeiro. Os mecanismos de contenção: repercussão geral e súmula vinculante e o acesso à justiça. Tema: "Democracia e reordenação do pensamento jurídico: compatibilidade entre a autonomia e a intervenção estatal". *Anais do XX Encontro Nacional do CONPEDI*. Belo Horizonte-MG, 22 a 25 junho de 2011. Disponível em: <http://www.conpedi.org.br>. Acesso em: 30 Mai. 2012.

Todos esses mecanismos, sem exceção, também se fazem valer, em maior ou menor grau, em determinada fase de seu processamento, de julgamentos monocráticos, operando tais técnicas de forma conjunta para se obter um resultado mais célere e efetivo na composição de conflitos repetitivos.

3.4.1. Repercussão geral no STF

O recurso extraordinário encontra-se previsto no artigo 102, III, da Constituição Federal de 1988,[283] no artigo 496, VII, do Código de Processo Civil

Trata-se de remédio introduzido no Direito pátrio pela Constituição Republicana de 1891 e que encontra raízes históricas no *writ of error* do direito norte-americano.[284] A repercussão geral é novidade introduzida pela Emenda Constitucional n. 45/2004, agregando-se ao recurso extraordinário como pressuposto constitucional, e tem por missão propiciar à Corte Suprema meio de exercer seu encargo de guardião da Constituição, fazendo com que seus preceitos sejam corretamente interpretados e fielmente aplicados.[285]

Luiz Fux esclarece que:

> Esta espécie de "filtro recursal" é amplamente adotada por diversas Cortes Supremas, dentre as quais, a Corte Norte-Americana através do *writ of certiorari*; a Suprema Corte Argentina via o "Requisito de Transcendência" assemelhando-se o novel instituto à antiga arguição de relevância da questão federal, que tantos recursos excepcionais impediu acudissem à Egrégia Corte antes da sua repartição constitucional de competência recursal, *ratione materiae*, com o E. Superior Tribunal de Justiça.[286]

Exemplo significativo de regulamentação estrangeira que evidencia a importância da filtragem dos recursos extraordinários é o do Código de Processo Civil nacional argentino. Segundo Augusto Morello, no Direito argentino, o recurso extraordinário para alcançar o exame

---

[283] O art. 102, III, da Constituição Federal dispõe: "Compete ao Supremo Tribunal Federal, precipuamente, a guarda da Constituição, cabendo-lhe: (...) III – julgar, mediante recurso extraordinário, as causas decididas em única ou última instância, quando a decisão recorrida: a) contrariar dispositivo desta Constituição; b) declarar a inconstitucionalidade de tratado ou lei federal; c) julgar válida lei ou ato de governo local contestado em face desta Constituição; d) julgar válida lei local contestada em face de lei federal."

[284] BARBOSA MOREIRA, José Carlos, *Comentários ao Código de Processo Civil*, v. V: arts. 476 a 565, 12. ed. rev. e atual. Rio de Janeiro: Forense, 2005, p. 577.

[285] THEODORO JÚNIOR, Humberto. Repercussão geral no recurso extraordinário (Lei n°11.418) e súmula vinculante do Supremo Tribunal Federal (Lei n° 11.417). *Revista Magister de Direito Empresarial, Concorrencial e do Consumidor*. Porto Alegre, v. 3, n. 14, p. 80, abr./maio 2007.

[286] FUX, Luiz. *A reforma do processo civil: comentários e análise crítica da reforma infraconstitucional do Poder Judiciário e da reforma do CPC*. 2. ed. Niterói, RJ: Impetus, 2008, p. 285.

de mérito pela Suprema Corte tem de revelar uma repercussão geral (ou institucional) a ser extraída do seu objeto revelado pelas razões recursais.[287]

Humberto Theodoro Júnior leciona que:

> O problema é antigo e universal. A Constituição anterior enfrentou por meio do mecanismo então denominado "argüição de relevância". Por se tratar de remédio concebido durante a ditadura militar, a reconstitucionalização democrática do país, levada a efeito pela Carta de 1988, a repeliu por completo, ao invés de aprimorá-la ou substituí-la por outro meio de controle que desempenhasse a mesma função mas de maneira mais adequada ao Estado Democrático de Direito.[288]

E prossegue o processualista, afirmando que o recurso extraordinário nunca teve a função de proporcionar ao litigante inconformado com o resultado do processo uma "terceira instância" revisora da injustiça acaso cometida nas instâncias ordinárias. Toca ao Supremo Tribunal Federal, por via dos julgamentos dos recursos extraordinários, realizar a autoridade e supremacia da Constituição.

Sucede que, por conta da falta de filtragem da relevância do recurso extraordinário, o Supremo Tribunal Federal passou a acumular anualmente um excessivo número de recursos, desnaturando por completo seu verdadeiro papel institucional, de modo a impedir que questões de verdadeira dimensão pública pudessem merecer a apreciação detida e ponderada exigível de uma autêntica Corte Constitucional.[289]

Por isso, a Emenda Constitucional nº 45, de 8 de dezembro de 2004, trouxe relevante modificação no âmbito do recurso extraordinário,[290] ao acrescentar o § 3º ao art. 102 da Constituição Federal:

> No recurso extraordinário o recorrente deverá demonstrar a repercussão geral das questões constitucionais discutidas no caso, nos termos da lei, a fim de que o Tribunal examine a admissão do recurso, somente podendo recusá-lo pela manifestação de dois terços de seus membros.

O objetivo desta restrição é possibilitar que o Supremo Tribunal Federal selecione os recursos extraordinários que irá analisar, de acordo com critérios de relevância jurídica, política, social ou econômica.[291] Visa, ainda, a outorgar ao Supremo Tribunal Federal as condições

---

[287] MORELLO, Augusto Mario. *La nueva etapa del recurso extraordinário:el certiorari*. Buenos Aires: Platense-Abeledo-Perrot, 1990, p. 120-121.

[288] THEODORO JÚNIOR, Humberto. *Repercussão geral no recurso extraordinário*, op. cit., p. 80.

[289] Idem, p. 81.

[290] Cabe referir que a EC 45/2004 também consagrou nova hipótese de cabimento do recurso extraordinário, acrescendo uma nova alínea ao art. 102, III, da CF/88: "d) julgar válida lei local contestada em face de lei federal".

[291] BARBOSA MOREIRA, José Carlos. A Emenda Constitucional 45/2004 e o processo. *Revista de Processo*, São Paulo, Revista dos Tribunais, v. 130, 2005, p. 240.

necessárias para que bem exerça sua função de órgão de cúpula, consistindo em instrumento de controle de acesso à Corte Constitucional, de modo a coibir a indevida ordinarização da instância extraordinária e reforçar o papel do recurso extraordinário como instrumento de defesa da Constituição Federal.[292]

Conforme Daniel Mitidiero e Luiz Guilherme Marinoni,

trata-se de salutar expediente que, ao mesmo tempo, visa a concretizar o valor de igualdade e patrocinar sanável economia processual, racionalizando a atividade judicial sobre, consoante já se destacou, contribuir para a realização da unidade do Direito em nosso Estado Constitucional.[293]

Assim, o recorrente, além de ter que fundamentar o seu recurso em alguma das hipóteses do art. 102, III, da Constituição Federal, terá que demonstrar repercussão geral do que está sendo alegado. A verificação da repercussão geral da questão constitucional somente se dará se positivo o juízo sobre a presença de todos os demais pressupostos de admissibilidade do recurso extraordinário.[294]

Por outro lado, a introdução desse instituto no Direito pátrio valoriza sobremaneira a jurisdição dos tribunais locais, na medida em que questões constitucionais desprovidas de repercussão geral serão decididas em última instância na origem, sequer ensejando, no particular, recurso especial porque não é da esfera de competência do Superior Tribunal de Justiça decidir temas constitucionais, já que o seu papel está comprometido com a unicidade do direito federal e, portanto, infraconstitucional. Assim como a modificação da regra constitucional estabeleceu que ao Supremo Tribunal Federal compete decidir questões que se qualifiquem como transcendentes aos interesses das partes litigantes, por via avessa, autorizou que demandas limitadas aos interesses exclusivos dos litigantes, ainda que qualificadas pela ordem constitucional, exaurem-se nas instâncias locais. Segundo o site do Supremo Tribunal, no *link Estatísticas e Relatórios*, foram 702 processos julgados, considerados *leading case*, com negativa da presença da repercussão geral, até a data de acesso, em 02.03.2014.[295] Se multiplicados esses recursos assim julgados pelo número de possíveis interessados na decisão, com processos em andamento ou em via de serem aforados, alcançar-se-á um montante impensável. E o que importa relevar:

---

[292] AZEM, op. cit., p. 119.

[293] MARINONI, Luiz Guilherme; MITIDIERO, Daniel. *Repercussão geral no recurso extraordinário.* São Paulo: Revista dos Tribunais, 2007, p. 17.

[294] AZEM, op. cit., p. 92.

[295] In: <http://www.stf.portal/cms/verTexto.asp?servico=jurisprudenciaRepercussaoGeral&pagina=listas_rg>, acesso em 02.03.2014.

as decisões proferidas nos tribunais locais passaram a ser, para o bem ou para o mal, irrecorríveis, consagrando-se a jurisdição local.

Quanto ao processamento da repercussão geral, regulamentando o § 3º do artigo 102 da Constituição Federal, a Lei nº 11.418, de 2006, acrescentou os artigos 543-A e 543-B ao Código de Processo Civil de 1973.

No art. 543-A, foram ditadas as regras definidoras da extensão do que se deva entender por repercussão geral das questões constitucionais debatidas no caso além de questões afins, estas relativas à aprovação ou negação da incidência do instituto.[296]

Já o art. 543-B pautou-se por dispor das regras relativas ao trâmite de uma multiplicidade de recursos extraordinários pendentes, cuja controvérsia se pauta em fundamentos idênticos. A análise da repercussão geral é, ainda, processada nos termos do Regimento Interno do Supremo Tribunal Federal, conforme previsão do art. 543-B, § 1º.[297]

A decisão sobre a repercussão geral, positiva ou negativa, é irrecorrível (art. 543-A, *caput*).[298] No entanto, é possível a oposição de

---

[296] O art. 543-A do Código de Processo Civil dispõe: "O Supremo Tribunal Federal, em decisão irrecorrível, não conhecerá do recurso extraordinário, quando a questão constitucional nele versada não oferecer repercussão geral, nos termos deste artigo". § 1º Para efeito da repercussão geral, será considerada a existência, ou não, de questões relevantes do ponto de vista econômico, político, social ou jurídico, que ultrapassem os interesses subjetivos da causa. § 2º O recorrente deverá demonstrar, em preliminar do recurso, para apreciação exclusiva do Supremo Tribunal Federal, a existência da repercussão geral. § 3º Haverá repercussão geral sempre que o recurso impugnar decisão contrária a súmula ou jurisprudência dominante do Tribunal. § 4º Se a Turma decidir pela existência da repercussão geral por, no mínimo, 4 (quatro) votos, ficará dispensada a remessa do recurso ao Plenário. § 5º Negada a existência da repercussão geral, a decisão valerá para todos os recursos sobre matéria idêntica, que serão indeferidos liminarmente, salvo revisão da tese, tudo nos termos do Regimento Interno do Supremo Tribunal Federal. § 6º O Relator poderá admitir, na análise da repercussão geral, a manifestação de terceiros, subscrita por procurador habilitado, nos termos do Regimento Interno do Supremo Tribunal Federal. § 7º A Súmula da decisão sobre a repercussão geral constará de ata, que será publicada no Diário Oficial e valerá como acórdão.

[297] O art. 543-B do Código de Processo Civil dispõe: "Quando houver multiplicidade de recursos com fundamento em idêntica controvérsia, a análise da repercussão geral será processada nos termos do Regimento Interno do Supremo Tribunal Federal, observado o disposto neste artigo". § 1º Caberá ao Tribunal de origem selecionar um ou mais recursos representativos da controvérsia e encaminhá-los ao Supremo Tribunal Federal, sobrestando os demais até o pronunciamento definitivo da Corte. § 2º Negada a existência de repercussão geral, os recursos sobrestados considerar-se-ão automaticamente não admitidos. § 3º Julgado o mérito do recurso extraordinário, os recursos sobrestados serão apreciados pelos Tribunais, Turmas de Uniformização ou Turmas Recursais, que poderão declará-los prejudicados ou retratar-se. § 4º Mantida a decisão e admitido o recurso, poderá o Supremo Tribunal Federal, nos termos do Regimento Interno, cassar ou reformar, liminarmente, o acórdão contrário à orientação firmada. § 5º O Regimento Interno do Supremo Tribunal Federal disporá sobre as atribuições dos Ministros, das Turmas e de outros órgãos, na análise da repercussão geral.

[298] Para Daniel Mitidiero e Luiz Guilherme Marinoni, do não recebimento do recurso extraordinário por ausência de repercussão geral caberá a parte recorrente impetrar mandado de segurança (art. 5º, II, L. 1.533/51). Sustentam que embora existam precedentes do STF que não admitem mandado de segurança contra ato de seus ministros certo é que a Constituição Federal autoriza a

embargos declaratórios, nas hipóteses de omissão, obscuridade ou contradição, uma vez que, por imperativo constitucional, a decisão sobre a repercussão geral deverá ser pública e motivada, representando a última palavra sobre a controvérsia.

O texto constitucional não conceitua o que seja repercussão geral, conforme se pode visualizar no § 1º do art. 543-A:

> § 1º Para efeito da repercussão geral, será considerada a existência, ou não, de questões relevantes do ponto de vista econômico, político, social ou jurídico, que ultrapassem os interesses subjetivos da causa.

Guilherme Beux Nassif Azem esclarece que, para que esteja presente a repercussão geral da questão constitucional, dois requisitos devem, em regra, vir conjugados: relevância do ponto de vista econômico, político, social ou jurídico; e transcendência (questões que ultrapassem os interesses subjetivos da causa).[299]

Daniel Mitidiero e Luiz Guilherme Marinoni ensinam que a repercussão geral é algo que deve transcender os limites subjetivos da causa, sendo um assunto de relevância extrema e que repercuta para muitas pessoas ou para diversos segmentos da sociedade, devendo ser analisado em cada caso concreto, já que cada situação é diferente da outra.[300]

Extrai-se da redação do artigo 543, § 1º, do CPC, que foram utilizados conceitos jurídicos indeterminados, o que aponta imediatamente para a caracterização da relevância e transcendência da questão debatida como algo a ser aquilatado em concreto, nesse ou a partir desse ou daquele caso apresentado ao Supremo Tribunal Federal, cumprindo a esse dar a última palavra.[301]

Quanto à expressão "repercussão geral", observa Teresa Arruda Alvim Wambier:

> O fato é que, cada vez mais, expressões e conceitos vagos integram os textos de lei, são relevantíssimos para a formulação verbal de princípios jurídicos e são a pedra de toque das cláusulas gerais. Esses fenômenos são cada vez mais comuns no direito do mundo contemporâneo. São postos pelo legislador de propósito na lei, pois têm a função de driblar a complexidade do mundo atual. São, de fato, características típicas das

---

cogitação de seu cabimento (art. 102, I, *d*), grifando a jurisprudência dessa mesma Corte o regime de direito estrito dessa previsão, que não admite nem a sua ampliação, nem, tampouco, a sua restrição (MARINONI; MITIDIERO, op. cit., p. 57).

[299] AZEM, op. cit., p. 120.
[300] MARINONI; MITIDIERO, op. cit., p. 34.
[301] Idem, p. 20.

técnicas atuais de normatização. Entende-se que leis minuciosas e numerações taxativas não são mais eficazes para coibir a realidade que o direito precisa disciplinar.[302]

É relevante sublinhar que na maioria das normas, existe uma relativa indeterminação, tendo em vista a impossibilidade de presciência integral de tudo o que pode ocorrer. A indeterminação de um conceito costuma erradamente ser apontada como uma imperfeição das línguas, entretanto, às vezes, atinge maior perfeição e requinte com conceitos vagos do que precisos, até porque, no caso concreto, apenas a atividade cotidiana da Corte Suprema construirá o conceito de repercussão geral.[303]

De todo necessária, em verdade, uma elasticidade no conceito definidor da repercussão geral, não somente pelas naturais e cada vez mais constantes mutações sociais, mas, inclusive, para que casos extremamente relevantes, que em princípio não se enquadrariam em normas fechadas, possam ser julgados pelo Supremo Tribunal Federal.[304]

Para Guilherme Beux Nassif Azem, a instituição de mecanismo de filtragem para a admissibilidade do recurso extraordinário se deu em momento oportuno, pois se trata de medida necessária diante do número de processos submetidos ao Supremo Tribunal Federal e, se bem utilizado, mormente no que toca aos recursos com fundamento em idêntica controvérsia, é possível que gere os efeitos pretendidos.[305]

Hamilton Carvalhido, ministro do Superior Tribunal de Justiça, alerta que os filtros criados no Superior Tribunal de Justiça e no Supremo Tribunal Federal para diminuir a subida de recursos, como a Repercussão Geral e a Lei de Recursos Repetitivos, não têm a função de estancar novas ações. Destaca que "instrumentos como a repercussão geral não vão fazer cessar a torrente de processos, e sim estabelecer o que o Direito decide ou deve decidir naquela questão, durante aquele período histórico (...)".[306] É bem possível que o ministro esteja com a razão, mas é pelo sistema de filtros recursais e tomadas de posição sobre

---

[302] WAMBIER, Teresa Arruda Alvim. Repercussão geral. *Revista do IASP*, ano 10, n. 19, p. 369, jan./jun. 2007.

[303] WAMBIER, Luiz Rodrigues; WAMBIER, Teresa Arruda Alvim; MEDINA, José Miguel Garcia. *Breves Comentários à nova sistemática processual civil*. 3. ed. São Paulo: Revista dos Tribunais, 2007, p. 243.

[304] AZEM, Guilherme Beux Nassif. Recurso extraordinário e Repercussão geral. *Páginas de Direito*. Disponível em: <http://www.tex.pro.br/tex/index.php>. Acesso em: 27 jan. 2012.

[305] AZEM. *Repercussão geral da questão constitucional no recurso extraordinário*, op. cit., p. 120.

[306] BRASÍLIA. Superior Tribunal de Justiça. Institucional. Notícias. *Filtros processuais não impedem início de ações, diz Ministro Carvalhido*. Disponível em: <http://www.stj.gov.br/portal_stj/publicacao/engine.wsp?tmp.area=398&tmp.texto=101234&tmp.area_anterior=44&tmp.argumento_pesquisa=quantidade de processos>. Acesso em: 28 Jan. 2012.

o que as cortes superiores irão ou não se debruçar que se dão os primeiros passos para uma efetiva reforma processual, estabelecendo-se com maior precisão as diversas instâncias de decisão judicial, rotulando-se quais são instâncias legítimas e quais ilegítimas para o enfrentamento do debate, ínsito a qualquer processo. Pelo menos, não se vislumbra outra saída heroica para o dilema da hipertrofia dos tribunais superiores, em especial no âmbito das ações repetititivas.

Ademais, ao se exigir a demonstração da repercussão geral no recurso extraordinário, afasta-se a "vulgarização do acesso" ao Supremo Tribunal Federal, em não raras vezes instado a se pronunciar sobre questões absolutamente incompatíveis com a sua função.[307]

O novel pressuposto recursal – que atua no âmbito do juízo de admissibilidade do recurso, com competência exclusiva do próprio Supremo para sua apreciação –, diz diretamente com as ações (e recursos) repetitivas, ainda que possa, em tese, ser levantada a repercussão geral numa ação única, bastando que essa demanda tenha potencial para se tornar repetitiva, que aqui, pontualmente, se confunde com a sua transcendência.

Uma determinada demanda pode até não ter caráter repetitivo, mas qualificar-se como de repercussão geral, a exemplo de um processo que questione a titularidade do mandato eletivo advindo das urnas. A decisão a ser proferida em seu seio pode representar uma decisão paradigmática a regrar a matéria posta à luz dos ditames constitucionais. Por outro lado, uma demanda repetitiva, o que por si só já a qualifica como transcendente, pode não preencher o requisito da relevância do ponto de vista econômico, político, social ou jurídico, a merecer a chancela do Supremo Tribunal Federal.

Enquanto o art. 543-A cuida, em seu § 1º, de estabelecer essa dualidade – relevância da matéria e transcendência de interesses –, no § 2º estabelece a presunção legal de que recurso que se volte contra decisão contrária à súmula ou jurisprudência dominante do Supremo Tribunal Federal caracteriza-se como de repercussão geral, apontando diretamente para o fenômeno das ações e recursos repetitivos. De qualquer sorte, coube ao art. 543-B fazer a ponte entre a relevância do tema e a sua repetitividade. É o quanto basta para se ter o instituto da repercussão geral como importante aliado no combate às demandas de massa, embora o enfrentamento se dê na última de todas as instâncias, o que significa dizer que na origem, primeiro grau e tribunais recursais locais, o preço pelo custo temporal e pelo excessivo uso da máquina judiciária já foi pago.

---

[307] AZEM, op. cit., p. 120.

Por outro lado, embora o reconhecimento da repercussão geral e o consequente enfrentamento do mérito do recurso extraordinário reclame julgamento pelo colegiado, plenário ou turma (para reconhecer a repercussão geral, basta que a turma, por quatro votos, assim o declare, ficando, nesse caso, dispensada a remessa do recurso para o plenário, conforme dispõe o § 4º do art. 543-A do CPC), o fato é que uma vez negada a repercussão geral, a decisão valerá para todos os recursos sobre matéria idêntica, o que poderá ser decidido monocraticamente, pelo relator, indeferindo-os liminarmente conforme dispõe o § 5º do predito dispositivo legal.

Igual providência, isso é, julgamento monocrático, é adotada no § 4º do art. 543-B do CPC, para a hipótese em que, após o julgamento paradigmático do recurso extraordinário, as instâncias locais, resistindo à adoção do precedente, mantenham o julgamento originário, com a consequente remessa ao Supremo Tribunal Federal dos recursos até então sobrestados, poderá liminarmente – leia-se, pelo relator – ser a decisão cassada ou reformada.

Ou seja, conjugam-se, na esfera dos recursos extraordinários e repercussão geral, as duas técnicas, filtragem recursal e julgamento monocrático, ao efeito de se vencer os insuperáveis volumes de recursos repetitivos.

3.4.2. Recursos repetitivos

Para Araken de Assis, "um dos fenômenos da sociedade de massas reside na constituição de numerosos litígios, exibindo ou não uma das partes em comum, nos quais a controvérsia abrange idêntica questão de direito". Assim, "para obter o máximo de eficiência no julgamento de recursos vertidos nessas causas, e uniformizar rapidamente a solução em proveito comum, a Lei n. 11.672, de 08.05.2008, instituiu regime específico para o procedimento do recurso especial por intermédio do art. 543-C e parágrafos",[308] a exemplo do que se deu na competência do Supremo Tribunal Federal por força da Lei n. 11.418/2006, objeto de análise no tópico anterior.

O procedimento em referência foi regulamentado pela Resolução nº 08, de 14 de julho de 2008, do Superior Tribunal de Justiça.

Humberto Gomes de Barros, *ministro do Superior Tribunal de Justiça*, afirma que:

---

[308] ASSIS, Araken de. *Manual dos recursos*, op. cit., p. 815.

A Lei nº 11.672/2008 representa uma "carta de alforria" para o Superior Tribunal de Justiça. Em 2007, o tribunal julgou mais de 330 mil processos, dos quais 74% referiam-se a questões já pacificadas na corte. Esses processos lotam os gabinetes e dificultam o julgamento de matérias de maior interesse da sociedade.[309]

A Lei 11.672/2008 inspirou-se, pois, no procedimento previsto pela Lei nº 11.418/06, que criou mecanismo simplificando o julgamento de recursos múltiplos, fundados em idêntica matéria, no Supremo Tribunal Federal. Não criou propriamente um requisito específico de admissibilidade a exemplo do instituto da repercussão geral para o recurso extraordinário, até porque não detinha o Legislador autorização constitucional para tanto, mas tratou apenas do processamento a ser observado quando interposto determinado recurso especial na situação particular de ser um entre tantas causas repetitivas.

Segue o modelo de regramento do processo para julgamento dos recursos extraordinários repetitivos (art. 543-B, CPC). Assim, o tribunal local deverá proceder à seleção dos recursos que melhor representem as discussões em torno da questão, ficando suspensos os demais recursos especiais até o pronunciamento definitivo do Superior Tribunal de Justiça (art. 543-C, § 1º, CPC), permitindo-se a intervenção de *amicus curiae* neste julgamento (art. 543-C, § 4º, CPC).

Quanto à seleção dos casos representativos da controvérsia,[310] o § 1º, do art. 543-C, do CPC, aduz que serão escolhidos um ou mais recursos sobre a questão de direito reprisada, em sede de recurso especial, no Judiciário. O § 1º do art. 1º da Resolução nº 08/2008, do STJ, afirma que deverá ser selecionado ao menos um processo de cada Relator e, dentre esses, os que contiverem maior diversidade de fundamentos no acórdão e de argumentos no recurso especial.

Contra a decisão que seleciona determinado recurso, ou que deixa de escolher outro, não cabe recurso. Observa Araken de Assis, "a errônea seleção não tem remédio direto. Resta ao interessado intervir, como *amicus curiae*, no julgamento".[311] Na verdade, não se trata de providência simples. Fazer a escolha entre centenas e ou milhares de processos, muitas vezes enfrentados não por um, dois ou três órgãos fracionários, mas por muitas câmaras, turmas ou grupos, considerando a diversidade de organização dos tribunais locais, cuja composição varia entre sete a mais de trezentos membros, ficando tal escolha a critério de órgãos

---

[309] BARROS, Humberto Gomes de. Carta de alforria: Lei 11.672/08 vai resgatar o STJ da inviabilidade. *Consultor Jurídico*, São Paulo, 2008. Disponível em: <http://www.conjur.com.br/2008-mai-16/lei_1167208_resgatar_stj_inviabilidade>. Acesso em: 25 jan. 2012.

[310] São sinônimos verificados na doutrina pátria precedente paradigmático, recurso paradigma, recurso-piloto, caso piloto, recurso líder, casos representativos, paciente indicado.

[311] ASSIS, Araken de. *Manual dos recursos*, op. cit., p. 816.

auxiliares da justiça, pode-se, sim, incorrer em grave falta, deixando de fornecer ao Superior Tribunal de Justiça todo o material jurídico debatido. A opção legislativa e regimental é meritória, mas o alcance da diversidade nem sempre será obtida, daí porque as providências, não só do § 4º, comentado por Araken de Assis, mas também do § 3º, que autoriza o relator pesquisar junto aos demais tribunais, suprindo--se a instância superior da mais ampla investigação sobre o assunto a ser enfrentado e decidido com caráter de precedente vinculativo, como adiante se verá.

No que se refere ao sobrestamento dos demais recursos especiais, Marcus Vinícius Motter Borges registra que "ainda que a normativa silencie, parece claro que, em tais situações, além da suspensão dos recursos nos tribunais de origem, também poderá ocorrer o sobrestamento dos demais recursos especiais, aqueles que não foram selecionados como representativos e que já estão na Corte Superior".[312]

Ocorrendo a instauração do procedimento no âmbito da Corte Superior, igualmente, os recursos representativos deverão passar pelo crivo da admissibilidade.[313]

Nos termos do art. 543-C, § 7º, CPC, uma vez julgado o recurso especial selecionado e publicado o acórdão do Superior Tribunal de Justiça, os recursos especiais, cujo processamento ficou sobrestado na origem:

> I – terão seguimento denegado na hipótese de o acórdão recorrido coincidir com a orientação do Superior Tribunal de Justiça, ou II – serão novamente examinados pelo tribunal de origem na hipótese de o acórdão recorrido divergir da orientação do Superior Tribunal de Justiça.

Impõe-se, também, a intimação do Ministério Público, para que se manifeste em quinze dias no procedimento para julgamento do recurso especial por *amostragem* (art. 543-C, § 5º, CPC). Para Luis Guilherme Aidar Bondioli,

> o julgamento por amostragem envolve *macrolides* e tem predisposição a produzir efeitos na vida de um grande número de pessoas. Daí a pertinência da participação no procedimento regulado no art. 543-C de instituição com vocação para a fiscalização da lei.[314]

Criticando o preceito normativo, sustenta Nelson Rodrigues Netto que, para além da atuação do *parquet* em decorrência dos arts. 82 e 83 do CPC, art. 25 da Lei 8.625/93 e arts. 127 e 129 da CF, a lei acabou

---

[312] BORGES, op. cit., p. 59.

[313] Idem, p. 50.

[314] BONDIOLI, Luis Guilherme Aidar. A nova técnica de julgamento dos recursos extraordinário e especial repetitivos. *Revista Jurídica*. Porto Alegre, v. 387, p. 32, jan. 2010.

criando "outra hipótese de intervenção obrigatória, o que em muitos casos, apenas prolongará o andamento do processo, sem que haja efetivamente interesse público a ser resguardado".[315] Tem-se, porém, pela importância do julgamento e seu reflexo para uma coletividade cujo alcance sequer é numericamente conhecido, a intervenção do Ministério Público é salutar, permitindo uma discussão mais democrática e participativa. O prazo da intervenção, por si só, do *custos legis* não pode ser levado em conta como etapa que prejudica o andamento do processo. Em qualquer processo – especialmente naqueles que representam uma infinidade de outros feitos – há etapas que não podem ser suprimidas, sob pena de ofensa ao devido processo legal.

Em prol da celeridade, estabelece-se a preferência para esse julgamento, ressalvados os casos que envolvam *réu preso* e *habeas corpus* (art. 543-C, § 6º, CPC). A disposição é até de uma certa obviedade: ao se julgar uma demanda repetitiva, cujo processo ou processos paradigmáticos foram afetados, não se está julgando essa ou aquela causa, mas centenas, milhares de outros que aguardam na origem a orientação a ser imprimida por força da competência constitucional do Superior Tribunal de Justiça em seara de unicidade do direito federal.

O eventual não conhecimento dos recursos especiais selecionados não importará, necessariamente, na inadmissibilidade dos recursos especiais sobrestados.[316] Significa dizer que a seleção foi imperfeita, devendo, quando muito, ser renovada com a remessa de outros processos cujos recursos tenham sido adequadamente interpostos. Não se têm, porém, notícias de que tais incidentes tenham ocorrido.

Na mesma direção, o Superior Tribunal de Justiça, no julgamento da Questão de Ordem no Recurso Especial nº 1.063.343-RS, firmou entendimento de ser "inviável o acolhimento de pedido de desistência recursal formulado quando já iniciado o procedimento de julgamento do Recurso Especial representativo da controvérsia, na forma do art. 543-C do CPC c/c Resolução nº 08/08 do STJ".[317]

Ainda, na Questão de Ordem no Recurso Especial nº 1.067.237-SP ficou decidido:

---

[315] RODRIGUES NETTO, Nelson. Análise crítica do julgamento "por atacado" no STJ (Lei 11.672/2008 sobre recursos especiais repetitivos). *Revista de Processo*. São Paulo: Revista dos Tribunais, v. 33, n. 163, p. 234, set. 2008.

[316] AZEM, Guilherme Beux Nassif. *Repercussão geral da questão constitucional no recurso extraordinário*, op. cit., p. 118.

[317] BRASIL. Superior Tribunal de Justiça. Questão de Ordem no Recurso Especial nº 1.063.343-RS. Relatora: Ministra Nancy Andrighi. Relator: Ministro João Otávio de Noronha. Segunda Seção. Julgado em: 12/08/2009. *Diário de Justiça Eletrônico*, Acesso em 16 Nov. 2010.

A realização de acordo entre as partes, ou mesmo a desistência da ação principal, quando se tratar de agravo de instrumento, qualquer uma delas realizadas posteriormente à seleção do recurso especial, não têm a virtualidade de afastar a principal finalidade desse tipo de procedimento, que é a tutela do direito infraconstitucional objetivo, esse já desprendido do direito subjetivo dos litigantes.[318]

Apenas para exemplificar, no ano de 2010, dados do próprio Superior Tribunal de Justiça dão conta de julgamento recorde em número de processos. Foram recebidos 214.437 processos novos e julgados 323.350, fechando o ano com superávit de 108.913 processos. Segundo o Ministro Ari Pargendler, tal efeito no número de julgamentos se deu em virtude do rito dos recursos repetitivos, previsto desde 2008 no art. 543-C do CPC.[319] Já em 2012, conforme relatório de 2013, entraram 261.382 processos novos, tendo sido julgados 347.131, confirmando, certamente, as palavras do Ministro. Tais números não seriam alcançados se não fossem as regras de julgamento concentrado ou por amostragem nos recursos repetitivos.[320]

A normativa do julgamento dos recursos repetitivos pelo Superior Tribunal de Justiça convive também com o julgamento monocrático, senão vejamos.

Também no caso dos recursos especiais o julgamento paradigmático será exercido pelo colegiado, cumprindo ao relator tão somente as providências de natureza procedimentais, como acima exposto.

Contudo, uma vez superada essa fase e realizado o julgamento, há de se enfrentar os recursos sobrestados na origem.

Nesse sentido, dispõe o art. 7º do CPC que, publicado o acórdão do Superior Tribunal de Justiça, os recursos especiais sobrestados na origem deverão ter andamento, seja para ter o seu seguimento denegado pelo Presidente ou Vice-Presidente do Tribunal de origem, conforme regra regimental de cada tribunal, seja para remeter o processo ao órgão fracionário para reexame e, se for o caso, para o exercício de juízo de retratação, adequando-se a decisão local ao precedente do Superior Tribunal de Justiça. Com essa remessa, o colegiado, em reapreciando o recurso, poderá exercer o juízo de retratação, rejulgando a causa na

---

[318] BRASIL. Superior Tribunal de Justiça. Quarta Turma. Questão de Ordem no Recurso Especial nº 1.067.237–SP. Relator: Ministro Luiz Felipe Salomão. Julgado em: 24/06/2009. *Diário de Justiça Eletrônico*, Acesso em 23 Set. 2009.

[319] BRASÍLIA. Superior Tribunal de Justiça. Institucional. Ari Pargendler destaca mais de 323 mil processos julgados pelo STJ em 2010. *Notícia*. Divulgado em: 17/12/2010. Disponível em: <http://www.stj.gov.br/portal_stj/publicacao/engine.wsp?tmp.area=398&tmp.texto=100283&tmp.area_anterior=44&tmp.argumento_pesquisa=recursos repetitivos>. Acesso em: 30 Jul. 2012.

[320] BRASÍLIA. Conselho Nacional da Justiça. <http://www.cnj.jus.br/BOE/OpenDocument/1308221209/OpenDocument/opendoc/openDocument.jsp>. Acesso em 04 Fev. 2014.

linha do precedente, ou simplesmente ratificar o entendimento originário. Nesse último caso, o recurso especial interposto, vencido o juízo de admissibilidade, subirá, quando, aí sim, atuará o Relator, no Superior Tribunal de Justiça, a quem couber por distribuição o julgamento do recurso especial, em decisão monocrática, valendo-se do precedente desrespeitado no tribunal local, tudo nos termos do art. 544, § 4º, c, do CPC, aqui aplicado por analogia.

Ainda que não haja previsão expressa, contrariamente à regulamentação do recurso extraordinário, essa conclusão é lógica em relação ao processamento do recurso especial cuja decisão recorrida contraria precedente paradigmático em sede de recurso repetitivo. Não há nenhuma razão prática que autorize que o colegiado – turma competente do STJ – se reúna para julgar recurso sobre matéria já anteriormente examinada e estabelecida em precedente vinculativo. No mínimo, prática que ofende o princípio da utilidade do processo, certamente norteador de primeira grandeza nas causas repetitivas.

3.4.3. Julgamentos de improcedência sem citação do réu (art. 285-A) e outras providências voltadas à administração dos processos repetitivos junto ao primeiro grau

A reforma introduzida pela Lei 11.277/2006 trouxe o artigo 285-A ao Código de Processo Civil consistindo na técnica de julgamento de imediato de improcedência do mérito quando se tratar de causa repetitiva, ou seja, causa que verse sobre questão jurídica objeto de processos semelhantes, com a seguinte redação:

> Art. 285-A. Quando a matéria controvertida for unicamente de direito e no juízo já houver sido proferida sentença de total improcedência em outros casos idênticos, poderá ser dispensada a citação e proferida sentença, reproduzindo-se o teor da anteriormente prolatada.
>
> § 1º Se o autor apelar, é facultado ao juiz decidir, no prazo de 5 (cinco) dias, não manter a sentença e determinar o prosseguimento da ação.
>
> § 2º Caso seja mantida a sentença, será ordenada a citação do réu para responder ao recurso.

A disposição em comenta contempla a hipótese de o magistrado já ter concluído, em outros processos, que aquela pretensão não deve ser acolhida, ficando, assim, dispensado de citar o réu, e podendo julgar antecipadamente o mérito da causa, pela improcedência.[321] Em ações repetitivas, a hipótese longe está de ser incomum. Os fatos não diver-

---
[321] PINTO, op. cit., p. 128.

gem daqueles que já sustentaram ações pretéritas e julgadas ao efeito de não reconhecer a tese defendida pelo autor. A matéria se põe exclusivamente como de direito, direito esse que na ótica do juiz singular não é aplicável à situação fática subjacente.

Trata-se de uma posição que o magistrado adota, por convicção própria, naquele momento, valendo-se, então, da aplicação do art. 285-A, pois, consoante lição de Cássio Scarpinella Bueno:

> Sempre haverá espaço para que o juízo reveja o seu entendimento anterior ou, mais propriamente, considerando as pessoas físicas que exercem, em nome do Estado, jurisdição, os juízes ou juízas que ocupam os juízos, que ele ou ela discorde do entendimento anterior.[322]

Rosa Maria e Nelson Nery Júnior referem que a norma em lume é medida de celeridade e de economia processual, pois evita a citação e demais atos do processo, uma vez que o juiz já havia decidido questão idêntica anteriormente. Seria perda de tempo, dinheiro e de atividade jurisdicional insistir-se na citação e na prática dos demais atos do processo, quando o juízo já tem posição firmada quanto à pretensão deduzida pelo autor.[323]

O dispositivo visa a abreviar o procedimento quando a questão controvertida é preponderantemente de direito e o juiz já firmou o seu convencimento, em casos anteriores. A expressão "matéria controvertida unicamente de direito" relaciona-se com aqueles casos em que o magistrado prescinde da produção de prova pericial e/ou oral para o julgamento do pedido do autor, isto é, basta-lhe a prova documental.[324]

Mantovanni Colares Cavalcanti esclarece que o requisito em análise deve ser entendido como matéria "preponderantemente" de direito, uma vez que é praticamente impossível haver matéria unicamente de direito, sendo que toda postulação em juízo é sustentada por fatos, os quais, no caso, precisam estar previamente provados para autorizar o julgamento liminar do mérito.[325]

Para a incidência do art. 285-A é preciso que o juiz, ele próprio, já tenha prolatado sentenças de improcedência sobre a tese jurídica anali-

---

[322] BUENO, Cássio Scarpinella. *A nova etapa da reforma do Código de Processo Civil*. São Paulo: Saraiva, 2006, p. 72.

[323] NERY, Rosa Maria de Andrade; NERY JÚNIOR, Nelson. *Código de Processo Civil comentado e legislação extravagante*. 9. ed. São Paulo: Revista dos Tribunais, 2006, p. 483.

[324] ARAÚJO, op. cit., p. 169.

[325] CAVALCANTE, Mantovanni Colares. A sentença liminar de mérito do art.285-a do Código de Processo Civil e suas restrições. *Revista Dialética de Direito Processual*. São Paulo: Oliveira Rocha, n. 42, p. 95, set. 2006.

sada, sendo vedado que o magistrado se baseie em decisões proferidas em outro juízo.[326]

Para Cássio Scarpinella Bueno adverte que a sentença de primeiro grau só pode ser utilizada como paradigma interpretativo para os fins propugnados pelo art. 285-A na exata medida em que ela, sentença, esteja em plena consonância com as decisões dos Tribunais recursais competentes.[327] Na mesma linha, Luiz Rodrigues Wambier, Teresa Arruda Alvim Wambier e José Miguel Garcia Medina dizem:

> O sistema jurídico-processual mostra evidente preferência pelos entendimentos sumulados ou, até mesmo, adotados por jurisprudência dominante (v., por exemplo, CF/88, art. 103-A, e CPC, art. 120, parágrafo único, art. 518, § 1º, na redação da Lei 11.276/2006, e art. 557).[328]

Não interpretamos, *venia concessa*, a regra com essa restrição. A introdução do art. 285-A não tem por objeto regular o processamento e julgamento de ações repetitivas junto aos tribunais. Para essas instâncias, outras são as providências legais, muitas aqui já examinadas, como a súmula e a repercussão geral, o art. 557 do CPC, os recursos repetitivos. O dispositivo é voltado exclusivamente para a condução do processo no primeiro grau. Aliás, é flagrante a defasagem de tempo entre as primeiras sentenças que abordam temática repetitiva, temas esses que se renovam sistematicamente nas mais diversas áreas, até que os tribunais – e especialmente os tribunais superiores – os enfrentem e os pacifiquem. E esse pedágio temporal é fatal para a boa condução e gestão da unidade judicial sob a responsabilidade do juiz, que comumente tem sob sua condução processos que alcançam a casa dos milhares. Seria de todo inútil o art. 285-A se o magistrado, para aplicá-lo, tivesse que aguardar, julgando centenas e às vezes até milhares de causas idênticas num único sentido – improcedentes –, até que sobrevenha uma súmula, um acórdão paradigmático à luz do art. 543-B ou 543-C ou ainda uma súmula ou jurisprudência pacífica.

Por certo que nada impede que o magistrado, defrontando-se pela vez primeira (ou segunda, ou terceira), na unidade judicial em que atua, com um tema já pacificado pelos tribunais, especialmente os

---

[326] PINTO, Fernanda Guedes, idem, p. 128. Em sentido contrário, Fernando da Fonseca Gajardoni entende que pode ser aplicado o art. 285-A no âmbito do juízo, ou seja, podem o juiz titular, substituto ou auxiliar se valerem dos precedentes já havidos no âmbito do mesmo juízo (GAJARDONI, Fernando da Fonseca. O princípio constitucional da tutela jurisdicional sem dilações indevidas e o julgamento antecipadíssimo da lide. *Revista IOB de Direito Civil e Processual Civil*. São Paulo, v. 8, n. 45, p. 129, jan./fev. 2007).

[327] BUENO, op. cit., p. 53.

[328] WAMBIER, Luiz Rodrigues; WAMBIER, Teresa Arruda Alvim; MEDINA, José Miguel Garcia, op. cit., p. 243.

superiores, não tendo ele, ainda, julgado aquela espécie de demanda, se valha desses precedentes para firmar o seu entendimento. Isso, registre-se, é da rotina da vida dos juízes: analisar uma causa que lhes é inédita e se valer de decisões jurisprudenciais como fonte do direito ao efeito de firmar convicção. Para tal hipótese, sequer careceríamos de regra legal. Mas o art. 285-A não veio a essa finalidade. Veio para a boa administração da justiça não só no caso concreto, mas para a condução de todos os processos, evitando-se que um tema repetitivo, que pode desde logo ser tido como improcedente, provoque a falência da vara ou comarca sob sua jurisdição.

Pressupõe-se, é claro, que vindo os tribunais a se manifestarem em sentido contrário ao adotado pelo magistrado, seja a decisão repensada, ou ao efeito de retratação – no que não há nenhuma *capitis diminutio* – ou, quiçá, reforçando os seus argumentos, enfocando pontos que a jurisprudência contrária não visualizou, a ratifique. Trata-se, porém, de hipótese que não infirma, pelo contrário, afirma o que se disse acima: o art. 285-A libera o magistrado para julgar improcedente o pedido formulado, desde que preenchidos os requisitos legais, entre os quais não se exige precedentes jurisprudenciais em favor da tese por ele adotada.

Outro aspecto que a doutrina trouxe à baila é o que diz sobre a (in)constitucionalidade do dispositivo, mostrando-se controvertida, conforme mostra Luciano Vianna Araújo.[329]

Daniel Mitidiero sustenta a inconstitucionalidade do art. 285-A afirmando que com ele aniquila-se o contraditório, subtraindo-se das partes o poder de convencer o órgão jurisdicional do acerto de seus argumentos. Substitui-se, em suma, a acertada combinação de uma legitimação material e processual das decisões judiciais por uma questionável legitimação pela eficiência do aparato judiciário.[330] Diz o autor:

> O art. 285-A, CPC, segundo pensamos, traz em si uma grave ofensa ao direito fundamental ao contraditório. Todavia, não ao contraditório do demandado, mas ao contraditório do demandante. (...) o direito fundamental ao contraditório não se cinge mais a *garantir* tão somente a bilateralidade da instância, antes conferindo direito, tanto ao demandante como ao demandado, de envidar argumentos para influenciar na conformação da decisão judicial. (...) Em linha de conclusão, temos que o artigo 285-A, CPC, está em absoluta dissonância com a dimensão ativa do direito fundamental ao contradi-

---

[329] ARAÚJO, op. cit., p. 164.
[330] MITIDIERO, Daniel. *Comentários ao Código de Processo Civil*. Tomo 3. São Paulo: Memória Jurídica, 2006, p. 253.

tório, entendido como possibilidade de convencer o órgão jurisdicional da argumentação exposta na inicial.[331]

Por outro lado, sustentando a constitucionalidade do artigo 285-A, CPC, José Maria Tesheiner assevera que:

> O novo dispositivo favorece o demandante, porque o libera da condenação em honorários advocatícios; favorece o demandado, porque não o perturba; favorece o aparelho jurisdicional, porque reduz o número de processos em tramitação inútil. Não há inconstitucionalidade no dispositivo apontado, assim como não o há, no processo penal quando o juiz, sem ouvir o réu, rejeita a denúncia, porque o fato narrado não constitui crime ou porque extinta a punibilidade (art. 43).[332]

No mesmo sentido, Vicente De Paula Ataíde Júnior refere que o art. 285-A do CPC não padece de inconstitucionalidade. "É medida salutar que contribui para a realização do direito fundamental à duração razoável do processo, conforme o inciso LXXVIII, do art. 5º da CF/88".[333]

Jaqueline Mielke Silva e José Tadeu Neves Xavier entendem que o art. 285-A do CPC "não viola o contraditório, porque seu nítido objetivo é a efetividade do processo em demandas que tenham por objeto casos idênticos", podendo significar uma redução de tempo de até mais de cinco anos (apenas na primeira instância) em alguns Estados brasileiros.[334]

Luciano Vianna Araújo pondera que "não há motivos para se realizar diversos atos processuais (citação, resposta, replica, etc.), se – preenchidos os requisitos do art. 285-A do CPC – o resultado daquela demanda já se mostra previsível".[335] Evita-se o transcurso de tempo inútil, os gastos com a contratação de advogado, os incômodos normais de quem é citado para responder a demanda, sem falar no maior acúmulo de trabalho para todos os integrantes do maquinismo judiciário. Abreviar o procedimento é dar efetividade ao princípio da garantia fundamental do acesso à justiça, consoante Fernanda Guedes Pinto.[336]

---

[331] MITIDIERO, Daniel. *Processo civil e estado constitucional*. Porto Alegre: Livraria do Advogado, 2007, p. 37-38.

[332] TESHEINER, José Maria Rosa (Coord.). *Nova sistemática processual civil*. Caxias do Sul, RS: Plenum, 2006, p. 70.

[333] ATAIDE JUNIOR, Vicente de Paula. "A reforma do judiciário e a Emenda Constitucional-45/2004". *Revista do Tribunal Regional Federal 3. Região*. São Paulo, n. 73, p. 12, set./out. 2005.

[334] SILVA, Jaqueline Mielke; XAVIER, José Tadeu Neves. *Reforma do processo civil*: comentários às Leis 11.187, de 19.10.2005; 11.232, de 22.12.2005; 11.276 e 11.277, de 7.2.2006 e 11.280, de 16.2.2006. Porto Alegre: Verbo Jurídico, 2006, p. 210.

[335] ARAÚJO, op. cit., p. 167.

[336] PINTO, op. cit., p. 133-134.

Segundo Cássio Scarpinella Bueno, o réu não tem prejuízo com a sentença de improcedência, sendo apenas diferido o contraditório para hipótese de o autor apelar.[337]

É certo que muitas dessas posições, especialmente as que defendem a inconstitucionalidade, foram tomadas ainda sob o calor da introdução da nova regra. Tema antigo e que diz com o indeferimento da petição inicial com fundamento na impossibilidade jurídica do pedido (art. 267, I, art. 295, I, parágrafo único, III, CPC), pode ser facilmente manejado para, analogicamente, se construir uma teoria sobre o indeferimento da petição inicial não por extinção do processo, mas por exame de mérito.

Pelo Código vigente, impossibilidade jurídica do pedido não é mérito, mas sim condição da ação. Esse enquadramento – absolutamente formal e despregado da natureza jurídica de tais decisões – alforriou os doutrinadores, no passado, a admitir sem qualquer reserva de inconstitucionalidade, a extinção do processo com sentença liminar, porque as condições da ação (especialmente a legitimidade das partes e o interesse de agir) sempre foram, pelo menos na maciça maioria, compreendidas como questão processual e de ordem pública (art. 267, § 3º, CPC). Cediço, porém, que a impossibilidade jurídica sempre foi questionável, não comportando inclusive para o seu autor maior, Enrico Tulio Liebman, responsável pela qualificação do art. 267, VI, conforme revisão de suas teorias, questão de ordem processual, mas de mérito. Tanto é assim que na redação do novo Código de Processo Civil,[338] a impossibilidade jurídica já não mais é incluída como condição da ação. Ora, os pedidos juridicamente impossíveis poderão, ainda, pautar pretensões deduzidas juízo e nada, nada autoriza que, se o juiz assim enquadrar a petição inicial, deixe de julgar desde logo, decretando a improcedência do pedido. Não tem o menor sentido prosseguir em um processo, com todo o custo financeiro e temporal, para, ao final, reconhecer o que era possível desde logo reconhecer: o pedido deduzido é juridicamente impossível.

Aliás, sequer é necessário buscar a impossibilidade jurídica do pedido como fonte de analogia, pois o já citado art. 295, em seu inciso IV, prevê hipótese de indeferimento da petição inicial quando verificar, desde logo, a decadência ou a prescrição, nítidas formas de julgamento de mérito (art. 269, IV, do CPC).

---

[337] BUENO, op. cit., p. 53.

[338] Art. 495. O órgão jurisdicional não resolverá o mérito quando: (...) VI – Verificar ausência de legitimidade ou de interesse processual. BRASÍLIA, Conselho Nacional da Justiça. In: <http://www.cnj.jus.br/BOE/OpenDocument/1308221209/OpenDocument/opendoc/openDocument.jsp>. Acesso em 04 Fev. 2014.

Portanto, o art. 285-A nem novidade representa no direito processual pátrio. Ora, se tais outras hipóteses já tradicionalmente recepcionadas pela doutrina e pela jurisprudência, aplicáveis em processos comuns, isso é, onde se discute direito subjetivo individual, difícil compreender essa batalha pela inconstitucionalidade do art.285-A, dirigido a vencer as ações repetitivas em prol de uma maior tempestividade e efetividade da prestação jurisdicional.

O fato é que, em 29.03.2006, o Conselho Nacional da OAB ingressou com a Ação Direta de Inconstitucionalidade n° 3.695 sustentando que a regra do art. 285-A seria inconstitucional por ferir princípios constitucionais da isonomia, da segurança jurídica, do direito de ação, do contraditório e do devido processo legal.[339]

A Ação Direta de Inconstitucionalidade ainda não foi julgada,[340] mas já houve parecer do Procurador-Geral da República, bem como do Advogado-Geral da União, ambos no sentido da improcedência da ação.[341] Conforme Fernando da Fonseca Gajardoni, o prognóstico é o da declaração de constitucionalidade da Lei 11.277/2006.[342]

Com efeito, o artigo 285-A do Código de Processo Civil apresenta-se como mais uma alternativa para a problemática decorrente do advento das ações repetitivas no ordenamento jurídico brasileiro que contribui ao desafogamento do Judiciário e a evitar a morosidade dos julgamentos.[343] E tem, em seu favor, o fato de prever, quiçá prevenir, uma melhor condução das ações repetitivas junto ao primeiro grau.

Outro dispositivo da lei processual que vem ao encontro do tratamento das ações repetitivas, junto ao primeiro grau, é a regra do art. 518, parágrafo único, do CPC:

> Art. 518. Interposta a apelação, o juiz, declarando os efeitos em que a recebe, mandará dar vista ao apelado para responder.
> (...)
> § 1º. O juiz não receberá o recurso de apelação quando a sentença estiver em conformidade com súmula do Superior Tribunal de Justiça ou do Supremo Tribunal Federal.

Trata-se, como visto, de dispositivo que se encontra harmônico ao do art. 557 do CPC, antecipando, já no primeiro grau, a decisão pela

---

[339] ARAÚJO, Luciano Vianna idem, p. 165-166.

[340] BRASÍLIA. Supremo Tribunal Federal. Processos. *Andamento processual*. ADIN n° 3.695/DF, Relatoria atual Ministro Teori Zavascki. Disponível em: <http://www.stf.jus.br/portal/processo/verProcessoAndamento.asp?incidente=2373898>. Acesso em: 04 Fev. 2014.

[341] PINTO, op. cit., p. 132.

[342] GAJARDONI, op. cit., p. 112.

[343] PINTO, op. cit., p. 134.

impropriedade do recurso, que se volta contra sentença que teve por fundamento orientação dos tribunais superiores devidamente sumulada.

Nota-se que a intervenção do primeiro grau comporta menor extensão do que aquela prevista no art. 557 do CPC, no qual o relator está autorizado a decidir monocraticamente não só com base em súmula, mas também em jurisprudência dominante, e, mais, quando tais orientações provêm do próprio tribunal local. Justifica-se a medida até para que não se restrinja demasiadamente a intervenção do segundo grau de jurisdição, que atende, por excelência, o princípio do duplo grau de jurisdição.

Mas, quando se tratar de tema sumulado pelos tribunais superiores (o que pressupõe debate prévio repetitivo), o magistrado de primeiro grau está autorizado a sustar o prosseguimento do recurso, ainda no primeiro grau, tudo em nome do princípio da utilidade do processo (se o apelo não estancar no primeiro grau, terá, certamente, negado o seu seguimento pelo relator no segundo grau, por decisão monocrática, o que se mostra caminho inútil) e pela tempestividade do processo: a decisão de primeiro grau poderá, não recebido o recurso, ser desde logo cumprida.

Não se olvida que contra essa decisão, caberá o recurso de agravo de instrumento (art. 522, CPC). Contudo, o que se tem é uma soma de dispositivos legais, ora voltados ao primeiro grau de jurisdição, ora aos julgadores dos tribunais recursais ou aos tribunais superiores, que, no conjunto, operam num mesmo sentido: tratar as ações ou temas repetitivos como tal, adequando-se o sistema processual a essa nova exigência da sociedade contemporânea e suas demandas.

3.4.4. Ações coletivas relativas a direitos individuais homogêneos

O processo eminentemente individualista teve que sofrer transformações para um processo destinado a atender também a grupos, categorias e classes de pessoas.[344]

Teresa Arruda Alvim Wambier e Luiz Rodrigues Wambier mencionam que a industrialização e o consumo passaram a atingir de forma idêntica grupos significativos de pessoas e às vezes toda a sociedade. Assim,

> ao longo das últimas décadas houve expressivo desenvolvimento de mecanismos processuais voltados à defesa de interesses metaindividuais. Destaquem-se, entre outras,

---

[344] NOGUEIRA, op. cit., p. 336.

a ação popular, a ação civil pública e, mais recentemente, o mandado de segurança coletivo.[345]

Por isso, não se pode olvidar que "a defesa do direito individual vai muito além da tutela dos interesses das partes envolvidas, pois, quando o direito de qualquer um é violado, toda a sociedade é aviltada com isso".[346] O direito coletivo possui como titular o indivíduo e, ao mesmo tempo, a coletividade.[347]

Vânia Márcia Damasceno Nogueira destaca três momentos históricos que marcaram a tutela do direito coletivo: a Lei da Ação Civil Pública (Lei 7.347/85), a Constituição Federal de 1988 e o Código de Defesa do Consumidor (Lei 8.078/90).[348]

Há ações que são individuais, ainda que delas muitos participem, em litisconsórcio ativo ou passivo, e há ações coletivas, que se dividem em duas grandes categorias: as que visam a tutela de direitos difusos e coletivos *stricto sensu* e as que visam à tutela de direitos individuais homogêneos.[349]

José Carlos Barbosa Moreira denomina os direitos difusos e coletivos em "essencialmente coletivos" e os direitos individuais homogêneos, por sua vez, em "acidentalmente coletivos".[350]

Hermes Zaneti Júnior explica que o Código de Defesa do Consumidor estabeleceu, no artigo 81, parágrafo único,[351] as categorias em que se exerce a defesa dos direitos coletivos *lato sensu*. São elas: os direi-

---

[345] WAMBIER, Teresa Arruda Alvim; WAMBIER, Luiz Rodrigues. Anotações sobre as ações coletivas no Brasil – Presente e futuro. *Revista Jurídica*, Porto Alegre, v. 393, p. 11, jul. 2010.

[346] CRUZ, Álvaro Ricardo de Souza. *Hermenêutica jurídica e(m) debate. O constitucionalismo brasileiro entre a teoria do discurso e a ontologia existencial.* Belo Horizonte: Fórum, 2007, p. 339.

[347] Embora admitindo que, a rigor, "há interesses que não são direitos", a doutrina reconhece que, no sistema normativo do processo coletivo, nomeadamente no CDC, os dois termos (direito e interesse) são tomados como sinônimos (TESHEINER, José Maria. Ações coletivas pró-consumidor. *Ajuris*, v. 19, n. 54, mar 1992, p. 76-77).

[348] NOGUEIRA, op. cit., p. 337.

[349] TESHEINER, José Maria Rosa. Ações coletivas relativas a direitos individuais homogêneos e o Projeto de Lei nº 5.139/2009. *Interesse Público*. Sapucaia do Sul, v. 12, n. 59, p. 68, jan./fev. 2010.

[350] BARBOSA MOREIRA, José Carlos. Ações coletivas na Constituição Federal de 1988. *Revista de Processo*. São Paulo, v. 16, n. 61, p. 187, jan. 1991.

[351] O art. 81 do Código de Defesa do Consumidor dispõe: "A defesa dos interesses e direitos dos consumidores e das vítimas poderá ser exercida em juízo individualmente, ou a título coletivo. Parágrafo único. A defesa coletiva será exercida quando se tratar de: I – interesses ou direitos difusos, assim entendidos, para efeitos deste código, os transindividuais, de natureza indivisível, de que sejam titulares pessoas indeterminadas e ligadas por circunstâncias de fato; II – interesses ou direitos coletivos, assim entendidos, para efeitos deste código, os transindividuais, de natureza indivisível de que seja titular grupo, categoria ou classe de pessoas ligadas entre si ou com a parte contrária por uma relação jurídica base; III – interesses ou direitos individuais homogêneos, assim entendidos os decorrentes de origem comum".

tos difusos, os direitos coletivos (*stricto sensu*) e os direitos individuais homogêneos. Prossegue o autor,

> Os direitos difusos (art. 81, parágrafo único, I, do CDC) são transindividuais (metaindividuais, supraindividuais, pertencentes a vários indivíduos), de natureza indivisível (só podem ser considerados como um todo), e os titulares são pessoas indeterminadas (ou seja, indeterminabilidade dos sujeitos, não há individuação) ligadas por circunstâncias de fato, não existe um vínculo comum de natureza jurídica, v.g., a publicidade enganosa ou abusiva, veiculada através de imprensa falada, escrita ou televisionada, a afetar uma multidão incalculável de pessoas, sem que entre elas exista uma relação jurídica-base.
>
> Já os direitos coletivos *stricto sensu* (art. 81, parágrafo único, II do CDC) são classificados como transindividuais, de natureza indivisível, de que seja titular grupo, categoria ou classe de pessoas (indeterminadas, mas determináveis, frise-se, enquanto grupo, categoria ou classe) ligadas entre si, ou com a parte contrária, por uma relação jurídica base.[352]

A seu turno, os direitos individuais homogêneos são conceituados pelo Código de Defesa do Consumidor como aqueles decorrentes de origem comum, ou seja, os direitos nascidos em consequência da própria lesão ou ameaça de lesão, em que a relação jurídica entre as partes é *post factum* (fato lesivo).[353]

Nesse sentido, os direitos subjetivos das esferas individuais, quando coexistirem por uma origem comum, darão vida ao direito individual homogêneo.[354]

Aprofundando o conceito de direitos homogêneos, observa Teori Albino Zavascki as seguintes características que lhe são inerentes:

> a) individuais e divisíveis, fazem parte do patrimônio individual do seu titular;
>
> b) são transmissíveis por ato *inter vivos* (cessão) ou *mortis causa*, salvo exceções (direitos extrapatrimoniais);
>
> c) são sucetíveis de renúncia e transações, salvo exceções (v.g., direitos personalíssimos);
>
> d) são defendidos em juízo, geralmente, por seu próprio titular. O regime de substituição processual dependerá de expressa autorização em lei (art. 6º do CPC).[355]

Trata-se, pois, de fenômeno cultural, que nas últimas décadas se refletiu no Poder Judiciário. E, diante das dificuldades encontradas

---

[352] ZANETI JÚNIOR, Hermes. Direitos coletivos *lato sensu:* definição conceitual dos direitos difusos, dos direitos coletivos *stricto sensu* e dos direitos individuais homogêneos. In: AMARAL, Guilherme Rizzo Amaral; CARPENA, Márcio Louzada (Coords.). *Visões críticas do processo civil brasileiro:* uma homenagem ao Prof. Dr. José Maria Rosa Tesheiner. Porto Alegre: Livraria do Advogado, 2005, p. 230.

[353] Idem, p. 229.

[354] CINTRA, Antonio Carlos Fontes. Interesses individuais homogêneos: natureza e oportunidade da coletivização dos interesses individuais. *Revista de Direito do Consumidor.* São Paulo, v. 72, p. 13, out./dez. 2009.

[355] ZAVASCKI, Teori Albino. *Defesa dos direitos coletivos e defesa coletiva de direitos.* RF 329/147-160. Rio de Janeiro: Forense, 1995, p. 148-149.

pelos inúmeros processos individuais versando sobre a mesma matéria, o legislador tem despertado para a abertura do processo aos influxos metajurídicos que a ele chegam pela via do direito material, a transmigração do individual para o coletivo.[356]

Na ação coletiva relativa a direitos individuais homogêneos – que mais importa aos limites deste trabalho – há a presença de fatores que recomendam tutela conjunta, aferida por critérios como facilitação do acesso à justiça, economia processual, preservação da isonomia processual, segurança jurídica ou dificuldade na formação do litisconsórcio.[357]

Segundo Lucélia Biaobock Peres de Oliveira, as ações coletivas para defesa dos direitos individuais homogêneos têm os seguintes escopos:

a) rápida solução dos litigios;

b) maior acesso ao judiciário, com a possibilidade de dedução de direitos que, por terem pequena expressão econômica, nem sempre poderiam ser objeto de ação individual;

c) a priorização de determinadas causas, garantindo a importância política que merecem e que provavelmente não teriam se levadas ao conhecimento e análise do Judiciário através de medidas individuais;

d) uniformização de julgados.[358]

Aos direitos individuais "tradicionais" está reservada a legitimação para agir nos termos do que dispõe o art. 6º do Código de Processo Civil.[359] Já para a defesa dos direitos individuais homogêneos, há mecanismos de legitimação previstos tanto no Código de Defesa do Consumidor quanto na Lei da Ação Civil Pública.[360]

Ainda, as ações coletivas relativas a direitos individuais homogêneos podem ser propostas pelo Ministério Público nos casos em que

---

[356] DINAMARCO, Cândido Rangel. *A reforma do Código de Processo Civil*. São Paulo: Malheiros, 1996, p. 20.

[357] TESHEINER. *Ações coletivas relativas a direitos individuais homogêneos e o Projeto de Lei nº 5.139/2009*, op. cit., p. 70-71.

[358] OLIVEIRA, Lucélia Biaobock Peres de. Ações coletivas para defesa dos direitos individuais homogêneos: particularidades processuais. Debates em Direito Público. *Revista de Direito dos Advogados da União*, Brasília, v. 5, n. 5, p. 83, out. 2006.

[359] O art. 6º do Código de Processo Civil dispõe: "Ninguém poderá pleitear, em nome próprio, direito alheio, salvo quando autorizado por lei".

[360] WAMBIER, Teresa Arruda Alvim. Apontamentos sobre as ações coletivas. *Revista de Processo*, nº 75, julho-setembro, 1994, p. 273. Antonio Carlos Fontes Cintra refere que a ação coletiva relativa a direitos individuais homogêneos pode ser proposta por algum dos legitimados indicados no art. 82 do Código de Defesa do Consumidor. O artigo 91 do Código de Defesa do Consumidor prescreve que os legitimados de que trata o artigo 82 poderão propor "em nome próprio e no interesse das vítimas ou seus sucessores, ação civil coletiva de responsabilidade pelos danos individualmente sofridos, de acordo com o disposto nos artigos seguintes" (CINTRA, op. cit., p. 13).

houver interesse público relevante justificando sua atuação.[361] Mas, de certa forma, é à Defensoria Pública, conforme art. 5º, II, da Lei n. 7.347/85, introduzido pela Lei n. 11.448/07, que compete, com mais propriedade, a defesa de direitos ou interesses homogêneo da cidadania como um todo, o que, de certa forma, encontra correspondência com o disposto no art. 82, II, do Código de Defesa do Consumidor, na medida em que a Defensoria Pública é órgão que integra a União, os Estados-Membros e o Distrito Federal.[362]

O artigo 104 do Código de Defesa do Consumidor autoriza a coexistência de ação coletiva e ação individual, dizendo expressamente que o ajuizamento da demanda coletiva não impede o prosseguimento da ação individual, que somente será suspensa a requerimento do seu respectivo autor.[363] Nesse particular, o dispositivo merece crítica, na medida em que a suspensão do(s) processo(s) individual(ais) não pode ficar simplesmente ao critério de seu(s) autor(es). É certo que a regra estimula o pedido de suspensão, ao efeito de que a ação individual venha a aproveitar a decisão proferida em sede coletiva apenas quando for o mesmo deduzido no prazo de 30 (trinta) dias a contar da ciência, nos autos, da ação coletiva. Mas é preciso mais, é preciso avançar. O prosseguimento de centenas ou milhares de feitos individuais enquanto a ação coletiva prossegue o seu desiderato é totalmente incompatível com a dinâmica das causas repetitivas, devendo a suspensão ser tratada como matéria de ordem pública.

Julgada procedente a ação coletiva, fica prejudicado o pedido condenatório formulado na ação individual.[364] Ou seja, a condenação aproveita o processo individual, que passa a contar apenas com efeitos ou

---

[361] OLIVEIRA, Lucélia Biaobock Peres de, idem, p. 85. Há polêmica na doutrina brasileira sobre a legitimidade do Ministério Público à propositura de ações coletivas que visam a proteção de direitos individuais homogêneos. O Supremo Tribunal Federal, no julgamento do Recurso Extraordinário nº 163231-3-SP, decidiu que o Ministério Público tem legitimidade ativa para a defesa coletiva dos direitos individuais homogêneos. (BRASIL. Supremo Tribunal Federal. *Recurso Extraordinário n.º 163231-3-SP*. Relator: Ministro Maurício Correa. Diário de Justiça, de 29.06.2001). (Em sentido contrário, LEONEL, Ricardo de Barros. *Manual do processo coletivo*. São Paulo: Revista dos Tribunais, 2002, p. 190).

[362] Lei n. 7.347/85: Art. 5º. Têm legitimidade para propor a ação principal e a ação cautelar: ... II. a Defensoria Pública; Lei n. 8.078/90: Art. 82. Para os fins do art. 81, parágrafo único, são legitimados concorrentemente: ... II. a União, os Estados, os Municípios e o Distrito Federal.

[363] Segundo José Maria Tesheiner, há continência e não litispendência, porque o pedido formulado na ação coletiva contém o da ação individual (TESHEINER, op. cit., p. 79). O art. 104 do Código de Defesa do Consumidor dispõe: "As ações coletivas, previstas nos incisos I e II e do parágrafo único do art. 81, não induzem litispendência para as ações individuais, mas os efeitos da coisa julgada *erga omnes* ou *ultra partes* a que aludem os incisos II e III do artigo anterior não beneficiarão os autores das ações individuais, se não for requerida sua suspensão no prazo de trinta dias, a contar da ciência nos autos do ajuizamento da ação coletiva".

[364] TESHEINER, op. cit., p. 79.

de execução ou de liquidação, conforme o caso, superada toda a fase cognitiva. Não há o menor sentido em enfrentar o mérito para julgar procedente ou improcedente quando o pronunciamento de procedência já foi proclamado na ação coletiva.

Já na hipótese de rejeição da demanda coletiva, haverá coisa julgada no plano coletivo, mas não no plano individual, podendo os membros do grupo intentar ações individuais sem qualquer restrição. Apenas haverá em seu desfavor, em termos de persuasão do juiz da causa individual, a influência do precedente da sentença coletiva contrária.

José Maria Tesheiner ensina, no ponto, que a sentença proferida em ação relativa a direitos individuais homogêneos é condenatória, mas genérica, cabendo ao titular de cada direito individual promover a liquidação e execução da parcela que lhe diz respeito.[365] E é exatamente por essa compreensão que não se vê qualquer utilidade em prosseguir paralelamente ao feito coletivo o processo de conhecimento das ações individuais. A suspensão só o aproveita, não havendo riscos de quaisquer prejuízos.

A matéria da coisa julgada nas ações coletivas referentes a direitos individuais homogêneos encontra-se prevista no artigo 103, III, e § 2°, do CDC.[366] A coisa julgada é *secundum eventum litis*, ou seja, a decisão fará coisa julgada contra todos apenas no caso de procedência do pedido e para beneficiar todas as vítimas e seus sucessores. Em caso de improcedência do pedido, os interessados que não tiverem intervindo no processo como litisconsortes poderão propor ação de indenização individual.[367]

Para Kazuo Watanabe, essa solução leva em conta as peculiaridades dos países ibero-americanos, tais como a falta de informação e de conscientização de sua população quanto aos direitos que lhes assistem, a dificuldade de comunicação, a distância, a precariedade dos meios de transporte, a dificuldade de acesso à justiça.[368]

---

[365] TESHEINER, op. cit., p. 79.

[366] O art. 103 do Código de Defesa do Consumidor dispõe: "Nas ações coletivas de que trata este código, a sentença fará coisa julgada: (...) III – *erga omnes*, apenas no caso de procedência do pedido, para beneficiar todas as vítimas e seus sucessores, na hipótese do inciso III do parágrafo único do art. 81. (...) § 2° Na hipótese prevista no inciso III, em caso de improcedência do pedido, os interessados que não tiverem intervindo no processo como litisconsortes poderão propor ação de indenização a título individual".

[367] BARROSO, Luís Roberto. A proteção coletiva dos direitos no Brasil e alguns aspectos da *class action* norte-americana. *Revista Forense*. Rio de Janeiro, v. 381, p. 114, set. 2005.

[368] WATANABE, Kazuo. Relação entre demanda coletiva e demandas individuais. In: GRINOVER, Ada Pellegrini ... [*et al.*]. (Coords.). *Direito processual coletivo e anteprojeto de Código de Brasileiro de Processos Coletivos*. São Paulo: Revista dos Tribunais, 2007, p. 158-159.

Aluisio Gonçalves de Castro Mendes observa que é no âmbito dos direitos individuais homogêneos que as ações coletivas têm a maior significação sob o prisma da economia processual na medida em que podem funcionar como solução para o problema da multiplicação e pulverização de ações individuais, diante de questões comuns de fato e de direito, que podem e devem ser enfrentadas de modo conjunto e global, possibilitando, inclusive que o órgão julgador leve em consideração todas as implicações decorrentes do julgamento.[369]

Já Guilherme Rizzo Amaral sustenta que a ação coletiva, como mecanismo de pacificação e efetiva inibição ou redução de litígios de massa, pouco fez pelo processo civil brasileiro.[370] A crítica não deixa de ser procedente, mas é preciso ter presente que a questão é muito mais cultural que processual, como já se teve oportunidade de pontuar na primeira parte desta pesquisa.

No mesmo diapasão, Ruy Zoch Rodrigues assevera que o atual quadro do direito brasileiro autoriza o irrestrito acesso individual, independente da demanda coletiva. Segundo o autor:

> A própria lei contém restrições a demandas coletivas em temas específicos de direito individual homogêneo, do que é exemplo o art. 1º, parágrafo único, da Lei 7.347/1985, que proíbe a tutela coletiva em casos que envolvam contribuições previdenciárias, Fundo de Garantia por Tempo de Serviço e tributos em geral, remetendo os interessados a demandas individuais repetitivas.[371]

Conforme anota Leonardo Carneiro da Cunha, as ações coletivas não têm o alcance de abranger todas as situações repetitivas por várias razões:

> Em primeiro lugar, não há uma quantidade suficiente de associações, de sorte que a maioria das ações coletivas tem sido proposta pelo Ministerio Público – e, mais recente-

---

[369] MENDES, Aluisio Gonçalves de Castro. *Ações coletivas no direito comparado e nacional*. 2. ed. rev. atual. e ampl. São Paulo: Revista dos Tribunais, 2010, p. 24. (*Temas atuais de direito processual*; v. 4).

[370] Na concepção do autor, "a existência de tal mecanismo não impediu a massificação de processos, e tal se deu, em nosso sentir, por dois aspectos fundamentais. O primeiro deles é o fato de que a legitimação para a propositura de ações coletivas está adstrita a um determinado rol de entidades designadas pelo legislador. Isso coloca os juízes na posição de meros expectadores do crescimento assombroso das demandas individuais de massa, sem nada poderem fazer para poder provocar uma solução conjunta e uniforme para elas. (...) Geralmente a reação dos legitimados é tardia. O segundo e principal aspecto diz respeito à impossibilidade da sentença, nas ações coletivas que tratam de direitos individuais homogêneos, fazer coisa julgada contrária aos indivíduos interessados. Ao instituir a coisa julgada *erga omnes secundum eventum probationis* para os demais legitimados (art. 16, LACP, art. 103, I e II, do CDC) ou mesmo *secundum eventum litis* para os indivíduos substituídos (art. 103, III e § 1º do CDC), permitiu o legislador que convivessem com ações coletivas centenas de milhares de ações individuais tratando de questões comuns a todos os interessados, em grave prejuízo do funcionamento da máquina judiciária" (AMARAL, Guilherme Rizzo. *A proposta de um "incidente de resolução de demandas repetitivas"*, op. cit., p. 271).

[371] RODRIGUES, op. cit., p. 101.

mente, pela Defensoria Pública – não conseguindo alcançar todas as situações massificadas que se apresentam a cada momento.

Demais disso, as ações coletivas não são admitidas em alguns casos. No âmbito doutrinário, discute-se se é cabível a ação coletiva para questões tributárias. (...)

Finalmente, o regime da coisa julgada coletiva contribui para que as questões repetitivas não sejam definitivamente solucionadas nas ações coletivas. A sentença coletiva faz coisa julgada, atingindo os legitimados coletivos, que não poderão propor a mesma demanda coletiva. Segundo dispõem os §§ 1º e 2º do art. 103, CDC, a extensão da coisa julgada poderá beneficiar, jamais prejudicar os direitos individuais. (...) Quer dizer que as demandas individuais podem ser propostas em qualquer caso de improcedência. (...).[372]

Com efeito, as relações homogeneizadas ganharam terreno sobre os vínculos individualizados, sem, no entanto, extingui-los. Os dois passaram a coexistir, ocupando espaços que ora se confundem, ora se distinguem. Indivíduo e massa passam a conviver simultaneamente, sem que um deva excluir o outro. Um dos desafios da sociedade passa a ser a manutenção do equilíbrio entre ambos. Não é possível pensar somente num modelo massificado, sob pena de acabar com a identidade e a significação do indivíduo e de sua diferença em relação ao outro.[373]

Entretanto, também não é possível conceber um modelo puramente individualista, dada a dinâmica da inserção social em grupos, classes ou categorias, com vantagem para todos os que os integram e problemas que afligem à coletividade.[374]

A ação coletiva relativa a direitos individuais homogêneos possibilita a defesa de muitas pessoas em uma única ação, evita que milhões tenham seus direitos lesados sem chance de reparação e evita uma solução judicial desigual. Contudo, conforme pontua Ruy Zoch Rodrigues, a atual sistemática do direito brasileiro, que oportuniza a via coletiva sem obstaculizar iniciativas individuais, é insuficiente para o fim de evitar o aumento vertiginoso de demandas individuais.[375]

---

[372] CUNHA, Leonardo José Carneiro da. Anotações sobre o incidente de resolução de demandas repetitivas previsto no projeto do novo Código de Processo Civil. *Revista de Processo*, São Paulo, v. 36, n. 193, p. 256-257, mar. 2011.

[373] CINTRA, op. cit., p. 9-40.

[374] Idem, p. 38.

[375] RODRIGUES, op. cit., p. 79. Ada Pellegrini Grinover anota que institutos como a legitimação e o interesse em agir, a representação e a substituição processual, a ciência bilateral dos atos processuais e o contraditório, os limites subjetivos e objetivos da coisa julgada, os poderes do juiz e a função do MP, os quais foram construídos para o processo clássico, continuam válidos, porém não se encaixam inteiramente na realidade dos processos coletivos (GRINOVER, Ada Pellegrini. A tutela jurisdicional dos interesses difusos. *Revista Brasileira de Direito Processual*, v. 16, p. 19, 1978). Segundo Sérgio Cruz Arenhart, a necessidade de legislação específica, que trate exclusivamente da tutela coletiva de forma separada do regime de tutela individual, é algo que se impõe (ARENHART, Sérgio Cruz. A tutela de direitos individuais homogêneos e as demandas ressarcitórias

Para Ada Pellegrini Grinover, "no Brasil, não se poderá dar preferência aos processos coletivos, se estes não se revestirem de eficácia, no mínimo igual à que pode ser alcançada em processos individuais".[376] As ações coletivas são insuficientes para resolver, com eficiência e de maneira definitiva, as questões de massa, contribuindo para a existência de inúmeras demandas repetitivas, a provocar acúmulo injustificável de causas perante o Judiciário.[377]

Para arrematar, o processo coletivo se vale das regras procedimentais do Código de Processo Civil, na medida em que as leis extravagantes que o regulam, especialmente a Lei da Ação Civil Pública e o Código de Defesa Consumidor, enfrentarem, basicamente, os dois grandes temas que lhe dão características próprias – a legitimidade de agir, especialmente a ativa, e a sentença de natureza coletiva e a consequente adequação do instituto da coisa julgada. Nesse fio, tudo o que aqui se debateu sobre o juízo monocrático nos tribunais e as demais previsões legislativas para normatizar o fenômeno das demandas de massa, são perfeitamente aplicáveis, guardadas por óbvio as devidas proporções.

3.5. Os riscos de uma padronização decisória indevida

Cada caso é um caso, a merecer apreciação singular, independente e específica, a destacar acima de tudo o papel hermenêutico do operador do Direito. Na esteira da uniformização, pode-se acabar por admitir e institucionalizar relações de domínio e submissão, seja dos tribunais superiores sobre os tribunais regionais e estaduais e os juízes de primeiro grau, seja desses últimos tribunais sobre as instâncias monocráticas, situação essa responsável por um Estado de direito meramente formal, desprendido e afastado das reais necessidades materiais da sociedade e do cidadão, necessidades essas garantidas constitucionalmente e que, em última análise, cabe ao Judiciário tutelar.

A preocupação com a padronização decisória indevida é revelada nas lições de José Carlos Barbosa Moreira:

---

em pecúnia. In: GRINOVER, Ada Pellegrini ... [et al.]. (Coords.). *Direito processual coletivo e anteprojeto de Código de Brasileiro de Processos Coletivos*. São Paulo: Revista dos Tribunais, 2007, p. 217).

[376] Segue a autora sustentando que: "(...) Se os indivíduos forem obrigados a exercer, num processo de liquidação as mesmas atividades processuais que teriam que desenvolver numa ação condenatória de caráter individual, o provimento jurisdicional terá sido inútil e ineficaz, não representando qualquer ganho para o povo" (GRINOVER, Ada Pellegrini. Da *class action for damages* à ação de classe brasileira: os requisitos de admissibilidade. *Ação civil pública*: Lei 7.347/1985 – 15 anos. São Paulo: Revista dos Tribunais, 2001, p. 19).

[377] CUNHA, op. cit., p. 258.

> (...) deve o relator examinar com cuidado especial as razões de recurso: é sempre possível que haja ai argumentos novos, não considerados quando da inclusão da tese contrária na súmula – à qual, no regime em vigor, não se reconhece eficácia vinculante (...). Preferível suportar algum peso a mais na carga de trabalho dos tribunais a contribuir para a fossilização da jurisprudência. A lei do menor esforço não é necessariamente, em todo e qualquer caso, boa conselheira.[378]

Para que o magistrado não efetue uma padronização indevida ao realizar o julgamento monocrático, é essencial a análise pormenorizada no caso concreto.

Vale dizer, também no atual cenário de ações repetitivas nem todos os processos são iguais e podem ser tratados da mesma maneira. Há ações que não se encontram na mesma condição, que não apresentam idêntica questão à determinada Súmula ou jurisprudência dominante do respectivo tribunal, do Supremo Tribunal Federal, ou de Tribunal Superior e, portanto, não se identificarão com a matéria jurídica objeto do recurso interposto. Por mais óbvio que possa parecer, há que se tratar de forma diferente as ações que não apresentem as mesmas características a fim de se obter a esperada segurança jurídica.

Esta análise poderá sofrer a influência de duas circunstâncias: (I) a eventual dificuldade do julgador na identificação de que o processo do qual deriva o recurso verse a mesma questão objeto de Súmula ou jurisprudência dominante, e (II) as condições estruturais dispostas ao julgador para a realização desta análise.

No que tange à eventual dificuldade do julgador na identificação de que o processo do qual deriva o recurso verse a mesma questão objeto de súmula ou jurisprudência dominante, não se pode olvidar que o julgamento monocrático que venha a ser realizado, estará, também, vinculado a uma questão de fato.

Carlos Maximiliano afirma que, versando o aresto sobre fatos, é quase impossível que se nos deparem dois absolutamente idênticos, ou, ao menos, semelhantes sob todos os aspectos. Qualquer diferença entre espécies em apreço obriga a mudar também o modo de decidir, pois pequena diferença de fato induz grande diversidade de direito.[379]

Como adverte Maurício Ramires, "é preciso estar atento às distinções e identificações exigidas pelas especificidades dos casos".[380] Daí

---

[378] BARBOSA MOREIRA, José Carlos. *Comentários ao código de processo civil: arts. 476 a 565*. 7. ed. Rio de Janeiro: Forense, 1998, p. 641.

[379] MAXIMILIANO, Carlos. *Hermenêutica e aplicação do direito*. 19. ed. Rio de Janeiro: Forense, 2004, p. 81.

[380] RAMIRES, Maurício. *Crítica à aplicação de precedentes no direito brasileiro*. Porto Alegre: Livraria do Advogado, 2010, p. 130.

a importância da atuação do julgador em identificar se o processo do qual deriva a súmula ou jurisprudência versa de fato sobre a mesma matéria jurídica objeto do recurso interposto, pois "nem todo caso é idêntico ao outro".[381]

Por outro lado, há que se atentar para as condições estruturais dispostas ao julgador para realizar a referida análise.

A vida forense tem demonstrado que, com grande frequência, decisões padronizadas são aplicadas a ações supostamente repetitivas. A grande carga de trabalho que assoberba o magistrado interfere diretamente na necessária reflexão do caso concreto.

Eduardo Oteíza aponta que a sobrecarga de trabalho dos juízes atenta contra a capacidade para que estes brindem respostas eficientes.[382]

Nos dizeres de José Carlos Barbosa Moreira, "em não poucos casos, ante a primeira impressão do *déjà vu*, a própria leitura da petição inicial corre o perigo de ver-se truncada, ou reduzida à sumária olhadela, desatenta e argumentos porventura novos que autor suscite." O julgador, para desvincilhar-se rapidamente do estorvo de novo processo, acaba aplicando a "lei do menor esforço" e enxergando identidade onde talvez não exista a vaga semelhança.[383]

Segundo Rolf Stürner, em última análise, a observância de acórdãos dos tribunais superiores depende sempre do conhecimento e do raciocínio dos juízes. Diz o autor:

> Os acórdãos-modelo dos tribunais superiores para uma série de casos semelhantes é – como já indicado – uma instituição com uma expectativa de sucesso muito incerta. (...) Processos-modelo têm um efeito muitas vezes retardante, e os casos individuais diferenciam-se freqüentemente do modelo. Uma racionalidade pragmática dos magistrados pode conduzir a resultados superiores.[384]

Quanto ao excessivo volume de processos em trâmite nos tribunais, Wanessa de Cássia Françolin refere que:

---

[381] FABIANO, Isabela Márcia de Alcântara. Incidente de resolução de demandas repetitivas: acesso democrático à justiça? Tema: "Democracia e reordenação do pensamento jurídico: compatibilidade entre a autonomia e a intervenção estatal". *Anais do XX Encontro Nacional do CONPEDI.* Belo Horizonte-MG, 22, 23, 24 e 25 junho de 2011. Disponível em: <http://www.conpedi.org.br>. Acesso em: 30 Mai. 2012.

[382] OTEÍZA, Eduardo. *Reforma procesal civil.* Santa Fe: Rubinzal-Culzoni, 2010, p. 721.

[383] BARBOSA MOREIRA, José Carlos. Súmula, jurisprudência, precedente: uma escalada e seus riscos. *Revista Dialética de Direito Processual,* São Paulo: Dialética, n. 27, p. 58, jun. 2005.

[384] STÜRNER, Rolf. Sobre as reformas recentes no direito alemão e alguns pontos em comum com o projeto brasileiro para um novo Código de Processo Civil. *Revista de Processo.* São Paulo, Revista dos Tribunais, v. 36, n. 193, p. 369, mar. 2011.

O volume de processos em trâmite nos tribunais é muito maior do que a capacidade de julgamento que o tribunal comportaria e, em princípio, a ampliação dos poderes do relator contribuiria para desobstruir a pauta de julgamento, evitando que recursos sem condições de admissibilidade ou que versem sobre questão de mérito já pacificada não sejam submetidos ao julgamento do colegiado, mas decididos pelo próprio relator.[385]

Portanto, pode-se dizer que a efetividade da aplicação do artigo 557 do Código de Processo Civil – e das demais previsões legislativas estimuladas para o tratamento comum a causas comuns – é proporcional à possibilidade de que os julgadores não realizem padronização indiscriminada, em larga escala, prolatando decisões não coadunadas com a particular individualidade da causa posta.

Neste particular, Caio de Azevedo Trindade sustenta que:

> Por mais que o ministro-relator, ao apreciar singularmente o recurso, invoque súmula ou jurisprudência dominante, se aquele caso concreto contiver particularidades que o afastem daqueles precedentes jurisprudenciais, deve o jurisdicionado manejar o *Agravo Interno, desde que declinando as especificidades do seu caso concreto*, para não afastar a competência recursal da Turma.[386]

Evidentemente, de nada adianta uma decisão monocrática completamente dissociada da matéria jurídica objeto do recurso interposto – quer seja por conta da possível dificuldade na identificação da matéria jurídica objeto do recurso, quer seja por conta da provável sobrecarga de processos a que estará submetido o julgador.

Ao que parece, nestas situações, restarão violados, em especial, os princípios constitucionais do acesso à justiça e do devido processo legal, bem como se distanciará da celeridade e racionalidade pretendidas, pois a parte sucumbente tenderá a recorrer para afastar a aplicação inadequada do artigo 557 no caso concreto, como num círculo vicioso.

Retoma-se, aqui, o primeiro ponto abordado, isso é, a decisão proferida – irrelevante se singular, monocrática ou colegiada –, é sempre resultado de um processo hermenêutico, onde a interpretação recai tanto sobre os fatos, que passam a ser expropriados pelo intérprete, como sobre o direito pleiteado, que texto é e por isso mesmo carece de interpretação, processo esse a que as demandas repetitivas não são imunes, também a ele se submetendo.

O grande desafio que se põe aos intérpretes é superar o dilema que se estabelece entre as demandas individuais repetitivas, nitidamente de caráter homogêneo, e a necessária composição coletiva, mantendo-se uma sociedade que se propõe isonômica, mas que, no fundo, se mostra essencialmente pluralista.

---

[385] FRANÇOLIN, op. cit., p. 2.
[386] TRINDADE, op. cit., p. 51.

Não há promessas de facilidades. Mas o caminho está posto e, validando um ordenamento jurídico que se funda no princípio da legalidade, conforme art. 5º, II, da Constituição da República, o manancial de dispositivos legais que orientam o julgador, com a indispensável reflexão hermenêutica não só dos textos normativos, mas especialmente do caso concreto, é, ao que se nos demonstra, o rumo a ser seguido.

Considerações finais

Após trilhar o caminho desta avaliação que se pretende crítica sobre o exercício do poder jurisdicional pelos órgãos monocráticos dos tribunais, algumas conclusões, inseridas ao longo do debate, parecem ganhar fôlego, as quais se pretende aqui reiterar e enumerar objetivando exatamente sua permanente rediscussão, que é a essência da atividade hermenêutica, como um processo permanente e criativo da realização humana, em especial considerando a proximidade com um novo Código de Processo Civil, cuja produção, respeitada a tradição, não poderá simplesmente negligenciar a construção de práticas que se mostraram úteis e indispensáveis à boa prestação jurisdicional.

Por primeiro, alguns aspectos negativos.

Se de um lado é da conveniência que se atribua aos órgãos monocráticos dos tribunais, quando de sua competência recursal, o juízo de admissibilidade dos recursos, que dizem com o preenchimento dos requisitos para sua interposição, requisitos esses nitidamente de feição processual e por isso mesmo de ordem pública e natureza cogente, a exemplo do que ocorre com o poder que se atribui ao juízo *a quo*, quando perante ele é interposto o recurso, evitando-se, assim, a onerosa e custosa provocação dos órgãos colegiados, fadado que está o recurso a sequer ser apreciado em seu mérito, o mesmo não pode ser dito no tocante ao exame de mérito da irresignação deduzida.

O exame do mérito do recurso interposto – e aqui pode ou não haver uma similitude com o mérito da causa, o que não altera o rigor da discussão – é, por definição, atribuição dos órgãos colegiados, na medida em que o segundo grau de jurisdição se assenta exatamente na exigência de aprimoramento das decisões judiciais, a partir de um sistema que contemple a revisão de uma decisão proferida por um órgão julgador singular e hierarquicamente inferior, por um outro órgão, composto de julgadores mais experientes e que atuarão em colegiado, de forma que a multiplicidade de opiniões, experiências, vivências e interpretações produza o pretendido aperfeiçoamento. O afastamento dessa participação, que o agravo inominado (ou, como se pretende, agravo interno) regulado pelo § 1º do art. 557 não minimiza nem elimina, pois se trata de um novo recurso que também por sua vez se submete a determinados requisitos, entre os quais o temporal, implica negativa da razão de ser do próprio recurso, o que se agrava por se configurar a decisão monocrática como não sujeita às vias de revisão pelos recursos extraordinário e especial.

A pretendida celeridade – se é que é esta a motivação maior da previsão da regra – é de raro alcance, pois tende a parte vencida a irresignar-se contra a decisão monocrática, levando a questão para o colegiado via o agravo antes mencionado, obrigando-a a obter o julgamento colegiado por uma caminho mais sinuoso, passando primeiro por um pronunciamento monocrático desfavorável, com o custo procedimental daí decorrente, com intimações, curso de prazos, certificações, conclusões, para só então ser definitivamente incluído o feito em pauta de julgamento, o que revela a discutível vantagem que a regra se dispõe obter. Essa constatação vale para a legislação vigente e se repete na proposta de legislação futura.

A par da dificuldade de se definir o que seja manifesta improcedência, sua utilização como fundamentação do decidir monocrático desgarra do sistema, pois implica avaliação do fato e não só do direito a ser aplicado, o que é atividade ínsita, em grau recursal, do órgão colegiado, acusando o manifesto, isso sim, equívoco do texto normativo. Preciso registrar, que, no ponto, o Projeto do novo Código exclui essa hipótese como autorizadora de julgamento monocrático.

O julgamento do mérito do recurso base nas disposições sumulares ou na jurisprudência dominante configura, em tese, inconstitucionalidade, na medida em que produz efeito vinculante das decisões dos tribunais superiores sobre os tribunais regionais e estaduais e os juízes de primeiro grau, e também desses tribunais sobre esses últimos, vinculação essa estabelecida por mera disposição de lei ordinária, negando o primado da lei, garantido constitucionalmente pelo art. 5º, II, da Constituição vigente, que nada mais fez do que reproduzir nossa tradição constitucional, que sempre o adotou como norte, ferindo, ainda, o princípio sob o qual se sustenta a formação do Estado brasileiro, qual seja, da distinção independente e harmônica dos três poderes, à luz do que dispõe o art. 2º da Carta de 1988, na medida em que enunciados judiciais passam a ser obrigatoriamente impostos aos conflitos subjacentes. E tudo isso agravado com a "standardização" das decisões judiciais, sufocando o que de mais precioso há na atividade jurisdicional, que é sua condição de uma produção histórica e cultural, que a riqueza de peculiaridades do caso concreto estabelece.

O que se faz sentir com essas disposições, que tendem a serem seguidas e até com dilatação de sua aplicação, face ao conhecido e extenuante volume de trabalho que assola ao Judiciário, é um profundo afastamento do devido processo legal, na esteira de buscar (discutíveis) soluções para o que mais tem sido objeto de crítica, qual seja, a morosidade da justiça.

Entretanto – e aqui não se está dizendo que a crítica não contém conteúdo meritório – o que se propõe é repensar essa crítica, tão a gosto de muitos seguimentos não comprometidos com um Judiciário livre e atuante. Lembra-se, a título de curiosidade, texto da obra História Concisa de Portugal, de José Hermano Saraiva, a pretexto da análise da universidade portuguesa na Idade Média, que traduz a ocorrência já àquela época, há mais de setecentos anos, da mesma preocupação com a celeridade: "...Havia advogados desde o princípio da monarquia: eram os vozeiros, que emprestavam a sua voz aos que não se sabiam explicar diante dos juízes. Mas na universidade ensinava-se direito, e muitos dos antigos vozeiros passaram a ser verdadeiros advogados: sabiam a lei e as tricas do processo e não deixavam os juízes decidir tão depressa como eles gostam. D. Pedro, o Justiceiro, achou que isto era 'prolongar os feitos com maliciosas demandas' e puniu com pena de morte o exercício da advocacia. Mas em 1361 os povos protestaram nas cortes contra essa proibição: o motivo que leva as pessoas a estudar, diziam eles, é o lucro que se espera obter. A proibição da advocacia vem desencorajar os estudos".

Não é muito diferente o que acusa o texto de autoria de Manuel de Almeida e Souza Lobão, de 1896, em seu *Tratado Pratico Compendiario de Todas as Acções Summarias*, acusando a mesma preocupação com a demora na prestação jurisdicional, a exemplo do que ocorre hodiernamente: "Muito se tem escripto pelos sabios, que refere o ilustre Mello, L.4,T.7, na nota, sobre os inconvenientes publicos e do estado que resultam dos processos ordinarios e suas delongas; não menos por Stryk, Vol. 11, Disp. 19, De emendatione processus forensis, porém n'essas nações nada tem felicitado as declamações e providentes arbitrios dos sabios. Os senhores reis d'este reino teem conhecido a mesma necessidade da causa publica, e por muitos decretos teem mandado consultar o desembargo do paço sobre as providencias mais opportunas, a fim de se abreviarem as demandas sem prejuizo da administração da justiça, e se principiou a trabalhar n'este importante negocio; porém também estes reaes projectos tão sabios, como providentes, não chegaram a ultimar-se e encher as paternaes intenções dos soberanos; ficando-se n'esta falta observando a antiga ordinação".

Se é verdade que a ampliação dos poderes do relator imprime no processo civil a celeridade por todos desejada, não menos certo que, se não aplicada com necessário desvelo, redefinindo sempre os princípios maiores de nosso ordenamento, a pretexto de ser célere, poder-se-á, em muitos casos, proclamar-se a indesejável injustiça e deixar-se de homenagear a tão almejada efetividade do processo.

A ideia, pois, salvo melhor juízo, é prestigiar a celeridade, resguardando-se, porém, a segurança de somente serem de plano ceifados aqueles recursos que estejam em total confronto com as decisões proferidas por Tribunal Estadual ou pelas Cortes Superiores.

Por outro lado, não se pode negar os pontos positivos que a contemplação de decisões monocráticas em juízo preliminar de avaliação do mérito recursal, seja para desde logo negar provimento, seja para dar provimento ao recurso, guardam.

A litigiosidade das últimas duas décadas tem-se caracterizado pelo chamado conflito repetitivo, onde ações de massa são postas a frente dos juízes, seguindo o percurso que o devido processo legal, refém do contraditório e da ampla defesa, impõe, cumprindo a superação de todas as fases inerentes ao processo de conhecimento e sua submissão a um sistema recursal ampliativo, ensejando a manifestação pelos tribunais locais e superiores que se repetem processo a processo.

Impõe-se a exigência de um tratamento, para situações análogas, especialmente no que diz aos fatos que sustentam o conflito, que guarde o mínimo de isonomia entre os sujeitos de direito litigantes e a segurança jurídica quanto às negociações travadas na vida em sociedade, o que se reflete no sistema processual, prestando-se a decisão monocrática do relator a manter essa unicidade entre as múltiplas decisões judiciais, além de obter, como ganho secundário, a celeridade pretendida, pelo menos em tese, já que a ordem jurídica não logrou se desvencilhar de mais um recurso, provocando também o reexame da decisão singular.

Assim, se de um lado abre-se mão da dialeticidade da qual os julgamentos colegiados se alimentam – ou devem se alimentar – de outro objetiva-se que haja um alinhamento priorizando, especialmente nas ações repetitivas, o entendimento manifestado pelos tribunais recursais ou recursais superiores, evitando-se um périplo de altíssimo custo para o Judiciário e para a sociedade em geral, buscando-se um mínimo de segurança jurídica nas decisões judiciais e na composição dos conflitos.

De sorte que, entre a cruz e a espada, se está a merecer uma rediscussão a questão da crítica da morosidade, importa também perquirir se não é o caso, mais do que a questão temporal, de se enfrentar a questão da atuação do Poder Judiciário como instrumento verdadeiramente eficaz na realização da justiça material, ou seja, até que ponto o aparelho judiciário está realmente apto e preparado para fazer valer os princípios e regras consagrados pela Constituição, sem os quais não há que se falar em um Estado democrático de direito. Quiçá, esta é a pergunta, porque só perguntando se faz hermenêutica.

Referências

ALMEIDA, Jorge Luiz de (Coord.). A reforma do poder judiciário. Uma aborgadem sobre a Emenda Constitucional n. 45/2004. Campinas: Millennium, 2006.

ALMEIDA, José Antônio. Ampliação dos poderes do relator e o agravo interno no CPC. *Revista Jurídica Consulex*, Ano VII, n. 165, 30 de novembro/2003.

ALVARO DE OLIVEIRA, Carlos Alberto. Efetividade e processo de conhecimento. *Revista da Ajuris*: Associação dos Juízes do Rio Grande do Sul, Porto Alegre, v. 26, n. 75, p. 135, set. 1999.

——. Efetividade e Processo de Conhecimento. *Revista de Processo*, São Paulo: Revista dos Tribunais, v. 96, p. 59-69,1999.

——. Os direitos fundamentais à efetividade e à segurança em perspectiva dinâmica. *Revista de Processo*, São Paulo. Revista dos Tribunais, v. 155, p. 11-26, jan. 2008.

ALVIM, José Eduardo Carreira. Decisão monocrática nos tribunais e recurso de agravo interno. *Revista Dialética de Direito Processual*, São Paulo, Dialética, n. 20, p. 29-31, 2004.

AMARAL, Guilherme Rizzo. Técnicas de tutela e o cumprimento da sentença no Projeto de Lei 3.253/04: uma análise crítica da reforma do Processo Civil brasileiro. In: AMARAL, Guilherme Rizzo Amaral; CARPENA, Márcio Louzada (Coords.). *Visões críticas do processo civil brasileiro*: uma homenagem ao Prof. Dr. José Maria Rosa Tesheiner. Porto Alegre: Livraria do Advogado, 2005.

——. Efetividade, segurança, massificação e a proposta de um "incidente de resolução de demandas repetitivas". *Revista de Processo*, São Paulo. Revista dos Tribunais, v. 36, n. 196, p. 248, jun. 2011.

——. A proposta de um "incidente de resolução de demandas repetitivas. In: TESHEINER, José Maria (Org.). *Processos coletivos*. Porto Alegre: HS Editora, 2012.

ARAÚJO, Luciano Vianna. Art. 285-A do CPC (julgamento imediato, antecipado e maduro da lide): evolução do sistema desde o CPC de 1939 até o CPC reformado. *Revista de Processo*, São Paulo. Revista dos Tribunais, v. 33, n. 160, p. 163, jun. 2008.

ARENHART, Sérgio Cruz. A tutela de direitos individuais homogêneos e as demandas ressarcitórias em pecúnia. In: GRINOVER, Ada Pellegrini ... [et al.]. (Coords.). *Direito processual coletivo e anteprojeto de Código de Brasileiro de Processos Coletivos*. São Paulo: Revista dos Tribunais, 2007.

ARRIBAS, Bruno Felipe da Silva Martin de. Decisão monocrática relatorial: Análise do art. 557 do código de processo civil. *Revista da Esmape:* Escola Superior da Magistratura do Estado de Pernambuco, Recife, v. 9, n. 20, t.1, p. 97-127, jul/dez, 2004, edição especial.

ASCENSÃO, José de Oliveira. *O Direito. Introdução e teoria geral:* uma perspectiva luso-brasileira. 9. ed., Coimbra: Livraria Almedina, 1995.

ASSIS, Araken de. *Manual dos recursos*. São Paulo: Revista dos Tribunais, 2007, 2008.

——. Duração razoável do processo e reformas da lei processual civil. *Revista Jurídica*, Porto Alegre, v. 372, p. 11-27, out. 2008.

ATAIDE JUNIOR, Vicente de Paula. "A reforma do judiciário e a Emenda Constitucional-45/ 2004". *Revista do Tribunal Regional Federal 3. Região*, São Paulo, n. 73, p. 12, set./out. 2005.

AZEM, Guilherme Beux Nassif. *Repercussão geral da questão constitucional no recurso extraordinário*. Dissertação (Mestrado) – Faculdade de Direito, Pós-Graduação em Direito, Pontifícia Universidade Católica Rio Grande do Sul, Porto Alegre, 2010.

──. Recurso extraordinário e repercussão geral. *Páginas de Direito*. Disponível em: <http://www.tex.pro.br/tex/index.php>. Acesso em: 27 Jan. 2012.

BARBOSA MOREIRA, José Carlos. *O juízo de admissibilidade no sistema dos recursos civis*. Rio de Janeiro: Borsoi, 1968.

──. Ações coletivas na Constituição Federal de 1988. *Revista de Processo,* São Paulo. Revista dos Tribunais, v. 16, n. 61, p. 187, jan. 1991.

──. Algumas inovações da Lei 9.756 em matéria de recursos civis. *Temas de direito processual*. Sétima Série, São Paulo: Saraiva, 1997, 2001.

──. *Temas de direito processual,* Oitava série, São Paulo: Saraiva, 2004.

──. *Comentários ao Código de Processo Civil.* São Paulo: Forense, Vol. V, 1974, 1998, 2005.

──. *O novo processo civil brasileiro*. 11. ed. Rio de Janeiro: Forense, 1991.

──. O futuro da justiça: alguns mitos. *Revista de Processo,* São Paulo. Revista dos Tribunais, v. 102, p. 232, abr./jun. 2001.

──. Por um processo socialmente efetivo. *Revista de Processo*. São Paulo. Revista dos Tribunais, v. 27, n. 105, p. 181, jan./mar. 2002.

──. Reformas processuais e poderes do juiz. *Revista Jurídica,* Porto Alegre: Notadez Informação, v. 306, p. 17, 2003.

──. A Emenda Constitucional 45/2004 e o processo. *Revista de Processo,* São Paulo. Revista dos Tribunais, v. 130, p. 240, 2005.

──. Súmula, jurisprudência, precedente: uma escalada e seus riscos. *Revista Dialética de Direito Processual*, São Paulo: Dialética, n. 27, jun., 2005.

BARROS, Humberto Gomes de. Carta de alforria: Lei 11.672/08 vai resgatar o STJ da inviabilidade. *Consultor Jurídico,* São Paulo, 2008. Disponível em: <http://www.conjur.com.br/2008-mai-16/lei_1167208_resgatar_stj_inviabilidade>. Acesso em: 25 Jan. 2012.

BARROSO, Luís Roberto. A proteção coletiva dos direitos no Brasil e alguns aspectos da *class action* norte-americana. *Revista Forense,* Rio de Janeiro, Forense, v. 381, p. 114, set. 2005.

BASTOS, Antônio Adonias Aguiar. Uma leitura crítica do novo regime do agravo no Direito Processual Civil Brasileiro. *Revista da AJURIS:* Associação dos Juízes do Rio Grande do Sul, Porto Alegre, v. 35, n. 109, p. 23, mar. 2008.

──. Situações jurídicas homogêneas: um conceito necessário para o processamento das demandas de massa. *Revista de Processo,* São Paulo. Revista dos Tribunais, v. 35, n. 186, p. 89, ago. 2010.

BASTOS, Celso Ribeiro; MARTINS, Ives Gandra. *Comentários à Constituição do Brasil*. 2º Vol., São Paulo: Saraiva, 1989.

BEDAQUE, José Roberto dos Santos; CARMONA, Carlos Alberto. A posição do juiz: tendências atuais. *Revista Forense,* Rio de Janeiro, Forense, v. 349, p. 86, 2000.

BITTAR, Eduardo Carlos Bianca. O direito na pós-modernidade. *Revista Sequência,* Florianópolis: UFSC, Brasil, ISSN 2177-7055, n. 57, p. 131, dez. 2008.

BONDIOLI, Luis Guilherme Aidar. A nova técnica de julgamento dos recursos extraordinário e especial repetitivos. *Revista Jurídica,* Porto Alegre, v. 387, p. 32, jan. 2010.

BORGES, Marcus Vinícius Motter. *O julgamento por amostragem nos recursos especiais repetitivos:* celeridade e efetividade da prestação jurisdicional no âmbito do Superior Tribunal de Justiça. Dissertação (Mestrado em Direito) – Faculdade de Direito, Pós-Graduação em Direito, Pontifícia Universidade Católica Rio Grande do Sul, Porto Alegre, 2010.

BRASIL. Supremo Tribunal Federal. Pleno. Ag. 151.354-3-MG – Ag. Ed. – Ed. – Ag., Relator Ministro Néri da Silveira, DJ 16.44.1999.

──. Supremo Tribunal Federal. Recurso Extraordinário nº 163231-3-SP. Relator: Ministro Maurício Correa. Diário de Justiça, de 29.06.2001.

──. Supremo Tribunal Federal. AI-AgR 659463/BA. Relatora Ministra Carmen Lúcia, Primeira Turma, DJ 07.11.2008.

──. Superior Tribunal de Justiça. Segunda turma. Recurso Especial nº 156.311. Relator Ministro Adhemar Maciel. Julgado em: 16.03.1998.

──. Superior Tribunal de Justiça. Primeira Turma. Agravo Regimental no Agravo 391.529. Relator Ministro José Delgado. Julgado em: 18.09.2001.

_____. Superior Tribunal de Justiça. Segunda Turma. Recurso especial 469.736-RS. Relator: Ministro João Otávio de Noronha. Julgado em: 18.05.2006.

_____. Superior Tribunal de Justiça. Terceira Turma. Recurso especial 1.029.156 –RS. Relator: Ministro Sidnei Beneti. Julgado em: 01.04.2008.

_____. Superior Tribunal de Justiça. Quarta Turma. Questão de Ordem no Recurso Especial nº 1.067.237–SP. Relator: Ministro Luiz Felipe Salomão. Julgado em: 24/06/2009. *Diário de Justiça Eletrônico,* Acesso em 23 Set. 2009.

_____. Superior Tribunal de Justiça. Questão de Ordem no Recurso Especial nº 1.063.343-RS. Relatora: Ministra Nancy Andrighi. Relator: Ministro João Otávio de Noronha. Segunda Seção. Julgado em: 12/08/2009. *Diário de Justiça Eletrônico,* Acesso em 16 Nov. 2010.

_____. Superior Tribunal de Justiça. Terceira Turma. Embargos de Declaração no Agravo 1295729-AM, Relator: Ministro Vasco Della Gisutina – Desembargador convocado do TJ-RS. Julgado em: 17.02.2011.

_____. Superior Tribunal de Justiça. Recurso Especial Repetitivo. REsp 1102467/RJ, Relator: Ministro Massami Uyeda, CORTE ESPECIAL, julgado em 02/05/2012, DJe 29/08/2012.

_____. Superior Tribunal de Justiça. Institucional. Notícias. Filtros processuais não impedem início de ações, diz Ministro Carvalhido. Disponível em: <http://www.stj.gov.br/portal_stj/publicacao/engine.wsp?tmp.area=398&tmp.texto=101234&tmp.area_anterior=44&tmp.argumento_pesquisa=quantidade de processos>. Acesso em: 28 Jan. 2012.

_____. Supremo Tribunal Federal. *Estatísticas do STF.* Pesquisa por classe. Processos Protocolados, Distribuídos e Julgados por classe processual – 1990 a 2011. Portal de Informações Gerenciais do STF. Assessoria de Gestão Estratégica. Disponível em: <http://www.stf.jus.br/portal/cms/verTexto.asp?servico=estatistica&pagina=pesquisaClasse>. Acesso em: 30 Jan. 2012.

_____. Distrito Federal. Conselho Nacional de Justiça (CNJ). Pesquisa justiça em números 2008 mostra radiografia da Justiça estadual. *Notícia.* Justiça em Números 2008. Departamento de Pesquisas Judiciárias do CNJ. Disponível em: <http://www.cnj.jus.br/component/content/article/96-noticias/6725-pesquisa-justica-em-numeros-2008-mostra-radiografia-da-justica-estadual.>. Acesso em: 10 Jul. 2012.

_____. Distrito Federal. Jorge Vasconcelos. *Agência CNJ de Notícias.* Divulgado em: 16/09/2011. Ministra Eliana Calmon defende fortalecimento da Justiça de 1ª instância. Disponível em: <http://www.cnj.jus.br/noticias/cnj/15953-ministra-eliana-calmon-defende-fortalecimento-da-justica-de-1-instancia>. Acesso em: 10 Jul. 2012.

_____. Distrito Federal. Ruy Rosado de Aguiar. Conselho Nacional de Justiça (CNJ). Número de processos dobra e o de juízes aumenta só 15%. *Notícia.* 23 ago 2002. Disponível em: <http://www.conjur.com.br/2002-ago-23/ministro_nao_preve_perspectivas_melhoria_justica>. Acesso em: 10 Jul. 2012

_____. Superior Tribunal de Justiça. Institucional. Ari Pargendler destaca mais de 323 mil processos julgados pelo STJ em 2010. *Notícia.* Divulgado em: 17/12/2010. Disponível em: <http://www.stj.gov.br/portal_stj/publicacao/engine.wsp?tmp.area=398&tmp.texto=100283&tmp.area_anterior=44&tmp.argumento_pesquisa=recursos repetitivos>. Acesso em: 30 Jul. 2012.

_____. Distrito Federal. Conselho Nacional de Justiça (CNJ). Departamento de Pesquisas Judiciárias do CNJ. *Relatórios.* Justiça em Números 2010. *Resumo Executivo.* Disponível em: <http://www.cnj.jus.br/images/pesquisas-judiciarias/Publicacoes/sum_exec_por_jn2010.pdf>. Acesso em: 30 Jul. 2012.

_____. CONSELHO NACIONAL DE JUSTIÇA. In: <http://www.cnj.jus.br/BOE/OpenDocument/ 1308221209/OpenDocument/opendoc/openDocument.jsp>. Acesso em 04 Fev. 2014.

_____. Supremo Tribunal Federal. Processos. *Andamento processual.* ADIN nº 3.695/DF, Relatoria atual Ministro Teori Zavascki. Disponível em: <http://www.stf.jus.br/portal/processo/verProcessoAndamento.asp?incidente=2373898. Acesso em: 04 Fev. 2014.

BUENO, Cássio Scarpinella. *A nova etapa da reforma do Código de Processo Civil.* São Paulo: Saraiva, 2006.

BUZAID, Alfredo. *Do agravo de petição no sistema do código de processo civil.* 2. ed. São Paulo: Saraiva, 1956.

CALMON DE PASSOS, José Joaquim. Súmula Vinculante. *Revista do Tribunal Federal da 1ª Região,* Brasília, v. 9, n. 1, p. 176, jan./mar. 1997.

CÂMARA, Alexandre Freitas. O agravo interno no Direito Processual Civil brasileiro. MEDINA, José Miguel Garcia et al (Coord.) *Os poderes do juiz e o controle das decisões judiciais*: estudos em homenagem à Professora Teresa Arruda Alvim Wambier, 2ª tir., São Paulo: Revista dos Tribunais, 2008.

CARDOSO, Antonio Pessoa. A sentença e o juiz: as principais causas da lentidão dos julgamentos. *Consulex: Revista Jurìdica*, Brasília, v. 6, n. 122, p. 10-12, 2002.

CARNEIRO, Athos Gusmão. Poderes do relator e agravo interno: Artigos. 557, 544 e 545 do CPC, *Revista de Processo*. São Paulo. Revista dos Tribunais, vol. 100, p.14, out/dez, 2000.

―――. Poderes do relator e agravo interno: Artigos 557, 544 e 545 do CPC. *Revista Síntese de Direito Civil e Processual Civil*, Porto Alegre: Síntese, v. 1, n. 1, set/out, 1999.

―――. Execução de título extrajudicial. In: *As recentes reformas processuais:* leis 11.187, de 19/10/05; 11.232, de 22/12/05; 11.276, de 07/02/06; 11.277, de 07/02/06; 11.280, de 16/02/06. [ciclo de estudos]. Coordenação Geral: Luiz Felipe Brasil Santos; coordenação adjunta: Rejane Maria Dias de Castro Bins. Porto Alegre: Tribunal de Justiça do Estado do Rio Grande do Sul. Departamento de Artes Gráficas, p. 16 (Cadernos do Centro de Estudos; v. 1), 2006.

CARNELUTTI, Francesco. *Instituciones del processo civil*. Buenos Aires: Librería El Foro, Vol. II, 1997.

CARVALHO, Fabiano. *Os poderes do relator nos recursos*. São Paulo: Saraiva, 2008.

CASTANHEIRA NEVES, Antonio. O instituto dos "assentos" e a função jurídica dos Supremos Tribunais. Coimbra: Coimbra Editora, 1983.

CAVALCANTE, Mantovanni Colares. A sentenca liminar de merito do art.285-A do Código de Processo Civil e suas restrições. *Revista Dialética de Direito Processual*, São Paulo, Oliveira Rocha, n. 42, p. 95, set. 2006.

CASTRO FILHO. Por um novo Código. STJ PERFIL. *Anuário da Justiça 2007*. São Paulo: Consultor Jurídico, 2007.

CINTRA, Antonio Carlos Fontes. Interesses individuais homogêneos: natureza e oportunidade da coletivização dos interesses individuais. *Revista de Direito do Consumidor,* São Paulo, v. 72, p. 13, out./dez. 2009.

―――; GRINOVER, Ada Pellegrini; DINAMARCO, Cândido Rangel. *Teoria geral do processo.* 19. ed. São Paulo: Malheiros, 2003.

CHIOVENDA, Giuseppe. *Instituições de Direito Processual Civil.* 3. ed. São Paulo, Saraiva, Vol. III, 1969.

COUTO, Mônica Bonetti; MEYER-PFLUG, Samantha Ribeiro. Os mecanismos de contenção: repercussão geral e súmula vinculante e o acesso à justiça. Tema: "Democracia e reordenação do pensamento jurídico: compatibilidade entre a autonomia e a intervenção estatal". *Anais do XX Encontro Nacional do CONPEDI.* Belo Horizonte-MG, 22 a 25 junho de 2011. ISBN 978-85-7840-059-0. Disponível em: <http://www.conpedi.org.br>. Acesso em: 30 Mai. 2012.

CRUZ, Álvaro Ricardo de Souza. *Hermenêutica jurídica e(m) debate*. O constitucionalismo brasileiro entre a teoria do discurso e a ontologia existencial. Belo Horizonte: Fórum, 2007.

CUNHA, Leonardo José Carneiro da. Anotações sobre o incidente de resolução de demandas repetitivas previsto no projeto do novo Código de Processo Civil. *Revista de Processo,* São Paulo. Revista dos Tribunais, v. 36, n. 193, p. 256-257, mar. 2011.

DALLARI, Dalmo. *Poder dos juízes*. 3. ed. São Paulo: Saraiva, 2008.

DELGADO, José Augusto. Aspectos controvertidos da reforma do CPC – 2006/2007. Repercussão geral, recursos repetitivos e súmula vinculante. *Revista Jurídica*, Porto Alegre, v. 383, p. 12-13, set. 2009.

DIAS, Maria Berenice. As decisões monocráticas do art. 557 do Código de Processo Civil. *Revista da Ajuris*: Associação dos Juízes do Rio Grande do Sul. Porto Alegre, v. 83, t.1, p. 279-284, 2001.

DINAMARCO, Cândido Rangel. *A reforma do Código de Processo Civil*. São Paulo: Malheiros, 1996.

―――. O relator, a jurisprudência e os recursos. In: NERY JÚNIOR, Nelson, WAMBIER, Teresa Arruda Alvim (coord.). *Aspectos polêmicos e atuais dos recursos e de outros meios de impugnação às decisões judiciais*. São Paulo: Revista dos Tribunais, v. 6, 2002.

―――. *A reforma da reforma.* 5. ed. rev. atual., São Paulo: Malheiros, 2003.

DUARTE, Adão de Assunção. Um judiciário mais ágil, um processo mais veloz. *Revista do Tribunal Regional Federal da Primeira Região*, Brasília, v. 6, n. 3, p. 30, jul. 1994.

EUZÉBIO, Gilson Luiz. Número de magistrados cresce 3,2% no ano. *Agência CNJ de Notícias*. 29 ago. 2011. Disponível em: <http://www.cnj.jus.br/noticias/cnj/15586:numero-de-magistrados-cresce-32-no-ano&catid=223:cnj>. Acesso em: 13 Mai. 2012.

FABIANO, Isabela Márcia de Alcântara. *Incidente de resolução de demandas repetitivas: acesso democrático à justiça?* Tema: "Democracia e reordenação do pensamento jurídico: compatibilidade entre a autonomia e a intervenção estatal". Anais do XX Encontro Nacional do CONPEDI. Belo Horizonte-MG, 22, 23, 24 e 25 junho de 2011. Disponível em: <http://www.conpedi.org.br>. Acesso em: 30 Mai. 2012.

FABRÍCIO, Adroaldo Furtado. Tutela antecipada: denegação no 1º grau e concessão pelo relator do agravo. In: FABRÍCIO, Adroaldo Furtado. *Ensaios de Direito Processual*. Rio de Janeiro: Forense, 2003.

FALCÃO, Joaquim... [et al.] *II Relatório Supremo em Números : o Supremo e a Federação*. Rio de Janeiro : Escola de Direito do Rio de Janeiro da Fundação Getulio Vargas, 2013.

FARIA, José Eduardo Campos de Oliveira. A crise do poder judiciário no brasil. Justiça e Democracia. *Revista Semestral de Informação e Debates*. São Paulo. Associação Juízes para a Democracia, v. 1, p. 18-64, 1996.

FERRAZ, Leslie Shérida. *Efetividade das reformas processuais: decisão monocrática e agravo interno no Tribunal de Justiça do Rio Grande do Sul*: uma análise empírica. Porto Alegre: Tribunal de Justiça do Estado do Rio Grande do Sul, 2012.

FRANÇOLIN, Wanessa de Cássia. *A ampliação dos poderes do relator nos recursos cíveis*. Rio de Janeiro: Forense, 2006.

FUX, Luiz. *A reforma do processo civil*: comentários e análise crítica da reforma infraconstitucional do Poder Judiciário e da reforma do CPC. 2. ed. Niterói, RJ: Impetus, 2008.

GADAMER, Hans-Georg. *Verdad y Metodo*, Salamanca: Ediciones Sígueme, V. I e II, 1998.

GAJARDONI, Fernando da Fonseca. O princípio constitucional da tutela jurisdicional sem dilações indevidas e o julgamento antecipadíssimo da lide. *Revista IOB de Direito Civil e Processual Civil*, São Paulo, v. 8, n. 45, p. 129, jan./fev. 2007.

GRECO FILHO, Vicente. *Direito processual civil brasileiro*. 11. ed. São Paulo: Saraiva, vol. 2, 1996.

——. Questões sobre a Lei 9.756, de 17 de dezembro de 1998 In: ALVIM, Teresa Arruda; NERY JÚNIOR, Nelson (Coord.). *Aspectos polêmicos e atuais dos recursos cíveis de Acordo Com a Lei 9.756/98*. São Paulo: Revista dos Tribunais, 1999, p. 599.

GRINOVER, Ada Pellegrini. A tutela jurisdicional dos interesses difusos. *Revista Brasileira de Direito Processual*, v. 16, p. 19, 1978.

——. Da *class action for damages* à ação de classe brasileira: os requisitos de admissibilidade. *Ação civil pública*: Lei 7.347/1985 – 15 anos. São Paulo: Revista dos Tribunais, 2001.

HABERMAS, Jürgen. *Dialética e hermenêutica*. Porto Alegre: L&PM, 1987.

HEIDEGGER, Martin. *Carta sobre o humanismo*. Lisboa: Guimarães Editores, 1987.

HOFFMAN, Paulo. O direito à razoável duração do processo e a experiência italiana. In: WAMBIER, Teresa Arruda. Alvim ... [et al.]. (Coords.). *Reforma do judiciário: primeiros ensaios críticos sobre a EC 45/2004*. São Paulo: RT, 2005.

HÜBNER, Rui Fernando. Julgamento de recurso por decisão monocrática: tendência no direito processual civil brasileiro e recorribilidade das decisões. *Revista Processo e Constituição*, Porto Alegre, UFRGS. Faculdade de Direito, n. 2, p. 263-336, maio, 2005.

LASPRO, Oreste Nestor de Souza. *Duplo grau de jurisdição no direito processual civil*. São Paulo: Revista dos Tribunais, 1995.

LEAL, Rogério Gesta. <http://www.cnm.org.br/index.php?option=com_content&view=article&id=24298:com-74-mil-processos-rio-grande-do-sul-e-lider-em-judicializacao-da-saude&catid=71:entidades-estaduais>. Acesso em 01 Mar.2014.

LEONEL, Ricardo de Barros. *Manual do processo coletivo*. São Paulo: Revista dos Tribunais, 2002.

LESSA, Sebastião José. O princípio da colegialidade e a decisão monocrática na dinâmica do procedimento disciplinar. *Fórum Administrativo: Direito Público*, Belo Horizonte, v.9, n.96, p. 31-36, fev. 2009.

LIMA, Francisco Meton Marques de. *Reforma do poder judiciário:* comentários iniciais à EC 45/2004. São Paulo: Malheiros, 2005.

MACEDO, Elaine Harzheim *et al.* (org.). *Comentários ao projeto de lei n. 8.046/2010* [recurso eletrônico]: proposta de um novo código de processo Civil. Dados Eletrônicos. Modo de acesso: http: www.pucrs.br/edipucrs, Porto Alegre: EDIPUCRS, 2012.

——; MACEDO, Fernanda dos Santos. O Direito Processual Civil e a Pós-Modernidade, *Revista de Processo,* ano 37, v. 204, São Paulo: Revista dos Tribunais, p. 362-364, fevereiro/2012.

MALTA, Christóvão Piragibe Tostes. *Prática do processo trabalhista.* 31. ed. São Paulo: LTr, 2002.

MANCUSO, Rodolfo de Camargo. *Recurso extraordinário e recurso especial.* 6. ed. São Paulo: Revista dos Tribunais, 1999.

——. A realidade judiciária brasileira e os tribunais da federação. In: FUX, Luiz; NERY JÚNIOR, Nelson; ALVIM, Teresa Arruda (Coord.). *Processo e Constituição:* estudos em homenagem ao Professor José Carlos Barbosa Moreira, São Paulo: Revista dos Tribunais, p. 1068-1077, 2006.

——. A resolução dos conflitos e a função judicial no contemporâneo estado de direito. *Revista dos Tribunais.* São Paulo: Revista dos Tribunais, n. 888, p. 9-34, out. 2009.

——. *Divergência jurisprudencial e súmula vinculante.* 4. ed. São Paulo: Revista dos Tribunais, 2010.

MARINONI, Luiz Guilherme. *Novas linhas do processo civil.* 3. ed. São Paulo: Malheiros, 1999.

——. *Antecipação de tutela.* 11. e 12. ed. São Paulo: Revista dos Tribunais, 2009, 2011.

——. Ações repetitivas e julgamento liminar. *Páginas de Direito.* Editores José Maria Tesheiner e Mariângela Milhoranza. Disponível em: <http://www.tex.pro.br/wwwroot/00///Acoes_Repetitivas_LGM.php. Acesso em 30 Abr. 2013.

——; MITIDIERO, Daniel. *Repercussão geral no recurso extraordinário.* São Paulo: Revista dos Tribunais, 2007.

——; ——. *Código de Processo Civil comentado artigo por artigo.* 2. e 3. ed. São Paulo: Revista dos Tribunais, 2010, 2011.

MATSUURA, Lilian. Número de ações na Justiça ordinária aumentou 25%. *CONJUR. Consultor Jurídico,* São Paulo, Notícias, 24 jan. *2009.* ISSN 1809-2829. Disponível em: <http://www.conjur.com.br/2009-jan-24/tres-anos-numero-acoes-primeira-segunda-instancias-subiu-25>. Acesso em: 30 jun. 2012.

MAXIMILIANO, Carlos. *Hermenêutica e aplicação do direito.* 19. ed. Rio de Janeiro: Forense, 2004.

MENDES, Aluisio Gonçalves de Castro. *Ações coletivas no direito comparado e nacional.* 2. ed. rev. atual. e ampl. São Paulo: Revista dos Tribunais, (*Temas atuais de direito processual,* v. 4), 2010.

MENDONÇA, Paulo Roberto Soares. A súmula vinculante como fonte hermenêutica de direito. *Interesse Público – IP,* Belo Horizonte, ano 13, n. 67, p. 172-173, maio/jun., 2011.

MENEZES, Isabella Ferraz Bezerra de. A repercussão geral das questões constitucionais como mecanismo de contenção recursal e requisito de admissibilidade do recurso extraordinário. *Revista da ESMAPE,* Recife, v. 13, n. 28, p. 269, 2008.

MITIDIERO, Daniel. *Elementos para uma teoria contemporânea do processo civil brasileiro.* Porto Alegre: Livraria do Advogado, 2005,

——. *Comentários ao Código de Processo Civil.* Tomo 3, São Paulo: Memória Jurídica, 2006.

——. *Processo civil e estado constitucional.* Porto Alegre: Livraria do Advogado, 2007.

——. *Cortes superiores e cortes supremas*: do controle à interpretação, da jurisprudência ao precedente. São Paulo: Revista dos Tribunais, 2013.

MORELLO, Augusto Mario. *La nueva etapa del recurso extraordinario: el certiore.* Buenos Aires: Platense-Abeledo-Perrot, 1990.

MUKAI, Toshio. Ética e direito em Chaim Perelman. *Revista da Ordem dos Advogados do Brasil,* Brasília, Conselho Federal da OAB, 1998. v. 69, p. 91-98, *apud* PERELMAN, Chaïm. Ética e direito. Trad. Maria Ermantina Galvão G. Pereira. São Paulo: Martins Fontes, 1996.

NEGRÃO, Theotonio (Org.). *Código de Processo Civil e legislação processual em vigor:* atualizada até 10.02.2005. 37. ed. São Paulo: Saraiva, 2005.

NERY JÚNIOR, Nelson. *Princípios do processo civil na Constituição Federal.* 6. ed. São Paulo: Revista dos Tribunais, 2000.

——. *Princípios fundamentais – teoria geral dos recursos.* 5. ed. São Paulo: Revista dos Tribunais, 2000.

NERY, Rosa Maria de Andrade; NERY JÚNIOR, Nelson. *Código de Processo Civil comentado e legislação extravagante*. 9. e 10. ed. São Paulo: RT, 2006, 2007.

NOGUEIRA, Vânia Márcia Damasceno. O movimento mundial pela coletivização do processo e seu ingresso e desenvolvimento no direito brasileiro. *De Jure*: Revista Jurídica do Ministério Público do Estado de Minas Gerais, Belo Horizonte, n. 12, p. 327-328, jan./jun. 2009.

NUNES, Dierle José Coelho. Colegialidade das decisões dos tribunais – sua visualização como princípio constitucional e do cabimento de interposição de agravo interno de todas as decisões monocráticas do relator. In: ALVIM, Teresa Arruda; NERY JÚNIOR, Nelson (coord.). *Aspectos polêmicos e atuais dos recursos cíveis de acordo com a Lei 9.756/98*. São Paulo: Revista dos Tribunais, 1999.

OLIVEIRA, Lucélia Biaobock Peres de. Ações coletivas para defesa dos direitos individuais homogêneos: particularidades processuais. *Debates em Direito Público: Revista de Direito dos Advogados da União*, Brasília, v. 5, n. 5, p. 83, out. 2006.

OLIVEIRA, Pedro Miranda de. O cabimento direto de recurso excepcional contra a decisão monocrática de conversão do agravo de instrumento em agravo retido. *Revista Brasileira de Direito Processual*, Belo Horizonte, v.16, n.64, out./dez. 2008.

OTEÍZA, Eduardo. *Reforma procesal civil*. Santa Fe: Rubinzal-Culzoni, 2010.

PARÁ FILHO, Tomás. A chamada "uniformização da jurisprudência". *Revista de Processo*. São Paulo, Revista dos Tribunais, v. 1, p. 75, 1976.

PAULI, Nelson Zimmermann. *Os poderes do relator nos recursos cíveis*. Dissertação (Mestrado em Processo Civil) – Faculdade de Direito. PUC-RS. Prof. José Maria da Rosa Tesheiner. Porto Alegre, 2008.

PEREIRA, Ruitemberg Nunes. *O princípio do devido processo legal substantivo*. Rio de Janeiro: Renovar, 2005.

PERROT, Roger. O processo civil francês na véspera do século XXI. Tradução de J. C. Barbosa Moreira. *Revista Forense*. Rio de Janeiro, Forense, v. 94, n. 342, p. 162, abr. 1998.

PICARDI, Nicola, NUNES, Dierle. O Código de Processo Civil brasileiro: origem, formação e projeto de reforma. *Revista de Informação Legislativa*, n. 190, t. 2, p. 100, abr.-jun. 2011.

PINTO, Fernanda Guedes. As ações repetitivas e o novel art. 285-A do CPC (racionalização para as demandas de massa). *Revista de Processo*. São Paulo. Revista dos Tribunais, v. 32, n. 150, p. 121-122, ago. 2007.

PISANI, Andrea Proto. *Lezioni di diritto processuale civile*. 3. ed. Napoli: Jovene, 1999.

PORTANOVA, Rui. *Princípios do processo civil*. Porto Alegre: Livraria do Advogado, 1999, 2005.

PORTO, Sérgio Gilberto. Recursos: reforma e ideologia, in *Inovações do Código de Processo Civil*, Porto Alegre: Livraria do Advogado, 1996.

——; USTÁRROZ, Daniel. *Manual dos recursos cíveis*: atualizado com as reformas de 2006 e 2007, 2. ed. rev. e ampl. Porto Alegre: 2008.

——; ——. *Lições de direitos fundamentais no processo civil*: o conteúdo processual da Constituição Federal. Porto Alegre: Livraria do Advogado, 2009.

RAMIRES, Maurício. *Crítica à aplicação de precedentes no direito brasileiro*. Porto Alegre: Livraria do Advogado, 2010.

RIBEIRO, Darci Guimarães. A garantia constitucional do postulado da efetividade desde o prisma das sentenças mandamentais. *Genesis – Revista de Direito Processual Civil*. Curitiba: Genesis, v. 38, p. 659, out. 2005.

RIO DE JANEIRO. Fundação Getúlio Vargas Direito RIO (FGV). Pesquisa: *Supremo em números*. Apoio: Escola de Matemática aplicada – FGV. Coordenação: Paulo Cedreira. I Relatório –Autores: Joaquim Falcão; Paulo Cedreira; Diego Werneck. Rio de Janeiro, abr. 2011.

RIO GRANDE DO SUL. Vara Judicial da Comarca de Tapera. *Processo nº 136/1.06.0000777-0*. Brasil Telecom S.A. e Ivani Terezinha Graeff. Julgador: Juiz de Direito Rodrigo de Azevedo Bortoli. Julgado em: 23 ago. 2006. Publicado em 01 set. 2006, nota de expediente nº 199/2006.

——. <http://www3.tjrs.br/proc/acoes_coletivas/index.php>, acesso em 03.Mar.2014.

RODRIGUES, Baltazar José Vasconcelos. O julgamento por amostragem em sede de recursos de natureza extraordinária de caráter repetitivo. Fundamentos teóricos e práticos. Críticas sob a ótica das garantias do processo. Tese apresentada e aprovada no XXXVII Congresso Nacional de Procuradores do Estado, realizado em Belo Horizontes-MG, de 26 a 30 de setembro de 2011.

RODRIGUES, Ruy Zoch. *Ações repetitivas:* casos de antecipação de tutela sem o requisito de urgência. São Paulo: Revista dos Tribunais, 2012.

RODRIGUES NETTO, Nelson. Análise crítica do julgamento "por atacado" no STJ (lei 11.672/2008 sobre recursos especiais repetitivos). *Revista de Processo.* São Paulo, Revista dos Tribunais, v. 33, n. 163, p. 234, set. 2008.

ROENICK, Hermann Homem de Carvalho. *Recursos no Código de Processo Civil.* Rio de Janeiro: AIDE, 1997.

SALMEIRÃO, Cristiano. Os poderes do relator – Art. 557 do CPC: aspectos gerais e sua aplicabilidade no âmbito do Direito Processual Penal. *Revista Âmbito Jurídico.* Constitucional. Disponível em: <http://www.ambito-juridico.com.br/site/?n_link=revista_artigos_leitura&artigo_id=10693&revista_caderno=9>. Acesso em 30 Abr. 2013.

SALOMÃO, Luis Felipe. Tendências atuais do judiciário. *Revista da EMERJ,* v. 6, n. 21, p. 169, 2003.

SANTOS, Boaventura de Sousa. *A crítica da razão indolente:* contra o desperdício da experiência. V. I, São Paulo: Cortez, 1986.

SANTOS, Ernane Fidélis dos. *As reformas de 2005 do Código de Processo Civil:* execução dos títulos judiciais e agravo de instrumento. São Paulo: Saraiva, 2006.

SANTOS, Moacyr Amaral. *Primeiras linhas de direito processual civil.* 9. ed. v. 3, São Paulo: Saraiva, 1988.

SHIMURA, Sérgio. Reanálise do duplo grau de jurisdição obrigatório diante das garantias constitucionais. In: FUX, Luiz; NERY Jr., Nelson; WAMBIER, Teresa Arruda Alvim. *Processo e Constituição*: estudos em homenagem ao professor José Carlos Barbosa Moreira. Coord. Luiz Fux, Nelson Nery Jr. e Teresa Arruda Alvim Wambier. São Paulo: Revista dos Tribunais, 2006.

SICA, Heitor Vitor Mendonça. Recorribilidade das interlocutórias e reformas processuais: novos horizontes do agravo retido. In: NERY JÚNIOR, Nelson; WAMBIER, Teresa Arruda Alvim (Coords.). *Aspectos polêmicos e atuais dos recursos cíveis e de outros meios de impugnação às decisões judiciais.* São Paulo: Revista dos Tribunais, p. 161-230, 2005.

SILVA, Hudson Emanuel Fagundes e. O reexame necessário como condição de eficácia das sentenças proferidas contra a Fazenda Pública. *Conteúdo Jurídico,* Brasília-DF: 01 set. 2011. Disponível em: <http://www.conteudojuridico.com.br/?artigos&ver=2.33272&seo=1>. Acesso em: 18 fev. 2013.

SILVA, Jaqueline Mielke; XAVIER, José Tadeu Neves. *Reforma do processo civil:* comentários às Leis 11.187, de 19.10.2005; 11.232, de 22.12.2005; 11.276 e 11.277, de 7.2.2006 e 11.280, de 16.2.2006. Porto Alegre: Verbo Jurídico, 2006.

SILVA, Ovídio Araújo Baptista da. *Curso de processo civil.* 6. ed. v. I. São Paulo: Revista dos Tribunais, 2002.

——. Das alterações no procedimento dos recursos e da ação rescisória (Lei nº 11.276/06 e nova redação dos arts. 489 e 555, dada pela Lei nº 11.280/06). In: *As recentes reformas processuais:* leis 11.187, de 19/10/05; 11.232, de 22/12/05; 11.276, de 07/02/06; 11.277, de 07/02/06; 11.280, de 16/02/06. [ciclo de estudos]. Coordenação geral: Luiz Felipe Brasil Santos; coordenação adjunta: Rejane Maria Dias de Castro Bins. Porto Alegre: Tribunal de Justiça do Estado do Rio Grande do Sul. Departamento de Artes Gráficas, p. 116-120. (Cadernos do Centro de Estudos; v. 1), 2006

——. Da função à estrutura. *Revista de Processo,* São Paulo. Revista dos Tribunais, v. 33, n. 158, p. 11, abr. 2008.

SOARES, Flaviana Rampazzo. *Responsabilidade civil por dano existencial.* Porto Alegre: Livraria do Advogado, 2009.

SOUZA, Valmecir José de. A súmula vinculante diante do princípio do livre convencimento motivado do juiz. *Jurisprudência Catarinense,* Florianópolis, v. 35, n. 117, p.197-236, jul. /set. 2008.

STEIN, Ernildo. *Aproximações sobre hermenêutica,* Porto Alegre, EDIPUCRS, 1996.

STRECK, Lenio Luiz. *Súmulas no Direito brasileiro. Eficácia, poder e função*: a ilegitimidade constitucional do efeito vinculante. 2. ed. Porto Alegre: Livraria do Advogado, 1998.

——. *Hermenêutica jurídica e(m) crise*. Porto Alegre: Livraria do Advogado, 1999.

STÜRNER, Rolf. Sobre as reformas recentes no direito alemão e alguns pontos em comum com o projeto brasileiro para um novo Código de Processo Civil. *Revista de Processo*. São Paulo. Revista dos Tribunais, v. 36, n. 193, p. 369, mar. 2011.

TALAMINI, Eduardo. A nova disciplina do agravo e os princípios constitucionais do processo. *Revista de Processo*, São Paulo. Revista dos Tribunais, vol. 80, p. 125-146, 1995.

——. Decisões individuais: legitimidade e controle (agravo interno). In: NERY JÚNIOR, Nelson; ALVIM, Teresa Celina Arruda (Coord.). *Aspectos polêmicos e atuais dos recursos cíveis e de outros meios de impugnação às decisões judiciais, V.* 5. São Paulo: Revista dos Tribunais, 2005.

TARUFFO, Michele. *La prova dei fatti giuridici*: nozioni generali. Milano: A. Giuffrè, 1992.

TESHEINER, José Maria. Ações coletivas pró-consumidor. *Ajuris*: Associação dos Juízes do Rio Grande do Sul, v. 19, n. 54, mar 1992.

—— (Coord.). *Nova sistemática processual civil*. Caxias do Sul, RS: Plenum, 2006.

——. Ações coletivas relativas a direitos individuais homogêneos e o Projeto de Lei n° 5.139/2009. *Interesse Público*, Sapucaia do Sul, v. 12, n. 59, p. 68, jan./fev. 2010.

——. O Poder Judiciário como legislador. *Revista Brasileira de Direito Processual*, Belo Horizonte, v. 19, n. 74, p. 16, abr./jun. 2011.

——; MILHORANZA, Mariângela Guerreiro. *Estudos sobre as reformas do Código de Processo Civil*. Porto Alegre: Notadez/HS Editora, 2009.

THEODORO JÚNIOR, Humberto. *Processo de conhecimento*. Tomo II, Rio de Janeiro: Forense, 1978.

——. Abuso de direito processual no ordenamento jurídico brasileiro. In BARBOSA MOREIRA, José Carlos; MÉDEZ, Francisco Ramos ... [et. al.]. *Abuso dos direitos processuais*. Rio de Janeiro: Forense, 2000.

——. Celeridade e efetividade da prestação jurisdicional, insuficiência da reforma das leis processuais. *O Sino do Samuel: Jornal da Faculdade de Direito da UFMG*, Belo horizonte, Universidade Federal de Minas Gerais, n. 76, p. 4-5, 2004.

——. Repercussão geral no recurso extraordinário (Lei n° 11.418) e súmula vinculante do Supremo Tribunal Federal (Lei n° 11.417). *Revista Magister de Direito Empresarial, Concorrencial e do Consumidor*, Porto Alegre, v. 3, n. 14, p. 80, abr./maio 2007.

——; NUNES, Dierle; BAHIA, Alexandre. Litigiosidade em massa e repercussão geral no recurso extraordinário. *Revista de Processo*, São Paulo. Revista dos Tribunais, v. 34, n. 177, p. 20-21, nov. 2009.

TRINDADE, Caio de Azevedo. Contra decisão monocrática do ministro relator: Agravo interno ou embargos de divergência? *Revista Jurídica Consulex*, Brasília, n. 137, p. 48-51, 2002.

TUCCI, José Rogério Cruz e. O judiciário e os principais fatores de lentidão da justiça. *Revista do Advogado*, São Paulo, AASP, v. 56, p. 78, 1999.

TUCCI, Rogério Lauria; CRUZ E TUCCI, José Rogério. *Constituição de 1988 e Processo*. São Paulo: Saraiva, 1989.

VIAFORE, Daniele. As ações repetitivas no direito brasileiro e a proposta de um "incidente de resolução de demandas repetitivas" no projeto de Lei n° 8.046/2010. Dissertação (Mestrado em Processo Civil) – Faculdade de Direito da PUC-RS. Orientação: Professor José Maria Tesheiner. Porto Alegre, 2012.

VIAFORE, Daniele. *As ações repetitivas no direito brasileiro*: com comentários sobre a proposta de "Incidente de Resolução de Demandas Repetitivas do projeto de novo Código de Processo Civil. Porto Alegre: Livraria do Advogado, 2014.

VIANNA, Luiz Werneck *et all* (Orgs.). *A judicialização da política e das relações sociais no Brasil*, Rio de Janeiro: Revan, setembro de 1999.

VIGLIAR, Marcelo. Litigiosidade contida (e o contingenciamento da litigiosidade). In: SALLES, Carlos Alberto de (Coord.). *As grandes transformações do processo civil brasileiro* – homenagem ao Professor Kazuo Watanabe. São Paulo: Quartier Latin, 2009.

WAMBIER, Luiz Rodrigues; WAMBIER, Teresa Arruda Alvim; MEDINA, José Miguel Garcia. *Breves Comentários à nova sistemática processual civil.* 3. ed. São Paulo: Revista dos Tribunais, 2007.

WAMBIER, Teresa Arruda Alvim. Apontamentos sobre as ações coletivas. *Revista de Processo.* Revista dos Tribunais, n° 75, julho-setembro, 1994.

——. *Os agravos no CPC brasileiro.* 4. ed. rev. atual. e ampl. de acordo com a nova Lei do Agravo (Lei 11.187/2005), São Paulo: Revista do Tribunais, 2006.

——. Repercussão geral. *Revista do IASP,* ano 10, n. 19, p. 369, jan./jun. 2007.

——; WAMBIER, Luiz Rodrigues. Anotações sobre as ações coletivas no Brasil – Presente e futuro. *Revista Jurídica,* Porto Alegre, v. 393, p. 11, jul. 2010.

WATANABE, Kazuo. Relação entre demanda coletiva e demandas individuais. In: GRINOVER, Ada Pellegrini ... [*et al.*]. (Coords.). *Direito processual coletivo e anteprojeto de Código de Brasileiro de Processos Coletivos.* São Paulo: Revista dos Tribunais, 2007.

ZANETI JÚNIOR, Hermes. Direitos coletivos *lato sensu:* definição conceitual dos direitos difusos, dos direitos coletivos *stricto sensu* e dos direitos individuais homogêneos. In: AMARAL, Guilherme Rizzo Amaral; CARPENA, Márcio Louzada (Coords.). *Visões críticas do processo civil brasileiro:* uma homenagem ao Prof. Dr. José Maria Rosa Tesheiner. Porto Alegre: Livraria do Advogado, 2005.

ZANFERDINI, Flávia de Almeida Montingelli. *Tendência universal de sumarização do processo civil e a busca da tutela de urgência proporcional.* Tese (Doutorado em Direito) – Faculdade de Direito. Pontifícia Universidade Católica de São Paulo, São Paulo, 2007.

ZAVASCKI, Teori Albino. *Defesa dos direitos coletivos e defesa coletiva de direitos.* RF 329/147-160. Rio de Janeiro: Forense, 1995.